목사 구원

구원의 과정으로서의 목회

목사 구원

구원의 과정으로서의
목회

―

정용섭 지음

새물결플러스

차
례

프롤로그 7

◇
1. 구원과 기독교 신앙 13
목회와 구원 | 하나님에 관한 물음 | 예수 천당 | 창조론적 구원 이해 |
기독론적 구원 이해 | 성령론적 구원 이해

◇
2. 구원과 솔라 피데 39
목사의 은사 | 솔라 피데 목회론 | 존재 지향적 목회 | 존재 '순간' |
존재 지향적 설교

◇
3. 구원과 목사의 삶 67
나의 구원 | 고독사 | 몸의 구원 | 인간관계의 한계

◇
4. 구원과 죄 87
죄 이야기 | 하찮은 것의 영성 | 중력 | 공간 | 바람 | 율법과 복음 |
영혼의 자유 | 제자로서의 삶 | 원시 공동체 | 자유와 생명 | 생명 경험

◇
5. 구원과 하나님 경험   125

아브라함의 흑암 경험 | 누미노제와 소멸 경험 | 모세의 하나님 경험 | 이사야의 하나님 경험 | 상투스! | 하나님 경험의 한 '순간' | 바울의 하나님 경험 | 하나님의 영광 | 요한의 하나님 경험 | 창조 영성 | 과학신학 | 창조과학 | 예수의 하나님 경험 | 임박한 하나님 나라 | 하나님으로부터의 유기

◇
6. 구원과 예수 신앙   199

존재 신비 | 생명을 총괄하는 능력으로서의 신비 | 종말을 향해 열린 생명 신비 | 예수는 하나님이다 | 예수 그리스도의 얼굴 | 가난한 교회 | 선물로서의 삶 | 일용할 양식 | 지옥과 천국 | 재림 신앙 | 하나님 안으로의 변화

◇
7. 구원과 목회   249

목회 현장과 생명 경험 | 예배 영성 | 안식일 | 종말론적 안식 | 종말론적 안식으로서의 예배 | 예배와 혐오 설교 | 타 종교 혐오 | 동성애 혐오 | 좌파 혐오 | 예배의 매너리즘 | 찬송가 부르기 | 슈베르트의 〈미완성 교향곡〉 | 종의 노래

◇
8. 구원과 죽음   301

죽음 이후 | 예수와 하나님 신뢰 | 키리에 엘레이손 | 리베라 메

에필로그   321
후기   326

◇

프롤로그

김 목사(이후 '김'): 박 목사, 이렇게 시간을 내줘서 고맙네.

박 목사(이후 '박'): 새삼스럽게 고맙기는 뭘. 자네를 만나는 일이 내겐 그 무엇과도 비교할 수 없을 만큼 즐거운 일이라는 걸 자네도 알지 않나. 어제 주일은 잘 지냈겠지? 여기까지 오는데 차는 밀리지 않았고? 그래, 무슨 어려운 일이라도 생겼어? 아니면 축하해줄 일이라도?

김: 말을 꺼내기가 쉽지는 않네. 자네가 농담으로 들을지도 몰라. 교회 주차장에 차를 세울 때까지만 해도 마음이 복잡했는데, 둘도 없는 친구인 자네를 보니 그런 복잡한 마음이 싹 사라졌네.

박: 거참, 뜸 들이지 말고 빨리 말하게나. 자네와 나 사이에 꺼내기 어려운 말이 어디 있나?

김: 알았네. 음, 내가 구원받을 수 있을까?

박: (의외라는 듯) 아니, 자네 지금 무슨 말을 하는 건가!

김: 내가 구원받을 수 있을지 확신이 안 선다는 말일세. 나는 그런데 자네는 어떤지 궁금하군. 자넨 정말 구원의 확신이 있어?

박: 이 친구가 갑자기 왜 이래? 구원파 책을 탐독하셨나? 뜬금없이 구원의 확신은 무슨, 왜 갑자기 구원의 확신 운운하는 건가?

김: 자네와 나는 청소년 시절부터 같은 교회에 다녔고 학생회 수련회에 참석해서 기도하는 중에 하나님께 소명을 받아 함께 신학교에 갔지. 그리고 이렇게 목사가 되어 지금까지 구원의 확신 가운데 목회에 전념했네. 그러고 보니 세월이 참 빠르군. 난 그동안 목사인 내가 사람들을 구원으로 인도하는 게 당연하다고 생각했지. 그런데 언제부턴가 내 내면에서 다른 소리가 들리기 시작했다네. 그동안 내가 선포한 구원이 도대체 뭐지? 구원의 실체를 어떻게 알 수 있지? 죽어서 하늘나라에 들어간다는 게 실제로 무엇을 말하는 거지? 부활은 또 뭘까? 의문이 꼬리에 꼬리를 물고 솟아났지. 믿음으로 의로워진다는 말을 내 입으로 하면서도 실제로는 나 자신이 의로워진 느낌이 잘 들지 않는단 말이야. 이런 궁금증은 신앙생활을 한 지 얼마 되지 않은 사람에게나 어울리겠지만 말일세. 우습게도 목회 현장에서 산전수전 다 겪은 이 나이에 다시 혼란스러워지기 시작했다네. 다시 묻겠네. 친구인 나를 위해서라도 솔직하게 말해보게. 자네는 구원의 확신이 있어? 있다면 그 확신의 근거는 뭐지?

박: 음, 글쎄, 뭐라고 해야 할지, 나는 죽으면 하늘나라에 갈 거라고 믿네. 그곳에서 예수님을 만나고 귀한 우리 교회 교우들과 내 부모와 가족들을 만날 순간을 기다린다네. 거기서 영원한 복락을

누리게 될 테지. 그리고 하늘나라에서 느끼게 될 기쁨을 이미 지금 여기서도 실제 삶으로 누리고 있는 중이라고 믿네. 물론 인간적인 한계로 인해 흔들리는 순간도 있기는 하지만 말이야. 이 정도면 내가 구원받았다고 말할 수 있지 않겠나?

김: 그렇지. 나도 자네와 똑같은 생각으로 지금까지 살아왔어. 다행히 목회에서도 내 나름대로는 성과를 냈다고 생각하네. 우리는 젊은 목사들로부터도 롤 모델로 인정받고 있지 않나? 게다가 우리 둘 다 목회 세미나에서도 그런대로 인기 있는 강사로 활동하고 있고 말이야. 난 오랫동안 내가 구원받았다는 사실은 너무 당연하다고 생각했어. 또 그렇게 알고 남은 목회 과정을 최선을 다해 진실하게 감당하면 되겠지. 그런데 문제는 지금 내 영혼이 실제로는 만족을 느끼지 못하고 있다는 사실이네. 구원받은 사람이 당연히 느껴야 할 그런 생명의 충만감이 없단 말일세. 어딘가가 텅 비어 있단 말이지. 자네는 영혼의 만족이나 충만을 실제로 누리고 있나? 다른 무엇으로 채워야 할 게 하나도 없을 정도로 가득 차 있느냐는 질문이네. 솔직히 있는 그대로 말해보게.

박: 이렇게 영적으로 예민한 문제는 말로 일일이 설명할 수 있는 게 아닌 것 같네. 나는 영혼의 만족 같은 문제는 별로 진지하게 생각해보지 않았네. 열심히 목회하는 것만으로 충분하다고 생각해왔어. 교회가 조금씩이라도 부흥하고 신자들의 삶이 변화되는 걸 볼 때마다, 사실 이런 변화는 그렇게 눈에 확연하게 띄지는 않지만, 어쨌거나 목사로 살아온 게 의미 있었다고 생각하네. 이런 걸 영혼의 만족이라고 할 수는 없을까? 자네는 그 이상의

무엇을 원하는 건가?

김: 그렇다고 말할 수 있네. 나도 이제껏 자네처럼 생각했었지만 말일세. 어느 날 갑자기 그런 목회 행위라는 게 도대체 무슨 의미가 있나 하는 생각이 들기 시작했다네. 내가 지금 느끼는 건 그냥 무엇인가를 성취했다는 만족감, 아니면 다른 이들에게 인정받고 대접받는다는 우쭐한 기분에 불과한 것일지도 모른다는 말이지. 사실 그런 느낌을 잃지 않으려고 목회에 더 열정적으로 매달리기도 했지. 하지만 그렇게 매달린다는 게 사실 영혼의 자유가 없다는 증거가 아닐까? 영혼의 자유도 없으면서 구원받았다고 말할 수는 없는 거 아닌가 말이야. 안 그런가?

박: 와, 골치 아프군. 자넨 지금 너무 예민해진 거 같군. 남자들도 갱년기가 있다던데, 자네가 그 경우인가? 하하!

김: 쓸데없는 소리 말게. 이건 나만의 문제가 아니네. 이건 내가 보기에 내 주변의 대다수 목사에게도 비슷하게 나타나는 영적 현상이야. 다만 그 사람들은 그냥 외면하고 있을 뿐이지. 가끔 나는 나를 비롯한 목사들이 성채에 갇힌 성주처럼 교회라는 울타리에 갇힌 신세가 아닌가 하는 생각이 드네. 목사들은 교인들이 목사로 인정해주니까 실제로 자신이 영적으로 무엇인가를 이룬 것처럼 여길 뿐이야. 어쩌면 그게 착각일 수도 있지. 그런데 목사들이 실제로는 구원에 관한 경험도 없고 갈망도 없어. 그러니 생명의 충만감은 찾아볼 수도 없지. 어느 날 나는 내가 하고 있는 목회가 정말 낯설게 다가왔네. 새벽기도회로부터 시작해서 심방이나 상담, 각종 성경공부와 주일 공동예배에 이르기까지

내가 지금 행하고 있는 많은 일이 사실 내 영혼을 위로해주지 못한다네.

박: 자넨 너무 지나치게 진지하군. 신경과민이야.

김: 자네에게 이런 말을 꺼내기 전에 나 스스로 생각을 많이 했네. 기도도 많이 드렸지. 나에게 무엇이 문제인지를 곰곰이 생각했네. 지금 목회를 당장 그만두면 어떨까 하는 생각도 했네. 아니면 지금 교회를 사임하고 아주 작은 시골교회로 옮겨볼까 하는 생각도 했지. 아이들도 이제 다 독립했으니까 여기를 떠나도 살아가는 데는 큰 문제가 없기도 하고.

박: 무슨 말을 그렇게 하나? 농담하지 마시게.

김: 갑자기 이런 이야기를 해서 자네도 당혹스럽긴 할 거야. 마지막으로 한마디만 더 하겠네. 목회 경력이 늘어날수록 예수의 제자로 사는 게 아니라 목회 기술자로 사는 게 아닌가 하는 생각이 점점 더 강해지는 건 분명하네. 이건 제법 오래전부터 느꼈던 거야. 겉으로야 그럴듯한 담임목사로 인정받지만 실제로는 교회 업무에 기계적으로 매달려서 사는 월급 사장인지도 몰라. 진부한 표현이긴 하지만, 솔직히 말해서 내 영혼의 중심에 하나님이 계시지 않아. 아니, 하나님이 안 계신다고 말하기는 그렇고, 좀 희미하다는 거지. 이렇게 가다가는 앞으로 내 영혼이 어떻게 될지 걱정하느라고 요즘 잠을 통 못 잔다네.

박: 자네 고민을 알듯 말듯 하군. 자네를 위해 기도할 테니 힘을 내시게나. 자, 오늘은 모처럼 만났으니 같이 시간 좀 보내세. 요즘 독립영화관에서 상영하는 영화 중에서 보고 싶은 영화가 한 편

있었네. 한 성직자의 개인적인 번민을 다룬 영화지. 혹 그 영화가 자네를 위해 준비된 것인지도 몰라. 영화 보고 밥 먹고 분위기 좋은 카페에 가서 커피 한잔하세. 오늘은 풀코스로 내가 쏘겠네. 자네 아내에게 미리 연락해두게나.

김: 음, 알았어. 고맙네. 일단 나가세.

예수께서 그를 보시고 사랑하사 이르시되 "네게 아직도 한 가지 부족한 것이 있으니 가서 네게 있는 것을 다 팔아 가난한 자들에게 주라. 그리하면 하늘에서 보화가 네게 있으리라. 그리고 와서 나를 따르라" 하시니 그 사람은 재물이 많은 고로 이 말씀으로 인하여 슬픈 기색을 띠고 근심하며 가니라(막 10:21-22).

1. 구원과 기독교 신앙

목회와 구원

평생 목사로 산 나는 구원받았을까? 구원에 관한 관심이 나의 목사직을 견인하는 내면적 동인이었을까? 흔한 표현으로 오늘 밤에 죽어도 구원받을 수 있다는 확신이 내게 있을까? 이런 질문이 우리에게는 불편하다. 그 이유는 오늘의 목회 현실이 이런 질문을 붙들기에는 너무 척박하고 살벌하기 때문이다. 오늘날 목사의 실존은 매상에 따라 일희일비하는 자영업자의 운명과 비슷하다. 한순간에 도태될 수 있다는 불안감으로 인해 목사들은 조급하게 교회 성장 중심의 목회 패러다임에 매달린다. 하지만 그렇게 매달리면 매달릴수록 목사의 영혼은 더 위축되거나 더 과민해진다. 목사의 영혼이 지금 병들어가고 있다. 하지만 그런 증상을 느끼지 못하는 이들도 많다. 사실 그게 더 큰 문제다. 그들은 정기적으로 몸의 건강 진단은 받으면서도 영혼의 건강 진단은 받을 필요조차 느끼지 못한다. 이런 현상은 실상 자신의 영혼을 돌볼 여유가 없을 정도로 목사들이 목회에 쫓긴다는 말이 아니겠는가. 그래서 주일마다 교인들을 향해 구원받으라고, 하나님의 구원에 집중하라고 목청 높여 외치지만 실제로 자신의 구원에 대해서는 나 몰라라 하는 것이 아니겠는가. 엄밀히 말해 목사들에게는 구원에 관한 생각 자체가 없다고 보는 게 옳다. 아니, 구호로서의 구원은 있으나 실재(reality)로서의 구원은 없다. 불행한 일이다.

신자들은 이런 상황을 어렴풋하게 느낄 뿐이지 정확하게 알지는 못한다. 대다수의 신자는 자신이 다니는 교회의 목사가 당연히 기도를 많이 하고, 성서를 깊이 알고 있으며, 신자들의 구원에 관심이 많고, 교회를 부흥시키려 애쓰고 있으며, 인격적이고, 희생적으로 목회하고 있다고 여기고 그를 존경한다. 목사를 존경하는 거야 누가 뭐라고 할 수 있나? 좋은 현상이다. 그러나 목회의 업적과 구원이 직접 연결되는 것은 아니다. 바울은 이런 위험성을 이미 잘 알고 있었다. "내가 내 몸을 쳐 복종하게 함은 내가 남에게 전파한 후에 자신이 도리어 버림을 당할까 두려워함이로다"(고전 9:27).

신자들은 눈치채지 못하더라도 목사 자신은 안다. 아니, 구원받았다는 자기암시에 평생 노출되었으니 모를 수도 있다. 그는 자신도 모르게 자기를 속인다. 자기기만이 인간의 본성 아닌가? 그러나 자신은 속일 수 있을지 몰라도 성령을 속일 수는 없다. 잠시 동안은 자기확신에 빠질 수 있겠지만 시간이 지나면서 성령의 위로에서조차 멀어진다. 중대형 교회의 담임목사로서 신자들과 다른 사람들의 존경을 받는다고 하더라도 성령의 위로를 받지 못하는 목사의 영혼은 시간이 갈수록 메마르고 결국은 죽음의 영에 휩싸인다. 역설적이지만 교인들의 존경과 사랑을 많이 받으면 받을수록 그의 영혼은 더 불쌍한 지경에 떨어질지도 모른다. 이 말이 무슨 뜻인지 알 만한 사람은 모두 알 것이다. 살았을 때 좋은 것을 받은 사람은 훗날 괴로움을 받으리라는 주님의 말씀(눅 16:25)은 단지 종교적 수사가 아니라 삶의 적나라한 실체다. 게다가 우리 목사들에게 훗날 받을 괴로움은 살아 있을 때 목회 현장에서 이미 시작된다는 사실이 참으로 놀랍고 두렵다. 기독교 신앙에서 종말은 이미 여기서 시작된 하나님의 신비로운 통치가 아닌가.

목회에서 나름 성과를 올린 명망이 높은 목사든지, 목회 업적이 없는 무명의 목사든지, 혹은 어중간한 상태에서 목회하는 목사든지 간에 중요한 문제는 자기 구원이다. 마치 부부가 부자로 살든지 가난하게 살든지 혹은 어중간하게 살든지 중요한 것은 두 사람 사이의 사랑이듯이 말이다. 목회에 성공했다고 해서 구원을 받은 것도 아니고, 실패했다고 해서 구원에서 제외된 것도 아니다. 그 반대도 마찬가지다. 즉 목회에 실패했다고 구원에 더 가까워지거나, 성공했다고 더 멀어지는 것도 아니다. 목사들은 제각기 다른 형편에서 목회하고 있어서 목회의 결과만 놓고 그가 구원을 받았다거나 받지 못했다고 단정할 수는 없다. 물론 이런 말은 하나 마나다. 하나님의 말씀을 진지하게 대하는 목사들은 구원의 중요성을 누구나 알고 있지만 외면하고 있을 뿐이다. 이는 외면하는 게 속이 편하기 때문이다. 혹은 기독교 신앙과 삶 그리고 세상에 대해 아는 게 너무 없기 때문이다.

기독교가 제시하는 구원이 무엇인지를 전혀 알지도 못하고 경험하지도 못하면서 마치 아는 것처럼 흉내 내는 목사들도 적지 않다. 나는 진지하게 나 자신에게 그리고 동료 목사에게 묻고 싶다. 당신은 구원받았는가? 구원을 진지하게 생각한 적이 있는가? 목회 과정을 통해 구원의 깊은 곳으로 더 들어가고 있는 중이라고 말할 수 있는가? 자신이 알고 있는 구원을 교회 밖의 사람들에게, 시인과 예술가와 철학자와 과학자들에게까지 실질적으로 변증할 자신이 있는가? 만약 자신이 없다면, 그는 구원받은 목사가 아니라고 말할 수밖에 없다. 하지만 목사라면 최소한 이런 질문들에 답하기 위해 준비하는 일을 쉬지 말아야 한다. "너희 마음에 그리스도를 주로 삼아 거룩하게 하고 너희 속에 있는 소망에 관한 이유를 묻는 자에게는 대답할 것을 항상 준비하되 온유와 두려움으로 하고"(벧전 3:15). 평생 구원을 선포한 목사가 하나님의 구원 사건에서 배제된다면, 아니 자신만 모를 뿐이지 이미 배제되었다면, 이보다 더 큰 불행은 없다. 이는 블랙 코미디다.

예수는 마지막 심판에 대해 종종 비유로 말씀하셨다. 첫째로 예수가 말한 알곡과 가라지의 비유(마 13:24-30)에서 핵심은 중간에 뽑히지 않던 가라지도 추수 때에 뽑혀서 불사름을 당한다는 사실이다. 우리가 살아가는 세상만 본다면 심판은 없는 듯이 보인다. 악은 여전히 기승을 부리고 죄 없는 자가 고난을 겪기도 한다. 하나님은 공의롭거나 능력이 크신 분 같지 않다. 그러나 예수의 가르침에 따르면 언젠가 추수 때가 반드시 온다. 그 순간이 오면 모두 놀랄 수밖에 없다. 우리의 목회 행위도 하나님의 놀랍고 경이로운 판단을 받게 될 것이다. 우리의 영성이 둔해서 느끼지 못할 뿐이지 그 순간은 우리의 목회 현장에 비밀스러운 방식으로 그러나 실질적인 차원에서 '이미' 도래했는지도 모른다.

둘째로 양과 염소의 비유(마 25:31-46)에서 핵심은 양 혹은 염소에 해당하는 사람들은 자신들이 왜 선택받거나 유기되는지를 모른다는 것이다. 이는 곧 하나님의 판단 기준이 우리의 생각과 완전히 다르다는 의미다. 이 두 비유 모두 최후의 심판은 온전히 하나님의 배타적인 행위라는 사실을 가리킨다. 두렵지 않은가? 나는 두렵다! 다른 한편으로 그래서 기대가 되기도 한다. 아, 그 순간이 오면 어떤 일이 벌어지게 될까?

심판의 배타성은 목사의 목회 행위에도 그대로 적용된다. 목사라고 해서 그가 가라지가 아니라는 보장은 없다. 다만 그분의 은총으로 심판이 잠시 유보되고 있을 뿐이다. 여기서 정말 두려운 일은 우리와 우리의 목회 행위가 가라지라고 한다면 아무리 애를 써도 그 운명을 바꿀 수 없다는 사실이다. 이런 점에서 나는 칼뱅의 예정론을 믿는다. 목회 업적이 아무리 화려해도 그것으로 가라지의 운명을 바꿀 수는 없다. 목회 업적이 화려할수록 가라지로 분류될 가능성은 더 크다. 왜 그런지는 앞으로 반복해서 설명할 것이다. 하나의 방향만 짚는다면 다음과 같다. 사람이 생명을 얻을 수 있는 궁극적인 대상은 오직 하나다. 하나님과 돈을 겸하여 섬길 수 없듯이 하나님과 목회를 동시에 절대적인 것으로 경험할 수는 없다. 목회에 열정적으로 매달리는 사람은 하나님께 전념할 수 없다. 물론 하나님을 사랑하는 마음으로 목회를 한다고 주장하는 사람들도 있을 것이다. 당연히 그래야 한다. 그러나 이런 주장이 그럴듯해 보이겠지만, 엄밀하게 보면 하나님을 사랑하거나 믿지 않으면서도 목회는 얼마든지 열정적이면서 세련되게 할 수 있으니, 하나님을 사랑하는 일과 목회에 대한 열정을 동일시하지 마시라.

직업적으로 볼 때 목사가 하나님을 믿고 그분을 사랑하기란 쉽지 않다. 목사는 교인들에게 복음을 전하고 공동체를 이모저모로 돌보는 일을 소명으로 받아들인다. 하지만 목사에게 하나님이 때로는 팔아야 할 거룩한 상품으로 떨어지기도 한다. 구원 역시 목사의 영혼에 상품으로 자리할 수 있다. 그걸 파는 능력이 뛰어난 사람은 목회에 성공하는 것이다. 자본주의가 우리의 영혼을 지배하는 21세기 오늘날과 같은 교회 체제에서는 목사 개인이 이런 상황을 피하기가 쉽지 않다. 목사가 복음의 상품화를 피하려고 해도 교회 구성원들이 허락하지 않는다. 목사의 영혼은 샌드위치처럼 사이에 낀 신세로 가엾기까지 하다. 결국은 목사 자신이 선택해야 한다. 수행자로서 구원에 천착할 것인지, 목회 기술자로 전락할 것인지를 말이다. 목회의 성과도 내고 구원의 깊은 곳에도 들어가는 목사가 되고 싶겠지만, 이 두 가지를 다 잘하는 경우는 드물다. 드문 정도가 아니라 불가능하다는 말이 맞을 것이다. 어느 정도 균형을 맞출 수는 있지만, 결국은 어느 한쪽을 선택해야 한다. 그래서 목사의 영혼을 위해서는 담임목사직이 순환되는 교구 중심의 교회 제도가 필요하다. 그래야만 자기 영혼을 팔아서라도 목회에 성공해야겠다는 인간적인 욕망의 굴레에서 벗어날 수 있기 때문이다.

목사를 비롯하여 기독교인들이 구원에 평생 천착해야 하는 이유는 구원이 한 번의 하나님 경험으로 완성되는 것이 아니기 때문이다. 구원에 천착하는 목사는 나이가 들고 목회의 연륜이 쌓일수록 자신이 구원받기 어렵다는 사실을 절감하기에 더더욱 그쪽으로 용맹하게 정진한다. 이는 마치 음악가가 음악의 깊은 경지에 들어가면 들어갈수록 자신이 음악의 근원에서 멀리 있다는 사실을 느끼고 더 연습에 매진하며, 과학자가 과학의 깊은 곳으로 들어가면 들어갈수록 자신이 과학의 세계에서 모르는 게 아직도 많다는 사실을 알기에 연구에 더욱 박차를 가하는 것과 같다. 구원에 가까이 다가간 목사는 언어의 연금술을 배우려는 시인처럼 자기 구원에 매달릴 수밖에 없다. 이를 거룩한 조급증이라고 불러도 좋다. 거꾸로 구원을 실제로 경험하지 못한 목사는 목사 자격증을 활용하는 것에만 신경을 쓴다. 그렇게 시간이 가면서 그는 자신이 구원에서 멀어지고 있다는 사실조차 인식하지 못한 채 설교단에서 넘치는 자신감으로 "구원받을 줄 믿습니까?"를 외친다. 그런 목사의 입에서 나오는 구원은 포장지다. 목청은 더 높아지고, 신자들을 향한 잔소리는 더 심해지며, 자기연민은 더 절실해진다. 그러나 영혼의 만족은 없다. 그는 행복하지가 않다. 겉으로는 행복한 목사처럼 보일지 몰라도 목이 마른 상태에서 설탕물만 마시는 사람처럼 값싼 자기위로에 떨어질 뿐이다. 날이 갈수록 영혼의 중심에서는 목마름이 더 심해진다. 그 목마름을 다른 값싼 보상으로 채운다. 그러다가 곧 죽음의 문 앞에 당도하여 뭐가 잘못된 것일까 하고 놀라게 될 것이다.

하나님에 관한 물음

어떤 목사가 자기 구원에 관심이 있는지를 확인할 수 있는 하나의 기준은 하나님에 관한 관심이다. 단순하게 말해서 하나님에 관한 관심이 큰 목사는 구원을 지향하는 사람이며, 관심이 없든지 부족한 목사는 구원을 지향하는 사람이 아니다. 목사가 실제로 하나님을 향한 관심이 있는지 없는지를 분간하기는 물론 쉽지 않다. 제삼자가 모르는 것은 당연하고, 목사 자신도 모를 수 있다. 하나님과 구원이라는 단어를 입에 달고 산다고 해서 그가 하나님께 관심이 있다는 사실이 담보되지는 않는다. 단서가 없는 건 아니다. 가장 확실한 단서는 그가 평생 수행하듯이 하나님을 찾고 있는지 아닌지를 보는 것이다. 하나님을 찾는다는 것은 가장 궁극적인 깊이에서 구원을 찾는다는 말과 같다. 이런 구원 지향적 삶의 태도는 새벽기도회나 각종 특별 기도회나 집회에 자주 참여하고 말씀을 즐겨 읽는 것만을 가리키는 게 아니다. 이런 것들은 하나님을 찾는 하나의 형식이다. 그러나 그 형식에 내용이 담기지 않으면 의미가 없다. 예수 당시의 바리새인들처럼 종교의 형식에 매달릴수록 오히려 하나님과의 거리는 멀어질 수 있다. 진리는 이렇게 역설적이어서 붙들기가 어렵다.

시편 42:1-3에서 시인은 다음과 같이 외친다. "하나님이여, 사슴이 시냇물을 찾기에 갈급함 같이 내 영혼이 주를 찾기에 갈급하니이다. 내 영혼이 하나님 곧 살아 계시는 하나님을 갈망하나니 내가 어느 때에 나아가서 하나님의 얼굴을 뵈올까? 사람들이 종일 내게 하는 말이 '네 하나님이 어디 있느뇨?' 하오니 내 눈물이 주야로 내 음식이 되었도다." 이 시인은 주변 사람들에게서 "네 하나님이 어디 있느냐?"라는 조롱을 듣는다. 손에 잡히는 방식으로 대답할 수도 없다. 하나님은 은폐되어 있기에 갈급한 심정이 없으면 느낄 수도 없고 가까이 갈 수도 없다. 간혹 헛것을 하나님이라고 착각하기도 한다. 다른 건 몰라도 이 시인처럼 하나님을 갈망하는 한 가지 마음만 유지해도 그 목사의 삶은 멋진 인생이다.

 나는 목사로 지낸 세월이 사십 년이 다 되었는데도 불구하고 하나님을 안다고 말할 자신이 없다. 하나님을 갈망한다는 게 무슨 뜻인지도 혼란스러워지는 순간이 종종 찾아온다. 나는 죽음 이후의 운명과 부활과 영생을 확실하게 알지 못한다. 구원받았다는 흔적도 실증적으로가 아니라 어렴풋이 무엇인가를 중얼거리듯이 말할 수 있을 뿐이다. 입버릇처럼 하는 말이지만, 성서와 하나님에 대해 아는 게 많아질수록 역설적으로 모르는 게 더 많아진다는 사실만 확실해진다. 그러나 나는 이것을 부끄럽게 여기지 않고 오히려 당연하게 여긴다. 더 나아가서 그렇기에 하나님을 더 믿을 만하다고 생각한다. 신앙이 마치 수능 만점을 맞는 것과 같다면 얼마나 시시한 일이겠는가? 깊이 들어가면 들어갈수록 하나님의 세계가 더 깊고 아득하다는 걸 느끼지 못한다면 신앙생활과 목회라는 게 얼마나 지루한 일이겠는가? 이런 점에서 하나님을 충분히 알지 못하며, 게다가 내가 알고 있는 것도 바울의 표현처럼 부분적이라는 나의 말은 최소한이나마 하나님을 경험한 사람의 솔직한 고백이다. 이런 상황에서 최선의 태도는 하나님에 관한 그리고 하나님을 향한 '질문'을 그치지 않는 것이다. 여기서 말하는 질문에는 하나님이 대답해주실 것이라는 희망이 포함된다. 아니, 질문 자체가 대답이기도 하다.

하나님에 관한 '질문'은 오늘의 설교자들만이 아니라 성서를 기록한 구약의 예언자들과 신약의 사도들에게도 적용된다. 이는 모든 성서 구절에 그들의 질문이 함축되어 있다는 뜻이다. 물론 성서의 모든 문장이 직접적인 질문 형식으로 되어 있는 것은 아니지만, 그 내용은 근본적으로 질문이다. 창세기 1:1은 이렇다. "태초에 하나님이 천지를 창조하시니라." 이렇게 짧은 한 문장 안에 우주의 무게가 담겨 있다. 태초, 천지, 창조가 그것이다. 하나님은 이런 개념과 긴밀히 연결된 존재다. 이 문장을 쓴 사람은 태초가 무엇인지 궁금하게 생각했을 것이다. 그는 현대 물리학이 말하는 빅뱅을 몰랐겠지만, 시간을 거슬러 올라가서 만나게 되는 시초를 궁금하게 생각했다. 천지도 그렇고 창조도 그렇다. 무죄한 이들의 고난도 그렇고 하나님의 말씀도 그렇고 하나님의 공의도 그렇다. 성서가 말하는 모든 것은 궁극적인 질문에 속한다.

마태복음 1:1은 다음과 같다. "아브라함과 다윗의 자손 예수 그리스도의 계보라." 그 뒤로 아브라함부터 시작되는 족보가 나온다. 이 족보의 마지막은 예수다. 이 대목을 읽는 사람은 마태가 왜 예수를 아브라함과 다윗의 자손으로 설정하는지에 대해 질문하지 않을 수 없다. 이 족보는 이어 나오는 예수의 동정녀 탄생 사건과 충돌한다. 만일 예수에 대한 족보가 필요했다면 아무 혈연관계가 없는 요셉이 아니라 마리아의 조상을 찾아야 했다. 여기에는 초기 기독교가 당면한 어떤 속사정이 숨어 있을 것이다. 예수에 대해 정말 관심이 있는 사람이라면 이런 속사정에 관해 질문해야 한다. 나는 살아 있는 꽃이 나비와 벌을 끌어들이듯이 성서 텍스트가 독자들을 그런 질문의 세계 안으로 끌어들인다고 생각한다. 목사들은 이런 경험 앞에서 말로 표현할 수 없는 기쁨을 느낀다. 그 기쁨을 알기에 교인들을 그 질문 안으로 끌어들이는 수고를 마다하지 않는다. 궁극적인 사태에 관해 질문할 줄 아는 자는 복이 있으리라!

    지금 나는 목사의 구원에 관해 이야기를 시작하는 중이다. 물론 하나님에 관해 질문하는 것 자체가 구원은 아니다. 더 근본적으로 아무개가 구원받았다거나 구원에서 배제되었다고 그 누구도 단정할 수 없다. 예를 들어 숨쉬기를 생각해보라. 모든 사람이 공기를 호흡한다. 심리적으로 억압된 사람 중에는 숨을 너무 적게 쉬어서 산소가 부족하거나, 거꾸로 너무 자주 쉬어서 산소 과잉 상태에 빠지는 이들도 있다. 단전호흡은 호흡 운동을 절정의 상태로 유지하는 훈련이다. 여기서 중요한 것은 호흡과 자기 몸의 가장 친밀한 상태를 유지하는 것이다. 이처럼 구원도 영적 호흡의 절정에 이르는 과정이다. 호흡의 절정에 이르기 위해 숨을 들이마시는 것과 내쉬는 것의 관계를 세밀하게 관찰하고 자신의 몸으로 느껴야 하듯이 영적인 호흡의 절정에 이르기 위해서는 하나님과 친밀해져야 한다. 하나님과 친밀하면 그분에 대한 관심이 늘어나고 질문도 깊어질 수밖에 없다. 이제 나는 좀 더 구체적으로 구원이 무엇인지에 대한 내 생각을 내가 알고 있는 언어가 허락하는 한도까지 풀어보겠다.

예수 천당

구원이란 무엇인가에 대한 질문에 가장 적나라한 대답은 "예수 믿으면 죽어서 천당 간다"는 말이다. 이 표현이 어떤 이들에게는 우습게 들리겠지만 무조건 틀린 말은 아니다. 믿는다는 말도 옳고, 죽는다는 말 역시 당연하고, 천당이라는 말도 어감이 이상하나 기독교 신앙에서는 필수적인 용어다. '간다'라는 말도 메타포(은유)로 받아들이면 이상한 게 아니다. 천당 간다는 말을 하나님의 자유로운 통치에 받아들여진다는 뜻이라고 생각하면 된다. 여기서 문제는 구원받는다는 말, 즉 천당 간다는 말을 공간 이동과 비슷한 어떤 것으로 여기는 것이다. 방주 안으로 들어간 사람과 동물들이 노아 홍수 이후에 살아남은 것처럼 예수를 믿으면 죽어서 천당이라는 공간 안으로 들어가는 것으로 생각하는 사람들이 있다. 이는 집을 가리키는 '당'(堂)이라는 글자가 오해를 부른 것으로, 예수의 비유에 나오는 천국을 천당과 비슷하게 여기는 것이다.

'열 처녀의 비유'라는 소제목이 달린 마태복음 25:1-13을 예로 들어보자. 이런 비유를 비유로 받아들이지 않고 문자적으로 받아들이는 목사들이 있다. 비유는 달을 가리키는 손가락이다. 손가락이 아니라 달이 중요한데도 불구하고 목사들이 손가락에 과도한 신경을 쓰는 이유는 달을 전혀 모르거나 그것에 관심이 없기 때문이다. 이 비유는 "그때에 천국은 마치 등을 들고 신랑을 맞으러 나간 열 처녀와 같다 하리니"(마 25:1)라는 말로 시작된다. 미련한 처녀들이 기름을 구하러 나간 사이에 신랑이 도착하여 잔칫집 문은 닫혔다. '혼인 잔치의 비유'라는 소제목이 달린 이야기도 마태복음 22:2의 "천국은 마치 자기 아들을 위하여 혼인 잔치를 베푼 어떤 임금과 같으니"라는 말로 시작된다. 여기서 우리말 성서에 나오는 '천국'이 오해를 부른다. 천국은 그리스어 '바실레이아 톤 우라논'의 번역이다. 이를 천국(天國)이라는 한자로 번역했다. 이는 우리말로 번역하면 '하늘나라'다. 반면에 마가복음의 '바실레이아 투 테우'(막 4:11)는 '하나님 나라'로 번역되었다. 한자로 통일하려면, 바실레이아 투 테우는 신국(神國)이라고 번역했어야 한다. 이런 번역의 불일치가 사소해 보여도 신앙의 혼선을 일으키는 데 적지 않은 영향을 끼친다. 우리말 성서에 오해의 소지가 큰 번역이 종종 나온다. 이에 관해 한 가지 예만 짚고 가겠다.

친구 엘리바스의 비판에 대한 욥의 대답 중에서 다음 구절은 유명하다. "그러나 내가 가는 길을 그가 아시나니 그가 나를 단련하신 후에는 내가 순금 같이 되어 나오리라"(욥 23:10). 이는 욥이 당한 대재앙이 하나님께서 주신 단련의 기회라는 뜻으로 읽히는 개역개정의 번역이다. 그러나 이런 주장은 욥과 그의 세 친구를 모두 비판한 엘리후의 입장이다. 이는 전체 맥락으로 볼 때 잘못된 번역일 뿐만 아니라 본문 자체로도 잘못된 번역이다. 공동번역은 다음과 같이 번역한다. "그런데도 그는 나의 걸음을 낱낱이 아시다니, 털고 또 털어도 나는 순금처럼 깨끗하리라." 개역개정은 재난을 하나님의 시험이라는 관점으로 보는 데 초점이 있고, 공동번역은 욥의 의로움에 초점이 있다. 물론 후자가 옳은 번역이다. 개역개정의 번역 스타일을 살리는 방식으로 문장을 다듬어본다면 다음과 같다. "그러나 내가 가는 길이 옳다는 것을 그가 아시나니 그가 나를 시험하셔도 나는 순금으로 인정받으리라." 성서를 하나님의 말씀으로 믿는 목사라면 우리말 성서의 문자에 머물지 말고 원래의 뜻을 알기 위해 최선을 다해야 한다.

국(國) 또는 나라로 번역된 그리스어 '바실레이아'는 공간의 의미보다는 통치의 의미가 강하다. 바실레이아는 다스림이고 변화이며 힘이다. 하나님의 다스림이 곧 하나님 나라다. 하나님 나라로 간다는 말을 공간적인 의미로 받아들이면 원래 성서가 가리키는 역동성을 놓친다. 앞에서 예로 든 호흡을 다시 생각해보자. 공기는 어느 한 공간에 갇히지 않으며, 지표면 전체에 깔려 있다. 바람도 공간에 갇히지 않는다. 바람은 우리의 생각에 제한받지 않고 자유롭게 불고 싶은 대로 분다. 하나님 나라가 바람처럼 다스림이고 힘이라는 사실을 안다면 교회 밖에도 구원이 있느니 없느니 하는 문제로 다투지 않을 것이다.

교회 밖에는 구원이 없다고 주장하는 목사들이 더러 있다. 그들은 여기서 더 나아가 소위 정통 기독교 외에는 구원이 없다는 식으로 주장한다. 사이비 이단들은 더 자극적인 논리와 방식으로 자신들의 독점적인 구원을 강조한다. 이런 주장은 교회에 다니는 사람들만 공기를 호흡할 수 있다는 말처럼 괴기스러운 억측이다. '예수 구원, 불신 지옥'이라는 선정적인 구호가 교회를 퇴행적인 공동체, 즉 구원 이기주의 집단으로 만든다. 교인들은 하나님의 통치와 구원에 관해 깊이 있게 생각하지 않으면서 단순히 그런 구호에 심취한다. 이는 그들의 내면세계가 허약하다는 증거다. 교회 운영의

활성화를 위해 그런 일을 부추기는 교회 지도자들도 많다. 이런 방식으로 심리적이고 감정적인 만족감을 얻을 수 있을지는 몰라도 영혼의 만족은 얻지 못한다. 하나님 나라를 향해 열린 구원 공동체에서 한참 동떨어진 것으로 볼 수밖에 없는 오늘의 교회는 언젠가 어두운 데서 슬피 울며 이를 갈게 될지도 모른다(마 25:30). 이미 한국교회에는 자중지란이라고 할 수 있는 그런 조짐이 곳곳에서 나타나는 중이다. 이럴 때는 하루라도 빨리 여기서 엑소더스를 하는 게 구원에 가까이 갈 수 있는 유일한 선택일지도 모르겠다.

교회 밖에도 구원이 있을 개연성이 있다면 굳이 예수를 믿을 필요가 없다는 반론이 가능하다. 하지만 그렇지 않다. 그런 반론에 떨어진 사람은 예수를 경험하지 못한 사람이다. 예수를 통해서만 구원을 받는다는 사실을 부정하면 기독교는 성립하지 않는다. 예수만이 그리스도라는 사실을 부정하는 목사는 없다. 다만 여기서 중요하게 알아야 하는 것은 예수가 그리스도라는 사실, 즉 예수가 구원자라는 사실이 교회만이 아니라 세계 전체와 유기적인 관계를 맺는다는 점이다. 이는 예수의 구원이 조직으로서의 교회를 초월하는 우주론적 차원에 속한다는 뜻이다. 단순하게 표현하면 예수에게는 교회 구원이 아니라 세계 구원이 중요하다.

나는 기독교의 구원론이 우주론적 차원으로 확장되려면 삼위일체 개념을 확실하게 붙들어야 한다고 생각한다. 삼위일체 개념은 고상하게 들리기는 하지만 이해하기가 까다롭고 일상에서 경험하기는 더더욱 어렵다. 비교적 괜찮은 경우라고 하더라도 양태론으로 떨어지기가 쉽다. 삼위일체 개념을 거칠게 한마디로 정리하면 아버지와 아들과 영이 위격(휘포스타시스)으로는 구분되나 본질(우시아)로는 하나라는 것이다. 아버지는 창조자로서의 특징으로, 아들은 역사적 구원자로서의 특징으로, 영은 생명을 부여하는 힘으로서의 특징으로 드러난다. 창조주 아버지는 역사를 초월하는 존재이고, 구원자 아들은 역사에 내재하는 존재이며, 생명의 능력으로서의 성령은 역사와 함께하는 존재다. 삼위일체의 전반적인 개념이 아니라 목회 현장의 구원 문제에 한정하여 그 내용을 좀 더 살펴보겠다. 나는 이런 신학 개념 안으로 들어가 이해하려는 노력이 목사의 구원에서도 필수라고 생각한다. 삼위일체 개념에 근거하지 않으면 기독교가 바라보는 구원의 지평이 협소한 독단에 떨어지거나 모호하게 보이기 때문이다. 구원 문제에서도 '아는 만큼 보인다'라는 아포리즘은 유효하다.

창조론적 구원 이해

삼위일체의 첫 항목은 창조주 하나님이다. 기독교 신앙의 압축인 사도신경의 첫 대목은 "나는 전능하신 아버지 하나님, 천지의 창조주를 믿습니다"로 시작한다. 하나님이 창조주라는 사실은 세상이 피조물이며 하나님이 이 세상을 최종적으로 책임지신다는 뜻이다. 이런 창조 신앙에서 기독교는 유대교와 같은 길을 간다. 구약성서로부터 내려온 창조 신앙은 고대 제국의 정치 이데올로기와 대립했다. 유대인들은 바빌로니아 제국과 대립했고, 기독교는 로마 제국과 맞섰다. 사도신경이 예수의 죽음에 관한 항목에서 로마 총독인 빌라도를 명시적으로 언급한다는 사실은 시사하는 바가 크다. 역사를 더 거슬러 올라가면 출애굽 공동체인 히브리인들은 이집트 제국과 대립했다. 표면적으로 제국의 힘과 비교할 때 하나님은 무기력하게 보였다. 죄 없는 이들이 고난을 겪고 오히려 악한 권력자들이 행복하게 사는 듯했다. 정치권력이 무소불위의 힘을 행사했다. 그렇지만 고대 유대인들과 초기 기독교인들은 제국이 아니라 하나님께만 창조의 능력이 있다는 사실을 믿어 의심치 않았다. 오늘 우리도 그들과 같은 신앙으로 21세기 자본주의 이데올로기와 투쟁하는 중이다.

우리가 하나님을 창조주로 믿는다는 말은 창세기 1장에서 반복되는 "하나님이 보시기에 좋았더라"라는 명제에서 알 수 있듯이 창조의 선한 능력을 믿는다는 뜻이다. 만물은 근본적으로 선하다. 지금 악한 듯이 보이는 현상도 일시적일 뿐이지 궁극적으로는 선하다. 아니 선할 수밖에 없다. 우리 몸을 병들게 하는 병균도 결국은 선하다. 그렇다고 반인륜 범죄까지 선하다는 말은 아니다. 사람이 행한 악은 악이다. 악을 행한 사람은 그에 상응하는 책임을 면할 수 없다. 하지만 궁극적인 차원에서 하나님은 그 악까지도 선하게 사용하시어 당신의 뜻을 이루신다. 하나님이 전능하신 분이니 아예 처음부터 악을 용납하지 않으셨다면 세상이 이처럼 복잡해지지 않았을 것이라는 반론이 가능하다. 이것은 근본적으로 신정론(神正論)에 속한 문제다. 신정론은 아직 신학이 풀지 못한 난제다. 이런 궁극적인 문제는 이 세상의 것들이 "거울로 보는 것 같이 희미하니"(고전 13:12) 모든 것의 비밀이 풀릴 종말을 기다릴 수밖에 없다. 여기서 확실하게 말할 수 있는 것은 인간의 악보다도 하나님의 선한 능력에 사로잡히는 삶의 태도가 바로 창조 영성이라는 사실이다. 아래는 아우구스티누스의 기도문에 나오는 한 대목이다.

> 주님은 악의 근원이 아니시기에
> 주님이 창조한 모든 것은 다 좋사옵니다.
> 그러므로 주님은 이 진리 안에서 피난처를 찾는 사람에게
> 악은 아무것도 아님을 보여주십니다.
> 그러기에 주님이 창조한 이 우주는
> 사악한 면이 있어도
> 모두가 서로 조화를 이루어 완전하게 됩니다.
> 주님이 창조하신 이 우주에
> 선과 악이 서로 조화를 이루고 있기에
> 절대적인 부조화란 있을 수 없습니다.

하나님의 선하신 창조 능력을 확신하는 사람은 교회 밖의 사람들이 구원에서 제외되었다고 감히 말하지 못한다. 이것은 그렇게 복잡다단하고 심오한 사유를 거쳐야 이해할 수 있는 게 아니다. 세상의 모든 사람이 다 하나님으로부터 지음을 받았다는 사실은 성서의 가장 근본적인 입장이다. 하나님 외에 또 다른 창조자는 없다. 하나님이 선하게 창조하신 사람들이 교회에 나오지 않는다고 해서 모두 구원에서 제외되었다고 말하는 사람은 하나님의 창조 능

력과 그의 선하심을 부정하는 것이다. 사람들이 왜 복음의 세계로 들어오지 않는지는 우리가 아직 모르는 인류 역사의 어두운 그림자다. 그것을 자신의 얕은 신학 지식과 신앙 경험으로 재단해서는 곤란하다. 생명이 온전하게 밝혀질 순간을 기다리면서 오늘의 모순과 딜레마를 그대로 안고 견뎌내면서 사는 것, 더 나아가서 하나님의 창조 원리와 능력이 확장되는 일에 솔선수범하는 것이 오히려 구원을 마음에 품고 사는 사람들의 참된 믿음이 아닐까?

기독론적 구원 이해

삼위일체 개념에서 두 번째 항목은 예수 그리스도다. 예수 그리스도는 기독교의 구원론에서 그 중심에 놓인다. 우리는 역사적 실존 인물이었던 예수가 우리의 죄를 대신해서 십자가에 달리셨기에 그를 믿는 사람은 누구든지 죄를 용서받고 구원을 받는다고 믿는다. 이런 믿음이 없다면 기독교는 성립하지 않는다. 그러나 이런 믿음은 유대교의 관점에서 볼 때는 신성모독이다. 우리는 그런 오해까지 받아들이면서 예수를 그리스도이자 하나님의 아들로 믿는다. 여기까지는 옳다. 문제는 예수 그리스도를 통한 구원을 교회라는 범주에 제한하는 것이다. 여러 가지 이유로 복음이 전달되지 못한 곳에서 살았던 사람들이 예수를 믿지 않았다고 해서 모두 구원에서 제외된다고 누가 단정할 수 있는가? 목사는 예수를 믿으면 구원받는다는 사실만을 정직하게 전하면 된다. 예수를 믿지 않는 사람들이 모두 구원에서 제외되는가에 대해서는 침묵하는 게 옳다. 이 두 가지 내용은 서로 충돌하지 않는다. 이 두 가지를 함께 견지할 때 예수 그리스도를 통해 발생하는 구원은 명실상부 우주론적 차원으로 확장될 수 있다. 하나님의 시간인 카이로스가 오면!

카를 라너(Karl Rahner)가 제시한 신학 개념 중의 하나는 '익명의 기독교인'이다. 이는 명시적으로 기독교인이 아니라고 하더라도 기독교인답게 사는 이들을 가리키는 개념이다. 기독교인답게 산다는 것은 예수의 제자로서 사는 것인데, 이는 곧 역사적 예수의 삶을 실천하는 것이다. 예수는 자신이 처한 삶의 자리에서 인간을 비인간화하는 종교적·정치적 체제와 투쟁하다가 십자가에 처형당했다. 그 투쟁의 대상은 유대교의 율법주의와 로마의 제국주의였다. 교회의 교인 명부에 이름을 올리지 않았다고 하더라도 평화와 정의를 위해 사는 방식으로 예수의 삶에 가까이 다가간 사람이라고 한다면 우리가 어떻게 교회의 이름으로 그를 구원에서 배제할 수가 있겠는가? 마태복음 5:1-10에는 소위 '팔복'이 나온다. 여기에 거론된 이들은 마음이 가난하고, 애통하며, 온유한 사람들이었지 명시적으로 하나님을 믿는다고 더구나 예수를 믿는다고 말하는 사람들이 아니었다. 여기서 그들에게 복이 임한다는 말은 구원을 받는다는 뜻이다. 예수가 구원을 받는다고 말한 이들을 우리가 배척할 수는 없다.

근본적으로 예수 그리스도의 십자가와 부활 사건은 단순히 교회 안에 들어온 사람들만이 아니라 모든 인류와 피조물을 구원하는 보편적 능력이라고 보는 것이 옳다. 사도 베드로는 예수 그리스도를 통한 구원의 빛이 지옥까지 비춘다는 사실을 알고 있었다.

"그가 또한 영으로 가서 옥에 있는 영들에게 선포하시니라"(벧전 3:19; 참조. 4:6). 독일어와 영어 사도신경에는 십자가에 달린 예수가 지옥에 내려갔다는 대목이 나온다. 이는 예수를 믿지 않아도 얼마든지 구원을 받는다거나 교회에 다닐 필요가 없다는 말이 아니다. 교회는 교회만의 고유한 역할이 있다. 우리는 우리만 구원받으려고 기독교인으로 사는 것이 아니라 모든 인류가 구원받을 수 있다는 기쁜 소식을 알기에 기독교인으로 산다. 예수 그리스도의 십자가와 부활을 실질적으로 이해하고 믿는다면 모든 피조물이 구원받는다는 사실을 기꺼이 받아들이지 않을 수 없을 것이다. 십자가와 부활에서 비추는 구원의 빛이 참으로 강렬하기에!

성령론적 구원 이해

삼위일체 개념의 세 번째 항목은 성령이다. 신구약 성서와 기독교 신학이 말하는 성령은 한마디로 생명의 영(spirit of life)이다. 이를 우리의 일상 언어로 바꾸면 삶의 능력 또는 삶의 기운이다. 지구의 모든 동물은 호흡을 통해 생명을 유지한다. 물속에 사는 물고기도 허파로 물속의 산소를 공급받는다. 식물에게는 탄소가 있어야 한다. 영은 히브리어로 루아흐, 그리스어로는 프뉴마라고 한다. 루아흐와 프뉴마는 영, 바람, 숨, 기운 등으로 번역이 가능한 용어다. 아무도 지구의 공기를 독점할 수 없듯이 영도 독점할 수 없다. 교회에 다니는 사람의 정원에서만 꽃이 피고 사과가 열리는 것이 아니듯, 성령은 교회라는 범주 안에 갇혀 있는 영이 아니라 세계와 우주 전체로 열린 생명의 영이다.

한국교회의 일부 사람들은 성령을 협의로만 이해하는 경향이 있다. 그들은 성령을 주로 은사 운동, 예컨대 방언, 입신, 신유 등과 관련지어 제한적으로 이해한다. 이런 현상들을 성령의 증거로 묘사하는 성서 구절이 있는 것은 분명하다. 하지만 여기서 두 가지 사항을 반드시 생각해야 한다. 첫째, 이런 은사 현상은 성령을 뜨겁게 경험한 사람들에게 일어나는 현상 중 하나일 뿐이지 모든 것은 아니라는 사실이다. 바울은 성령을 훨씬 큰 차원에서 율법에 저항하는 영이라고 말했다. "너희가 만일 성령의 인도하시는 바가 되면 율법 아래에 있지 아니하리라"(갈 5:18). 은사 현상은 초기 기독교 안에서 고린도 교회처럼 열광적인 종교 현상에 휩쓸렸던 일부 교회에서 발생한 일이지 모든 교회에서 보편적으로 일어난 일은 아니었다. 둘째, 은사 현상은 교회 밖의 다른 종교에서도 얼마든지 일어나는 것이다. 성령은 바람처럼 자기가 불고 싶은 대로 부는 영이니(요 3:8), 성령의 생명의 능력을 교회가 독점하려고 해서는 안 된다.

우리는 구원을 말할 때 위에서 언급한 세 차원, 즉 창조론적 구원, 기독론적 구원, 그리고 성령론적 구원을 변증법적으로 다루어야 한다. 하나님의 창조적 구원은 예수 그리스도의 구원 사역과 성령의 생명 활동과의 관계에서 조명되어야 하고, 예수 그리스도의 구원 사역 역시 하나님의 창조와 성령의 생명의 능력 안에서 더 적극적으로 해명되어야 하며, 성령의 생명의 능력도 당연히 하나님의 창조 사건과 예수 그리스도의 구원과 단단히 결속되어야 한다. 예를 들어 우리가 예수의 부활을 주제로 설교한다고 하자. 그 부활이 하나님의 창조와 심판 그리고 성령의 생명의 능력과 어떻게 연결되는지를 알지 않으면 안 된다. 생명에 대한 생물학적이고 물리학적인 관점과 철학적이며 인문학적인 관점을 모르면 이런 설명은 불가능하다. 이는 기독교의 구원론이 세상 학문이나 사상에 의해 보증을 받아야 한다는 말이 아니다. 기독교가 말하는 구원이 어떻게 유대교의 유일신 사상에 제한받지 않으면서도 철학이나 다신론적 타종교와 구별되는지를 알아야 초기 기독교가 추구했던 복음적 설교가 가능하다는 뜻이다. 기독교의 구원을 선포하는 목사라면 단순히 신앙 간증의 차원이 아니라 삼위일체의 관점에서 자신의 구원 경험을 해명하고 변증할 수 있도록 최선의 노력을 다해야 한다. 보편적 인식의 차원에서 설득력 있게 변증하지 못하는 구원은 죽은 구원이다.

나는 지금 '목사 구원'에 관해 이야기하는 중이다. 이것을 주제로 동료 및 선후배 목사들과 진지하게 이야기를 나누고 싶다. 목사들의 모임에서 구원이 주제가 되는 경우는 드물다. 이는 이상한 일이다. 목사의 존재 이유가 사람들에게 복음의 내용인 구원을 전하는 것인데도 불구하고 목사들이 구원에 관해 관심이 전혀 없는 사람들처럼 말하고 행동하고 있으니 말이다. 이것은 시인들이 모여 시에 관해 이야기하지 않고 시집 판매와 시문학회 임원 선정에 대해서만 열을 올리는 것과 비슷하다. 그 이유는 다양하겠으나 세 가지만 짚어보자.

첫째, 목사들에게는 구원이 아니라 목회의 업적이 주요 관심사다. 이는 목회의 결과에 따라 자신의 능력이 판단되는 목회 현실을 감안할 때 어쩔 수 없는 일이기도 하다. 둘째, 어떤 목사들은 독단적인 구원론에 빠져 있어서 열린 대화 자체가 불가능하다. 그들은 당신이 믿음이 없거나 하나님 경험이 없어서 그렇다고 말하며 성서에 나오는 구원에 관한 이야기를 문자적으로 받아들인다. 게다가 상징으로 나타나는 종교 언어를 사실 언어(fact language)로 받아들이는 목사들도 있다. 셋째, 가장 결정적인 이유는 구원의 깊이를 말하기에는 인간의 삶과 역사 그리고 세상에 관한 목사 자신의 이해와 경험이 크게 부족하다는 것이다. '예수는 길이요 진리요 생명이다'라는 명제를 해석하려면 도(道)가 무엇인지, 진리(알레테이아)가 왜 탈(脫)은폐 사건인지, 그리고 생명이 생물학과 우주론과 철학과 생태학의 관점에서 어떤 의미인지를 알아야 한다. 비록 전문가처럼 깊이 알지는 못한다 하더라도 최소한 개론에 속한 것이라도 알고 있어야 한다. 물론 이런 내용을 전혀 몰라도 목사로 먹고사는 데는 아무런 지장이 없긴 하다.

역설적으로 한국교회는 목사가 삶의 본질과 근원에 관해 모르는 게 오히려 목사 노릇하기에 더 좋은 토양이다. 교인들은 대부분 세상살이에 지쳐 있어서 교회에 나와도 가능하면 단순하고 매혹적인 방식으로 작동하는 종교적인 위로만을 받고 싶어 한다. 목사가 회중의 그런 종교 심리를 잘 이용하면 목회에 성공할 수도 있겠으나 목사 자신의 영혼은 시나브로 시든다. 정작 목사 자신은 그것이 어떤 사태인지 잘 모를 수도 있다. 이는 개구리가 천천히 끓는 물에 적응하면서 죽는 것과 비슷하다. 나는 목사 업무에서 손을 놓을 때까지, 아니 죽을 때까지 구원 문제를 거룩한 화두로 삼는 태도가 목사이자 기독교인인 우리의 인생에서 최우선이라고 생각한다.

2. 구원과 솔라 피데

목사의 은사

구원이란 무엇인가? 이 글을 마칠 때까지 나는 이 질문을 붙들고 귀찮게 들릴 정도로 반복할 것이다. 구원은 생명을 얻는 것이다. 너무 간단하고 명백한 이 사실을 모르는 기독교인은 없다. 기독교 신앙만이 아니라 인간의 모든 행위와 이념 및 사상도 다 생명을 얻는 것과 관계된다. 여기에는 다른 종교, 문화, 예술, 문학, 스포츠, 경제, 정치 등 모든 것이 포함된다. 기독교는 예수 그리스도를 통해 생명을 얻는다고 믿는다. 이는 예수와 함께 죽고 함께 산다는 말이다. 기독교인이 되는 출발인 세례식이 바로 그것을 의미한다. 기독교인의 삶은 세례로부터 시작해서 세례로 끝나기에 세례 영성만 바르게 유지해도 구원에서 그리 멀지 않을 것이다. 예배에서 성찬식을 병행하는 이유가 바로 여기에 있다. 우리는 성찬식에 참여함으로써 세례가 우리의 가장 중요한 영적 실존이라는 사실을 일상적으로 반복해서 확인한다. 그럼에도 한국에서 성찬식을 소홀히 여기는 교회가 많은 것은 기독교의 영성이 어디에 토대하는지를 모르기 때문에 벌어진 현상이다.

　세례와 성찬이 기독교인 개인이나 교회 안에서 그 의미가 충만하게 유지되지 않는 이유는 세례를 받기 전이나 후나 기독교인으로서의 삶이 별 차이가 없어 보인다는 데 있다. 세례를 통해 예수와 하나 됨으로써 생명을 얻었다고 믿고 그렇게 말은 하지만, 그것이 무엇인지 손에 잡히지는 않는다. 목사도 그것이 무엇인지를 정확하게 알지 못하고 경험하지도 못했기에 교회법에 따라 기계적으로 세례를 베풀고 성찬식을 형식적으로 집행할 뿐이다. 목사가 예수와 함께 죽는 경험이 충분하지 않고, 예수와 함께 다시 사는 경험도 진정성이 없으니 어쩔 수 없다. 그가 교리적인 대답은 알고 있을 수 있다. 예수의 이름으로 세례를 받으면 지난날의 자신은 죽고 새로운 사람으로 태어난다는 것 말이다. 이런 대답은 어떤 이들에게는 감동적으로 들리지만, 어떤 이들에게는 상투적으로 느껴진다. 세례를 베푸는 목사나 세례를 받는 신자나 모두 의식이 거행되는 그 순간에는 잠시 뜨거운 마음을 느낄지 몰라도 시간이 지나면서 아무것도 남지 않는다. 대학 졸업장처럼 교회의 정회원으로 받아들여졌다는 세례 증서만이 남는다. 그 증서는 사랑의 열정이 식어버린 부부의 낡은 결혼 사진첩과 같다. 이 사태를 어찌할 것인가?

　다른 길은 없다. 기독교 신앙의 시원적 근본으로 돌아가는 것이 최선이다. 이는 곧 예수와 함께 죽고 예수와 더불어 다시 산다는 교리가 가리키는 깊이로 들어가는 것이다. 예수와 함께 죽고 예수와 더불어 다시 산다는 것은 예수의 운명과 하나가 된다는 뜻이다. 그것이 기독교 신앙의 모든 것이다. 목사가 이런 신앙의 중심으로 들어섰다면 다른 것에 의해 휘둘리지 않게 될 것이다. 비록 목회의 성과가 남 보라는 듯이 두드러지지 않더라도 그 때문에 영혼이 위축되지 않으며, 거꾸로 목회의 성과가 크더라도 그것으로 인해 크게 자고(自高)하지 않을 것이다. 하지만 목사가 실제로 이런 영성을 유지하기란 말처럼 쉽지 않다. 그것은 목사가 세상 사람들과 똑같은 차원에서 삶을 이해하기 때문이다. 목사의 입에서 나오는 언어만이 성서적일 뿐 실제 그의 삶은 세속적이다. "기독교인은 세례받은 이방인이다"라는 어느 신학자의 진술은 오늘 우리의 목사에게도 그대로 적용된다. 그는 죽으려고 하지 않는다. 죽어본 적도 없다. 그러니 사는 기쁨도 모른다. 온갖 방법을 동원해서라도 큰 교회로 자리를 옮기려고 하고 대접받는 위치를 즐길 뿐이다. 물론 목사들이 교인들에게 존경받고 목회의 업적을 인정받고 싶어 하는 것을 모두 틀렸다고 매도할 수는 없다. 현실에서 가정을 꾸리고 살아야 하는 목사가 출가한 수도승처럼 살 수는 없지 않은가? 그럼에도 불구하고 예수와 함께 죽었다는 기본적인 사실이 일단 목사의 영혼을 가득 채워야 한다. 그래야만 잠시 흔들렸다가도 다시 중심을 잡을 수 있다. 그것이 어떻게 가능한가?

답은 목사의 은사에 천착하는 것이다. 목사의 핵심적 은사는 말씀 선포와 성례 집행이다. 일단 말씀 선포에 국한해서 생각해보자. 물론 다 아는 이야기겠지만 나 스스로 복습한다는 생각으로 말하겠다. 예수와 함께 죽었다는 사실을 실제로 느끼는 목사는 말씀 선포에 자신의 모든 존재의 근거를 둔다. 그는 말씀을 선포할 수만 있다면 자신이 큰 교회에서 목회하든지 작은 교회에서 목회하든지 아무런 차이가 없다. 이는 그가 말씀 선포를 도구로 삼아 자기를 내세우는 것이 아니라 자신이 말씀의 도구가 된다는 것의 의미를 알고 있을 뿐만 아니라 실제로 말씀을 준비하면서 그 말씀과의 일치에서 오는 존재론적인 기쁨을 알기 때문이다. 이런 목사라면 말씀 선포 이외의 것에 관해서는 관심이 줄어들 수밖에 없기에 감독이나 총회장이 되려고 애쓰지 않는다. 이미 말씀 선포로 생명을 얻었는데 다른 이들의 존경과 인정을 받는다고 한들 감독이나 총회장 자리가 그에게 무슨 의미가 있겠는가? 주변에서 부추겨도 극구 사양할 것이다.

말씀 선포를 은사로서 받아들이는 태도는 저절로 주어지는 게 아니다. 그런 목사는 공 하나에도 전력투구하는 프로야구 투수처럼 말씀 준비에 '올인'을 한다. 당연히 힘써 기도하고 공부한다. 여기에 필요한 시간을 확보하기 위해 다른 일은 최소화한다. 대다수 목사가 이런 노력을 기울이면서 목회하겠지만, 그렇다고 해도 말씀 선포가 상투성으로 떨어지는 순간이 종종 찾아오기 마련이다. 이처럼 상투성에 떨어지면 말씀 선포의 은사에 천착하기가 어려워진다. 말씀 준비와 선포의 즐거움을 잃는다. 표면적으로 회중이 그의 설교에 열광적인 반응을 보인다고 하더라도 목사 자신은 자신의 말씀 선포가 생명력을 담보하지 못한다는 사실을 느낀다. 그는 이를 나름대로 극복해보려고, 아니면 못 본 척하려고 회중의 종교 심리를 이용하기도 한다. 때로는 의도적으로, 어떨 때는 무의식적으로 그렇게 한다. 얄팍한 연설 기술이 교인들에게 통하기에 그는 하나님의 말씀으로부터 점점 더 소외된다. 악순환이다. 만일 말씀 선포라는 은사에 몰입할 수만 있다면 그는 그야말로 예수와 함께 죽는다는 것이 무엇인지를 절감하게 될 것이다. 그 반대도 마찬가지다. 예수와 함께 죽고 함께 산다는 경험이 분명하면 말씀을 선포하는 은사에 더 몰입할 것이다. 다른 것으로는 채울 수 없는 영혼의 만족이 일어나기 때문이다. 이런 만족이야말로 목사의 구원이 아니고 무엇이겠는가? 이것 외에 어디서 목사의 구원을 확인할 수 있단 말인가?

오늘날 한국교회에서 목사로 살아가는 이들의 구원은 애매한 상태에 떨어졌다. 많은 경우에 목사의 구원은 신앙의 본질이 아니라 교회 운영에서만 모색된다. 이런 모습은 어제오늘의 일이 아니다. 종교개혁 당시의 로마 가톨릭교회가 그랬고, 19세기 러시아 정교회가 그랬다. 이런 현상은 어느 한 시대만이 아니라 2천 년 동안 계속되었다고 봐야 한다. 도스토옙스키의 『카라마조프가의 형제들』에는 '대심문관'이라는 이야기가 나온다. 이는 삼 형제 중 둘째인 이반이 수도승이었던 막내 알료샤에게 들려주는 이야기로, 도스토옙스키가 당시 러시아 정교회를 날카롭게 비판하는 내용이다. 어느 날 예수가 재림하여 초림 때처럼 하나님 나라를 선포하고 병든 자를 고치는 활동을 했다. 러시아 정교회 집행부가 예수를 체포해서 감옥에 넣었다. 어느 날 밤에 정교회 총대주교가 비밀스럽게 예수를 찾아왔다. 대충 다음과 같은 뜻으로 발언한다. "당신이 없어도 우리가 얼마든지 당신의 교회를 이 땅에서 원활하게 이끌어갈 수 있으니 당신은 하늘로 돌아가시오. 당신이 있을 곳은 하늘이오." 예수가 불편해진 러시아 정교회의 당시 모습은 오늘날 한국교회의 모습과 겹친다. 예수 없는 교회, 예수를 오히려 불편해 하는 교회에 우리가 지금 몸담고 있는 건 아닐까? 우리는 실제로 개별 신자들의 영혼 구원에 관심이 있는 사람들일까?

솔라 피데 목회론

2017년은 종교개혁 500주년이 되는 해였다. 개신교의 태두라고 할 만한 인물인 루터가 제시한 종교개혁의 세 가지 신학 구호는 솔라 피데(sola fide), 솔라 그라티아(sola gratia), 솔라 스크립투라(sola scriptura)다. 이 세 가지가 유기적으로 연결되어 있지만, 그 핵심은 '솔라 피데' 즉 '오직 믿음'이다. 이는 우리가 하나님으로부터 의 롭다고 인정받는 데 필요한 것은 오직 믿음이라는 뜻이다. 루터에게 '오직 믿음'은 신앙생활에서 혁명적인 전환점이 되는 개념이다. 그는 당시 로마 가톨릭교회의 사제이자 아우구스티누스 수도회 소속 수사로서 최선을 다했지만, 영혼의 평화는 얻지 못했다. 오랜 방황 끝에 그는 바울이 말한 "복음에는 하나님의 의가 나타나서 믿음으로 믿음에 이르게 하나니 기록된 바 '오직 의인은 믿음으로 말미암아 살리라' 함과 같으니라"(롬 1:17)라는 구절에서 영혼의 평화를 경험했다. 그 어떤 것으로도 대체될 수 없는 자유를 얻은 것이다. 그것이 루터에게는 구원이었다. 이런 점에서 '솔라 피데 목회론'이라는 말이 가능하다. 이것은 목회를 기능적으로 대하지 않고 구원론적인 차원에서, 즉 존재론적인 깊이에서 대하는 것이다.

목사는 자신의 삶을 목회 일정에 맞추고 산다. 목회를 잘해 성과를 올리려고 자신의 모든 것을 쏟는다. 모든 목사가 똑같은 태도로 목회에 임하는 것은 아니다. 목회를 벤처기업처럼 여기는 목사들도 있고, 아무 생각 없이 기존의 교회 메커니즘에 따라 수동적으로 움직이는 목사들도 있으며, 신자들의 영혼을 진지하게 대하는 목사들도 있다. 나쁜 쪽으로는 목회에 성공하려고 교회와 신자들을 이용하는 목사들도 없지 않다. 어떤 이들은 더 큰 교회로 청빙을 받으려고 현재 교회를 발판으로 삼기도 한다. 그런 과정에서 벌어지는 이야기를 무용담처럼 흘리는 목사들도 있다. 감당하기 어려운 액수의 빚을 내면서까지 대형 교회당을 건축하는 이유가 그것으로 목사의 이름을 알리고 큰 교회로 옮길 기회를 찾기 위해서인 경우도 있다. 어떤 이는 의도적으로 그렇게 하고, 어떤 이는 자기도 모르게 무의식적으로 그렇게 따라간다. 우리 대부분은 양극단 사이 적당한 곳에 위치한 채 목회 활동을 한다.

장사꾼처럼 목회하든지 전심전력을 다해 신자들의 영혼 구원을 위해 목회하든지 간에 목사는 그것으로 의롭다고 인정받는 것이 아니다. 목사 역시 오직 믿음으로 의롭다고 인정받는다. 이것을 아는 게 중요하다. 칼 바르트는 생명의 심판을 받을 때 우리의 공로는 아무런 의미가 없다고 말했다. "예를 들어 내가 사랑하는 하나님께 꽤 많이 바쳤다는 감사 기도와 헌금, 혹은 내가 열정적으로 투쟁하면서 살았다는 것, 혹은 내가 신학자였고 책도 많이 썼다는 것 등의 공로는 없다"(『교의학 개요』, 239). 일반 신자들도 마찬가지다. 그가 아무리 헌신적으로 교회를 섬기고 다른 이들에게 존경을 받는다고 해도, 그가 다른 사람들에게 인정받을 만한 훌륭한 일을 일을 많이 한다고 해도 그것이 의로움의 근거는 전혀 되지 못한다. 루터에 의하면 의로움은 오직 믿음으로 주어진다. 구원은 우리가 성취하는 것이 아니라 하나님의 선물로 주어지는 것이기 때문이다. 그것을 믿는 것이 곧 믿음이고, 그런 믿음으로 우리는 하나님으로부터 의롭다고 인정받는다. 이것은 우리가 이미 다 알고 있는 이야기다. 목사들도 설교에서 이런 말을 자주 하지만 그럼에도 설교의 내용대로 목회하지는 못한다. 목사가 최소한 자기 설교대로만 목회하면 구원받을 수 있으련만!

칭의(justification) 문제를 교리적으로만 생각하면 곤란하다. 이것은 실제 삶의 문제다. 성서와 교리는 관념이 아니라 삶의 능력이다. 이것이 관념적으로 들릴지 모르나 그것의 실제는 삶의 능력이다. 목사에게는 그것이 목회의 능력이다. 그 이유에 관해 A4용지 열 장으로 정리해보는 것도 목사 공부나 목사 구원에 도움이 된다. 목회의 업적으로 자신의 영혼이 자유를 얻는 게 아니라는 사실이 실질적으로 느껴지지 않는다면 그는 복음을 모르는 목사다. 규모 면에서 세계적으로 큰 교회가 우리나라에 제법 많이 있다. 소위 '순복음' 교회만이 아니라 장로교회나 감리교회 중에서도 세계적인 큰 교회들이 우리나라에 있다. 여러모로 신앙생활을 하기에 편리한 교회에 신자들이 쏠리는 것은 자연스러운 현상이지만 그것도 정도가 있는 법이다. 그 교회에 다니면 부자가 된다거나 병이

낫는다는 소문, 또는 그 교회의 새벽기도회가 유명하다는 소문 등으로 신자들이 몰린다. 결과적으로 한국처럼 교회의 빈부격차가 심한 나라는 전 세계 어디에도 없다. 그러나 대형 교회로 키웠다고 해서 그 교회 목사의 영혼이 자유를 얻는 것은 아니다. 관건은 그 목사에게 믿음이 있느냐 하는 것이다. 더 정확하게는 그가 '오직 믿음'에 천착하고 있느냐 하는 것이다. 믿음은 소유할 수 있는 상품이 아니라 평생의 수행으로서 가야 할 길(道)이기에 목회 성과에 의해 믿음이 있는지 없는지의 여부가 판단된다고 말할 수는 없다.

중대형 교회에서 시무한다고 해서 믿음이 없는 것은 아니다. 거꾸로 작은 교회를 맡고 있다고 해서 믿음이 좋은 것도 아니다. 믿음이 있는지 없는지의 여부는 오직 하나님만 판단하실 수 있다. 그러나 최소한 상식적인 차원에서 그것을 판단할 수 있는 기준이 아예 없는 것은 아니다. 믿음이 있는 목사는 담임목사 자리를 두고 다투지 않는다. 그는 큰 교회의 담임목사 자리를 내려놓고 작은 교회로 자리를 옮길 수도 있다. 교회 안에서 분쟁이 일어났을 때 교회의 전체적인 덕을 위해 자신이 물러날 줄도 안다. 일종의 성직 매매라고 할 수 있는 담임목사직의 세습은 꿈도 꾸지 않는다. 그는 목회의 업적이 하나님으로부터 의롭다는 인정을 받는 데 아무런 의미가 없다는 것과 그것으로 자신의 영혼이 행복해지는 게 아니라는 것을 잘 알고 있기에 자신의 믿음을 지키는 것이 교회의 담임목사 자리를 지키는 것보다 더 소중하다는 사실을 잘 안다. 이런 목사의 영혼은 자유롭다. 그런 자유가 존재의 능력이고 목회의 능력이다. 그것이야말로 의롭다는 인정을 받았다는 증거다. 믿음 없이 칭의(稱義) 없고, 칭의 없이는 영혼의 자유가 없으며, 영혼의 자유가 없이 구원은 없다!

존재 지향적 목회

믿음이 없는 목회는 소유(to have) 지향적이고, 믿음이 있는 목회는 존재(to be) 지향적이라고 개념화해도 된다. 소유 지향적 목회에 머무는 목사들은 반복해서 말하지만 목회 업적에 치우친다. 신자의 숫자에 예민하고 사례비에 민감하다. 이런 부분을 완전히 초월하는 목사는 없겠으나 오늘의 목회가 일방적으로 소유 지향성으로 기울어졌다는 점은 문제다. 다른 한편으로 한국처럼 개교회주의가 구조적으로 완벽하게 작동되는 교회에서는 목사가 존재 지향적인 목회에 집중하기가 쉽지 않다. 아니, 불가능하다고 봐야 한다. 목사의 영혼 구원을 위해서라도 교회의 보편성, 즉 교구 중심의 제도 개혁이 필요하다. 하지만 제도 문제는 일단 제쳐놓자. 그것은 여기서 다루기에는 너무 복잡한 사안일 뿐만 아니라 한국교회에는 내부 개혁의 동력이 전혀 없기 때문이다. 나는 여기서 소유 지향적 목회에 머물러 있는 한 목사의 칭의가 요원하다는 점만을 짚겠다.

여기 오십 명 신자가 모이는 교회에서 목회를 시작한 목사가 있다고 하자. 이 년 뒤에 백 명이 모였다. 이제 그는 무슨 생각을 할까? 이백 명 신자가 모이는 교회를 향해 달려갈 것이다. 부교역자를 들이고, 신자 양육 프로그램을 돌릴 것이다. 세련된 교회라는 점을 강조하기 위해 구제 활동도 벌이고 장학사업이나 병원 선교 능에도 힘을 쓸 것이다. 십 년 만에 오백 명의 신자가 모이는 교회가 되었다고 하자. 그는 이제 천 명, 그다음에는 이천 명이 모이는 교회를 머릿속에 그릴 것이다. 그 과정에서 교회당을 새로 짓거나 넓혀나갈 것이다. 노회에서 경력이 쌓이면 노회장이 되려고 할 것이고, 교회 정치에 맛을 들이면 총회장 꿈도 꿀 것이며, 여러 종류의 집회에 강사로 불려 다닐 것이다. 이렇게 엘리트 코스를 밟은 목사가 한국교회 현실에서 실제로는 그리 많지 않겠지만, 그와 같은 과정이 대다수 목사가 원하는 길인 것만은 분명하다. 그는 교회 안팎의 목회 업무에 휘둘려서 자신의 영혼이 어떤지는 살필 겨를도 없이 바쁘게 살다가 때가 오면 죽을 것이다. 이런 목사와 세상의 벤처기업을 성공시킨 기업가 사이에는 아무런 차이가 없다. 그는 목회에 성공했다고 말할지 모르나 구원에는 실패한 것이다.

    존재 지향적 목회가 무엇인지를 설명하면 소유 지향적 목회의 실상이 더 확실하게 드러날 것이다. 존재 지향적 목회는 목사로 부름을 받은 신학생들의 영혼에 가득 차 있었지만 여러 가지 이유로 세월이 흐르면서 왜곡되거나 잊혔다. 먼저 시 한 편을 소개하겠다. 목사의 목회 행위가 시인의 시작(詩作) 행위보다 못해서야 어디 복음과 구원을 선포하는 사람이라고 할 수 있겠는가? 차창룡 시인의 시 "겨울나무"다. 이 시는 우리들 목사를 향한 따끔한 죽비다.

    단순해지면 강해지는구나
    꽃도 버리고 이파리도 버리고 열매도 버리고

밥도 먹지 않고

물도 마시지 않고

벌거숭이로

꽃눈과 잎눈을 꼭 다물면

바람이 날씬한 가지 사이를

그냥 지나가는구나

눈이 이불이어서

남은 바람도 막아 주는구나

머리는 땅에 처박고

다리는 하늘로 치켜들고

동상에 걸린 채로

햇살을 고드름으로 만드는

저 확고부동하고 단순한 명상의 자세 앞에

겨울도 마침내 주눅이 들어

겨울도 마침내 희망이구나

차 시인은 모든 사람이 똑같이 보는 겨울나무의 존재론적인 세계를 자신의 고유한 언어로 형상화했다. 겨울나무에서 그런 세계를 볼 수 있는 사람이 있고, 무심코 지나치는 사람도 있다. 차 시인은 '단순해질' 때만 사람이 강해진다는 사실을 여기서 꿰뚫어보았다. 단순한 삶은 '밥도 먹지 않고/ 물도 마시지 않고/ 벌거숭이로/ 꽃눈과 잎눈을 꼭 다물면' 된다. 이런 표현은 물론 메타포다. 더 많이 먹고 마시며 유행하는 옷을 차려입고 말을 많이 하는 현대인이 추구하는 삶과는 정반대다. '저 확고부동하고 단순한 명상의 자세'는 깊고 깊어서 어둡다고 느낄 수밖에 없는 차원의 삶을 아는 사람에게서 나올 수 있는 태도다. 그런 삶이 결국은 '희망'을 만들어낸다. 하지만 현대 목회는 단순해지는 것과는 반대로 작동한다. 한자리에서 많은 상품을 구매할 수 있는 대형 매장처럼 운영된다. 그런 목회에 휩쓸린 사람의 영혼 안에서 하나님 나라를 향한 종말론적인 희망은 싹틀 수 없다. 그 종말론적인 희망은 사람들의 온갖 이해타산을 떨쳐내고 오직 하나님께만 영혼을 집중할 때 가능한 사건이기 때문이다.

목사의 구원 문제를 너무 복잡하게 생각하는 것이 아닌지, 한국교회의 현실을 외면한 채 신학적인 이상에만 치우친 것이 아닌지, 자기 구원에만 매달리고 신자들의 삶과 영혼을 돌보는 현실의 목회는 등한히 해도 좋다는 것인지에 대한 반론이 가능하다. 반론까지는 아니라고 하더라도 아쉬움은 토로할 수 있다. 충분히 이해가 간다. 물론 목사로서의 진정성을 상당한 정도로 확보하면서도 교회를 성장시킨 목사들도 많다. 그들을 향해 자기 구원을 위해 하나님께 좀 더 집중하라는 나의 주장은 사족처럼 불편하게 들릴 수 있다. 그런데도 내가 여전히 그렇게 말할 수밖에 없는 이유는 목사의 구원은 목회 행위가 아니라 하나님과의 관계에서만 주어진다는 것이 너무나 분명하기 때문이다. 더욱이 구원의 유일한 토대인 하나님과의 관계는 한 번으로 완성되는 게 아니라 평생에 걸쳐 수행되어야 할 거룩한 순례에 속하기 때문이다.

여기서 실제로 놓치지 말아야 할 관점이 있다. 그것은 목회 행위는 눈에 확 들어오는 반면에 하나님과의 관계는 들어오지 않는다는 점이다. 목회를 성공적으로 잘하면 그리고 운이 따르면 교회가 성장하고 자연스럽게 주변 사람들로부터 인정받는 목사가 된다. 목사는 이런 쪽의 일들을 누가 옆에서 말하지 않아도 저절로 열심히 하게 되어 있다. 반면에 하나님과의 관계는 진도가 잘 안 나간다. 예를 들어 "하나님 나라가 가까이 왔다"라는 예수의 선포를 생각해보자. 이것이 실질적으로 느껴져야 하나님과의 관계가 무엇인지 손에 들어온다. 하나님 나라는 생명의 나라이기 때문에 목사는 생명을 이해하는 것만큼 하나님 나라와 관계를 맺을 수 있다. 목사는 자신이 이해하는 생명이 생물학, 사회학, 인문학의 차원에서도 부족할 게 없을 정도로 깊이가 있어야만 '가까이 온 하나님 나라'를 실질적으로 느끼고 경험할 수 있다. 이런 느낌과 경험이 부족한 목사는 어쩔 수 없이 목회 행위와 그 업적에만 매달린다. 그런 이들에게 하나님과의 관계는 아침 햇살에 증발해버리는 안개처럼 자기도 모르는 사이에 자신의 궁극적인 관심에서 시나브로 사라질 것이다. 여기서 오는 공허감은 하나님이 아닌 다른 것에 더 매달리도록 우리를 강박한다. 루터의 '솔라 피데' 개념이 가리키는 신앙의 능력을 외면했던 당시 로마 가톨릭교회의 교권주의자들처럼 말이다.

존재 '순간'

존재 지향적 목회를 말할 때 존재(영어로 being, 독어로 Sein)는 '있음'을 가리킨다. 존재 개념을 치열하게 붙들었던 현대 철학자 중 한 사람은 하이데거다. 그를 세계적 철학자의 반열에 올려놓은 저서의 제목은 『존재와 시간』(Sein und Zeit)이다. 그가 말하는 존재는 성서가 말하는 하나님 개념과 여러 관점에서 일치한다. 하이데거는 그 사실을 인정하지 않지만 실제로는 그렇다. 하인리히 오토(H. Otto)의 『사유와 존재: 마르틴 하이데거의 길과 신학의 길』(연세대학교출판부)이 이런 관계를 이해하는 데 큰 도움을 준다. 하이데거는 프라이부르크 대학교의 교수로 부임하는 연설에서 "왜 존재하는 것들은 존재하고, 무(無)는 더는 없는가?"라는 제목의 강연을 했다. 이런 질문은 하이데거 이전에도 자주 등장했었다. 사람과 나무와 산은 존재하는 것들이다. 고양이와 까치도 존재하는 것들이다. 이런 존재하는 것들을 우리는 세상에서 경험한다. 그런데 사람과 나무의 중간쯤 되는 것은 없다. 그 없는 것, 즉 무(Nichts)는 왜 없을까? 이런 질문은 말장난이 아니다. 존재하는 것과 존재하지 않는 것을 당연하게 생각하면 안 된다. 지구에는 왜 고체, 액체, 기체만 존재하고 다른 사물은 존재하지 않는지 이상하지 않은가? 하이데거는 무를 통해 존재하는 것을 존재하게끔 하는 근원적인 능력을 가리켜 존재라고 보았다. 그에 따르면 그동안 유럽의 형이상학은 존재하는 것들(Seiende)의 근원을 밝히는 데만 힘을 쏟음으로써 오히려 존재(Sein)가 망각되었다. 하이데거의 존재 개념으로 인해 이제는 존재하는 것과 존재하지 않는 것의 경계가 다르게 설정되었다. 이는 동양에서 말하는 색즉시공공즉시색(色卽是空空卽是色) 같은 개념과 통한다.

존재는 존재하는 것과 존재하지 않는 것, 또는 보이는 것과 보이지 않는 모든 것의 가장 궁극적인 토대다. 기독교에서 말하는 하나님이 바로 그런 존재다. 존재의 차원에서는 시속 130킬로미터로 초원을 달리는 치타나 나뭇가지 위를 시속 1미터로 움직이는 달팽이나 아무런 차이가 없다. 이건 철학만이 아니라 물리학의 관점에서도 옳다. 무한의 거리와 시간을 전제할 때 치타와 달팽이의 움직임은 실제로 아무런 차이가 없으니까 말이다. 코끼리의 몸무게와 하루살이의 무게도 존재의 차원에서는 똑같다. 지구 전체의 무게를 분모로 놓고 코끼리의 무게와 하루살이의 무게를 달면 그 차이가 무의미하다. 우주 전체의 무게를 분모로 본다면 그 차이는 제로가 된다. 무한 앞에서 유한은 아무리 커도 제로가 되는 것과 같다. 이 논리를 목회에 연결해본다면 일만 명의 교인이 모이는 교회에서의 목회와 백 명의 교인이 모이는 교회에서의 목회는 존재론적으로 똑같다. 문제는 하나님 나라가 가리키는 존재의 깊이로 들어갈 수 있느냐 하는 데에 놓여 있다.

존재 개념을 일상의 경험으로 설명하면 이렇다. 출근 방식은 사람마다 다르다. 대중교통을 이용하는 사람이 있고 자가용으로 출근하는 사람이 있다. 일터가 가까운 경우에는 걸어서 가는 사람도 있다. 자가용에도 차이가 있다. 1억 원짜리 벤츠를 타는 사람도 있고 2천만 원짜리 국산 소형차를 타는 사람도 있다. 기사가 운전해주는 차를 타고 출근할 수도 있다. 출근을 존재의 차원에서 생각하는 사람은 집에서 회사까지 가는 방법이 아니라 '가는 것 자체'에 궁극적인 의미를 둔다. 어떤 차를 타는지는 그에게 중요하지 않다. 대중교통을 탄다고 해도 마음이 전혀 불편하지 않다. 걷는 방식도 그에게는 절정의 기쁨에 속한다. 고급 승용차를 타는 사람은 안락하긴 하겠으나 걸어야만 보고 느낄 수 있는 것을 경험할 수 없다. 벌과 나비를 못 보고, 꽃향기를 맡지 못하며, 대지를 두 발로 딛는 중력을 느낄 수 없다. 불행한 일이다. 걷기를 즐기는 사람은 지금 자신이 움직이고 있다는 사실에 집중할 수 있다면 그 외의 것은 별로 중요하지 않다는 것을 실감한다. 산티아고 순례를 떠나는 이유가 바로 여기에 있다. 사람이 두 발로 걸으면서 살아 있음의 존재 차원을 경험하는 것이다. 참고로 산티아고는 '성 야고보'라는 뜻의 스페인어다. 더 늦기 전에 언젠가 나에게도 그런 순례의 기회가 주어지기를 기대한다. 사실은 내가 지금 사는 동네를 걸어도 마찬가지이긴 하다. 언젠가 곧 내 두 발로 걷지 못하는 순간이 온다는 사실을 안다면 굳이 스페인의 산티아고를 가지 않더라도 지금 여기서 걷는 행위 자체를 황홀하게 경험할 수 있기 때문이다.

    나는 아침에 눈을 뜨면 침대에 걸터앉아서 간단히 기도드린다. 귀한 잠을 허락해주신 것과 보석 같은 오늘 하루를 선물로 주신 것에 대해 감사 기도를 드린다. 상투적인 기도이긴 하지만 영혼의 진심을 담으려고 늘 노력한다. 기도 후에 눈을 떠서 방안을 둘러본다. 책상도, 벽시계도, 컴퓨터에 연결된 스피커도 모두 그 자리에 놓여 있다. 서재이자 침실이며 생활공간인 이 층 내 방의 모습이 한편으로 익숙하면서도 다른 한편으로 낯설다. 매일 아침 눈을 뜨는 순간이 새롭다. 그 공간 안에서 내가 숨 쉬고 움직인다는 사실을 놀라워하면서 일어나서 머리맡의 커튼을 열고 마당의 소나무를 본다. 어느 교인이 심은 소나무 다섯 그루가 여전히 그곳에서 겨울철 혹한기를 잘 버텨주는 게 대견스럽다. 잠옷을 벗고 평상복으로 갈아입는다. 화장실에 들어갔다 나온다. 슬리퍼를 신는다. 내가 아직은 이 모든 일을 능숙하게 처리한다는 사실이 놀랍다. 일정한 공간 안에서 내가 내 방식으로 존재한다는 사실이 기특하다. 이런 순간만이 아니라 내가 존재하는 매 '순간'이 사실은 생명의 지극한 환희다.

오늘은 플라스틱으로 만들어진 영양제 통의 뚜껑을 열면서 이상한 희열을 경험했다. 그 뚜껑은 그냥 돌리면 열리지 않는다. 어린아이가 마음대로 열지 못하게 하기 위한 안전장치로 보이는데, 일단 위에서 적당한 힘을 가하면서 시곗바늘 반대 방향으로 돌려야 한다. 뚜껑을 열고 그 안에 손을 넣어 젤리 형태로 된 비타민 결정체 하나를 꺼내서 먹었다. 그 장면은 생각할수록 신기했다. 그 동작을 하는 사람을 로봇이라고 가정해보자. 그것도 내가 만든 로봇이다. 그런 정도로 유려하게 동작할 수 있는 로봇을 만들었다면 그야말로 로봇 역사에서 획기적인 사건이다. 지금 내가 일정한 시간과 공간 안에서 세상을 경험한다는 것 자체가 놀라움의 극치다.

내 책상 위에는 많은 물건이 놓여 있다. 작은 카메라, 엠피스리 녹음기, 안경, 몇 권의 책과 책 받침대, 연필, 수첩, 장갑, 그 외에도 각양각색의 사물이 많다. 나는 그것들을 손으로 집어들 수 있다. 먼저 눈으로 물건을 보고 손을 그쪽으로 뻗는다. 순간적으로 거리가 좁혀진다. 어느 정도나 더 손을 뻗어야 연필을 손에 집을 수 있는지는 내 머리가 판단한다. 연필을 들다가 떨어뜨릴 수도 있지만 그런 실수는 흔하지 않다. 떨어뜨리면 허리를 굽혀서 그걸 다시 들어올릴 수 있다. 이런 모든 생각과 느낌과 움직임들은 내가 이 공간에 존재한다는 사실에 대한 실증이다. 나는 여기서 매 순간 동화 속의 요정처럼 일상을 살아가는 셈이다. 존재의 신비에 빠져드니 무엇이 부러우랴! 물론 악한 영의 유혹과 시비에 걸려들어 존재의 신비와 그 기쁨을 놓치고 삶이 무거워져서 자신과 남을 불편하게 여기는 경우도 종종 일어난다. 그래서 이렇게 기도드릴 뿐이다. 존재의 힘인 성령이여, 저를 도우소서!

존재 지향적 설교

존재 지향적 목회의 구체적인 예를 한 가지 들겠다. 존재 지향적 설교에 관한 이야기다. 앞에서 목사의 은사를 언급하면서 설교에 관해 말했고 뒤에서도 말할 기회가 있겠지만 여기서는 존재 개념에 근거해서 보충하려고 한다. 설교 문제는 목사의 운명을 결정하는 것이니 반복해도 독자들이 너그럽게 받아줄 것이다. 존재 지향적 설교는 말 그대로 설교 행위 자체에 집중하는 설교를 가리킨다. 이는 말처럼 간단한 것이 아니다. 설교 행위 자체가 아니라 설교를 듣는 회중에게 집중하는 설교가 예상 외로 많다. 그런 설교를 하는 목사들은 설교의 목적이 회중에게 은혜를 끼치는 것이라고 생각할 것이다. 이것이 당연한 것처럼 생각되고 신대원에서도 그렇게 배웠을 것이다. 나 역시 그런 생각을 완전히 부정하지는 않는다. 하지만 그런 생각만으로는 설교 행위의 존재론적 깊이에 이르지 못한다.

설교 행위는 말하기에 앞서 듣는 것이다. 설교는 일단 하나님의 말씀을 듣는 데서부터 시작된다. 구약의 예언자들도 선포하기에 앞서 들었다. 그들은 말씀을 들은 충격이 너무 커서 전하지 않을 수 없었다. 아브라함도 하나님의 말씀을 들었고 모세 역시 마찬가지다. 이사야와 예레미야 등 모든 예언자가 하나님의 말씀을 들었다. 그것을 신탁(神託) 경험이라고 한다. 오늘의 설교자들도 자신이 하나님의 말씀을 들었다고 주장할 것이다. 그런 설교자를 향해 "당신은 못 들었어"라고 해봐야 소용없다. 그들이 전혀 못 들은 것은 아니다. 다만 회중의 영혼을 책임질 수 있을 정도의 깊이에서 말씀을 들은 것은 아니다. 그들은 낮은 수준에서만 들은 채로, 또는 듣는다는 것이 무슨 의미인지 감을 전혀 잡지 못하면서 들었다고 착각한 채로, "나는 하나님의 말씀을 선포하는 주의 종이야!" 하며 대범하게 설교한다. 구약의 예언자 중에서도 그렇게 착각한 이들이 적지 않았다.

성서 텍스트를 읽는다고 해서 자동으로 하나님의 말씀을 듣는 것이 아닌 이유는 성서 텍스트 안에 하나님의 말씀이 숨어 있기 때문이다. 그 은폐성이 하나님의 말씀이 지닌 근원적인 속성이다. 이시영 시인의 한 줄로 된 단시(短詩)를 인용하겠다. 이 시인도 일종의 보이는 텍스트인 이 세계에서 은폐된 것을 포착했다. 나는 설교자의 영혼이 시인의 영혼과 비슷하게 움직인다고 생각한다. 제목은 "산길"이다.

밤새워 고라니가 파놓은 흙 위에 흰 눈이 소복이 쌓이셨다

이런 결정적인 순간은 사람들 눈에 띄지 않는다. 흙을 고라니가 파놓은 건지 아닌지도 확인할 길은 없지만, 시인의 눈에는 그렇게 보인 것이다. 눈이 그냥 쌓였다고 말하면 안 되고 '쌓이셨다'라고 존칭으로 묘사해야 제맛이 난다. 아주 작은 사물과 그 사물이 빚어내는 순간에 대한 시인의 경건한 마음이 마치 기도처럼 바쳐진 것이다. 이런 따뜻하고 세밀하며 심층적인 통찰 없이 성서에서 하나님의 말씀을 '듣는다'라는 주장은 허풍이다. 허풍을 오히려 좋아하는 회중도 문제이긴 하다. 청중의 귀가 둔하면 목사의 귀도 둔해진다. 그 반대도 마찬가지다.

'들음'의 영성을 아는 설교자는 성서 텍스트에 몰두한다. 몰두하면 할수록 성서 텍스트에서 더 많은 소리를 들을 수 있기 때문이다. 그는 그런 방식으로 설교 행위의 존재론적 기쁨을 누리니 복 있는 사람이다. "있는 자는 받을 것이요, 없는 자는 그 있는 것까지도 빼앗기리라"(막 4:25). 설교 행위만이 아니라 예술이나 운동 또는 바둑의 세계도 원리는 비슷하다. 아마추어 바둑 동호인들은 시합이 끝나면 그것으로 끝이지만, 프로급 고수들은 시합 후에 복기한다. 자신들이 실제로 놓은 수보다 더 많은 수를 그렇게 확인하는 것이다.

설교자가 존재 지향적 설교를 하는지 아닌지를 구분하려면 그가 설교 시간에 성서의 세계에 얼마나 집중하는지를 보면 된다. 성서 텍스트의 세계를 밋밋하게 경험한 설교자는 본문에 관해서는 대충 말하고 회중의 세상살이에 관해서는 미주알고주알 알뜰하게 챙기는 방식으로 설교한다. 성서 텍스트는 상투적으로 대하고 대신 상품의 판매 전략에 몰두하는 홈쇼핑 매니저처럼 복음을 포장하고 파는 일에 전력을 기울인다. 한국교회 설교에서 예화와 간증이 넘치는 이유가 여기에 있다. 이런 방식으로라도 회중이 기독교 신앙에 관심을 기울이게 되면 좋은 일이라고 생각할 수도 있다. 일시적으로는 그들의 신앙적 열정이 뜨거워지는 것처럼 느끼겠지만, 결국 그들의 영성은 메마르고 만다. 성서의 놀라운 세계로 들어가는 경험이 없으면 영적인 만족을 얻을 수 없기 때문이다.

설교자가 성서 텍스트에 집중할 수 있고 또 집중해야 하는 이유는 성서 텍스트가 한 번의 경험으로 모든 것을 다 드러내는 것이 아니라 늘 새롭게 경험되기 때문이다. 오지를 탐험하거나 고대 유적지를 탐사하여 발굴하는 사람처럼 새로운 경험이 이어진다. "천국은 마치 밭에 감추인 보화와 같다"(마 13:44). 월터 브루그만의 『텍스트가 설교하게 하라』(성서유니온선교회)의 추천사에서 윌리엄 윌리몬은 다음과 같이 말했는데, 이 말은 귀담아 들을 만하다.

우리가 직면한 설교의 위기는 수사적인 요인이 아니라 신학적인 요인으로 말미암았다는 사실을 그는 알고 있다. 평생을 성경 본문을 붙들고 씨름한 브루그만은 아직까지도 성경에서 새로운 사실을 발견하고는 어린아이처럼 놀라고 사춘기 소년처럼 기뻐하는 모습을 잃지 않고 있다. 또한 글을 폭넓게 읽고 다양한 학자들과 수준 높은 대화를 하면서도 언제나 그 어느 것보다도 성경 텍스트를 더 우선시한다.…그리하여 이 시대의 문화에 길들여진 교회를 부끄럽게 하고, 풍부한 상상력과 창의력을 동원하여 예언자적 말씀을 새롭게 묘사함으로, 우리 시대와 장소에 걸맞은 말씀으로 와닿게 한다(12).

브루그만의 신학적이고 영적인 태도를 윌리몬이 정확하게 묘사한 것처럼 "어린아이처럼 놀라고 사춘기 소년처럼 기뻐하는 모습"은 존재 지향적 설교자에게서 찾아볼 수 있는 특성이다. 이런 기쁨 없이는 성서 텍스트에 몰입할 수가 없다. 이는 삶에서 존재의 기쁨을 누리는 것과 비슷하다. 이것은 성서 텍스트의 깊이가 무한하다는 것을 가리킨다. 그 엄청난 깊이에 놀라고 가능한 한 안으로 깊이 들어가는 과정에서 기쁨을 느낄 줄 아는 설교자가 바로 존재 지향적 설교자다. 성서 텍스트의 깊이는 피아니스트 백건우 선생이 말하는 '건반의 깊이'라는 표현과 비슷하다. 성서 텍스트의 깊이라니, 이게 무슨 말일까?

나는 언젠가 성서에 나오는 이야기가 현대 신학자들이 보듯이 실제로 심충적이고 시원적이냐 하는 질문을 받은 적이 있다. 그것은 성서의 이야기는 그 시대에 일어난 일을 단순히 기록한 것일 뿐인데, 오늘 신학자들이 그것을 너무 깊이 있는 것처럼 설명함으로써 오히려 성서의 본래 의미가 퇴색되는 것은 아닌가 하는 질문이다. 이런 질문이 나오게 된 배경은 다음과 같다. 나는 그때 엘리

야의 승천 이야기를 설명하면서 사도신경에 나오는 '하늘에 오르시어'와 주기도문의 '하늘에 계신 우리 아버지'를 예로 들었다. 성서에 나오는 '하늘'은 절대적이고 궁극적인 생명이 은폐된 곳이다. 그 생명은 예수의 부활에서 선취(先取)되었기에 기독교인들은 예수의 부활을 통해 그 생명을 선물로 받은 사람들이다. 그 생명이 바로 구원이다. 여기서 중요한 것은 하늘을 공간 개념으로 보면 곤란하다는 것이다. 하늘은 땅을 포함한 우주 전체를 가리킨다. 하늘로 올라갔다는 말은 하늘이라는 공간으로 이동했다는 뜻이 아니라 우리가 살아가는 이곳에서 펼쳐지는 생명의 새롭고 깊은 차원으로 들어갔다는 뜻이다. 그래서 예수는 하나님 나라―이것은 곧 하늘나라를 가리킨다―가 이곳에 가까이 왔다고 말했다. 앞서 말한 질문의 요지는 성서 저자들이 하늘과 생명에 관한 이런 신학적인 개념을 충분히 알고 그런 용어를 사용한 것으로 볼 수 있느냐 하는 것이다.

성서 시대의 세계관은 오늘 우리의 세계관과 크게 다르다. 자연과학의 틀에서 본다면 고대인들은 분명 유치한 수준에 머물러 있었다. 그들은 바람의 물리적 메커니즘을 정확하게 알지 못했다. 태양과 지구와 달의 물리 역학적 관계도 몰랐다. 물질의 원소가 몇 개인지도 몰랐다. 그들은 하늘 위에 물의 세계가 있다고 생각했다. 화산 폭발을 보고 하나님의 현현으로 생각했으며, 질병과 재앙을 신의 징벌로 여겼다. 이런 것을 일일이 열거하자면 끝이 없을 정도로 고대인들과 오늘날 우리 사이에는 좁히기 어려운 지식과 인식의 차이가 있다. 그렇지만 근본을 꿰뚫어본다는 점에서는 성서의 형성에 연루된 이들은 21세기를 사는 우리보다 결코 못하지 않다. 아니, 그들은 우리보다 훨씬 성숙한 사람들이다. 비록 그들이 자신들의 제한적인 지식을 바탕에 놓은 채 생각하고 말했지만, 그들의 생각과 말은 원초적인 근원에 닿아 있었다.

다른 종교 문헌들도 마찬가지다. 장자와 노자의 글은 21세기 첨단 과학의 시대에 살고 있는 우리가 따라잡기 어려울 정도로 심층적인 세계를 가리킨다. 이는 노자가 말한 도가도비상도(道可道非常道) 명가명비상명(名可名非常名)만 봐도 알 수 있다. 노자는 세계의 근본 원리를 인간의 인식 체계로 담아낼 수 없는 것으로 본 것이다. 플라톤의 이데아, 아리스토텔레스의 에이도스가 여기에 해당한다. 현대 철학자들이 플라톤이나 아리스토텔레스보다, 혹은 노자나 장자나 석가보다 더 뛰어나다고 볼 수는 없다. 데리다, 푸코, 들뢰즈 같은 현대 철학자들이 선배 철학자들을 극복한 것처럼 말하지만, 내가 보기에 그들은 실제로 이미 앞에서 말했거나 암시한 것들을 오늘의 언어로 재해석하거나 응용한 것에 불과하다. 이는 현대 신학자들이 아무리 많은 것을 안다고 해도 성서 저자들을 넘어설 수 없는 것과 같다.

한 구절만 예로 들겠다. 요한계시록 21:1은 다음과 같다. "또 내가 새 하늘과 새 땅을 보니 처음 하늘과 처음 땅이 없어졌고 바다도 다시 있지 않더라." 요한은 묵시사상의 관점에서 세계를 꿰뚫어보면서 자신의 기독교 신앙을 해명했다. 현대 물리학이 시작되기 이전에 하늘과 땅이 다 없어질 수 있다는 사실을 간파한 것이다. 45억 년 된 별인 태양은 앞으로 45억 년이 지나면 붉은 거성을 거쳐서 사라질 것이다. 태양이 없어지기 전에 지구가 먼저 붉은 거성에 먹힐 것이다. 그리고 다른 별들이 생기고, 그 별들 역시 때가 되면 사라질 것이다. 요한의 말은 현대 우주물리학의 관점에서도 옳다. 그것을 요한이 어떻게 알았을까? 성서 전통의 오랜 역사에서 그는 모든 존재의 근원을 꿰뚫어볼 수 있었다. 이는 요한이 말하기 전에 그런 생각을 한 사람들도 많았다는 뜻이다. 지금 우리가 알고 있는 과학 지식 역시 그런 긴 역사의 축적에서 발생했다. 모든 근원은 창조 때부터 나타나는 것이니 그것을 꿰뚫어본 사람들의 글에는 먼 미래가 이미 숨어 있는 셈이다. 그것을 조금씩이나마 드러내는 작업이 학문이자 과학이요 신학이다. 성서를 진지하게 대할 줄 아는 사람은 초보 등산가가 거대한 산맥 앞에 서 있는 것과 같은 외경을 느낄 것이다. 이를 브루그만은 '불가해한 확신'이라고 표현했다. 앞에서 인용한 책 『텍스트가 설교하게 하라』의 머리말에 나오는 한 구절을 다시 인용하겠다.

저 너머에서 오는 메시지는 반드시 얼굴과 얼굴을 맞대고 전달해야 한다는 말입니다. 하나님에게서 오는 이 불가해한 확신은 값없는 복음의 선물에 자신을 굴복시키는 설교자를 통해서만 전달됩니다. 이런 유형의 설교는 심리 치료를 강조하는 목사의 설교와도 물론 다르고, 보수적이거나 자유주의적인 목사의 강압적인 설교와도 같지 않습니다(14).

브루그만이 말하는 "복음의 선물에 자신을 굴복시키는 설교자"로 산다는 것이 곧 존재 지향적인 설교자가 된다는 것이다. 사람에 의해 계량되거나 처리될 수 없는 근원에 대한 경험이 있어야 이런 설교자의 길을 갈 수 있다. 그런 경험에서만 절대적인 믿음 사건이 발생하기 때문이다. 존재 지향적 설교 행위에서 핵심은 역시 바른 믿음이다. 솔라 피데!

3. 구원과 목사의 삶

나의 구원

앞에서 '솔라 피데'가 가리키는 그런 믿음이 없는 목회는 소유 지향적이고, 그런 믿음이 있는 목회는 존재 지향적이라고 말했다. 존재 지향적인 목회가 옳기는 하지만 비현실적인 것으로 들릴 수 있다. 한국의 척박한 목회 현장에서는 목사가 목회의 본질을 생각할 겨를이 없기 때문이다. 한국교회의 목회 현장이 얼마나 비루한지는 여기서 자세하게 거론할 필요도 없다. 교인과 헌금의 증가에 따라 목사의 능력이 평가되고, 목회 업적에 의해 연봉도 결정된다. 현대판 바알 숭배라고 할 수 있는 자본주의를 철저하게 배격해야 할 교회에서 오히려 그것이 극대화되었다. 목사는 목회 성과가 시원치 않으면 당회원들의 눈치가 보이고, 때에 따라서는 교회를 떠날 각오까지 해야 한다. 이게 전업 목사들이 처한 피치 못할 실존이다. 부교역자들의 처지는 훨씬 더 열악하다. 이런 상황만 보면 목사만이 아니라 구원 공동체인 교회의 구원도 회의적이다. 한국교회는 구원받을 수 있을까? 확신이 들지 않는다. 아니, 그렇기 때문에 우리는 믿음으로 의로워지며 은혜로 구원받는다는 사실에 혼이 나간 사람이라는 말을 들을 정도로 집중해야 한다. 그렇지 않고는 이런 믿음 없는 어둠의 시간을 버텨낼 수 없기 때문이다. 구원의 원천이신 하나님을 경험하는 일은 사실 미치지 않으면 발생하지 않는다.

솔직하게 질문하자. 목사는 무엇을 그리고 누구를 믿을까? 믿는다는 것은 무슨 의미일까? 우리는 믿는 내용에 충실하게 목회하는 중일까? 목사인 우리가 실제로는 성서가 가리키는 참된 믿음이 없으면서 신자들에게 믿으라고 강요하는 것은 아닐까? '벌거벗은 임금님'이라는 우화처럼 교회 공동체에 속한 목사와 신자들은 실제로는 믿지 못하면서 믿는 것처럼 경건한 포즈를 취하는 데만 열을 올리는 것은 아닐까? 믿는다는 명제가 정당성을 얻으려면 두 가지를 분명하게 해야 한다. 하나는 믿는 대상이 무엇 또는 누구인지를 자신이 정확하게 이해해서 다른 이들에게 알아듣게 설명하는 것이고, 다른 하나는 그 믿음에 걸맞게 실제로 사는 것이다.

글을 쓰거나 강의하는 사람, 설교를 하거나 법을 다루는 사람들은 일반적으로 그리고 습관적으로 남을 가르치려는 유혹을 쉽게 받는다. 요즘 젊은이들 표현으로 '꼰대 짓'에 익숙하다. 나에게도 그런 습관이 남아 있다. 지금 여기서도 어쭙잖게 누군가에게 목사의 구원을 가르치려고 흉내를 내는 중인지 모른다. 이제라도 좀 더 집중해서 나 자신의 구원에 대해 실질적인 것을 말하는 게 맞다. 나는 목사로서 구원받았나? 그 구원의 내용은 무엇인가? 나는 구원받은 사람으로 실제로 살고 있을까? 좀 더 구체적으로 나는 '오직 믿음'으로 삶의 충만감을 경험하고 있을까? 그 경험을 다른 이에게 전하고 싶은 열망으로 내 영혼이 불타고 있을까?

'나는 구원받았나?'라는 질문에 답하거나 설명하기는 쉽지 않다. 그 이유는 구원에 대한 희망이나 확신이 없기 때문이 아니라 우선 구원에 대한 표상이 각양각색이기 때문이다. 이 질문에 대한 대답과 설명 과정에서 내가 생각하는 구원의 표상이 정리될 것으로 기대한다. 구원받았나라는 단도직입적인 질문에 대한 내 대답은 다음과 같다. "나는 이미 구원받았다는 사실과 아직은 아니라는 사실의 변증법적 긴장 가운데서 살아간다." 이것은 하나님 나라가 '이미'(already)와 '아직 아님'(not yet)의 변증법적 긴장 가운데 놓여 있다는 명제와 궤를 같이하는 대답이다. 너무 뻔한 대답이라거나 구원의 확신이 없으니 신학적으로 에둘러 대답하는 것뿐이라고 생각할 사람들도 있겠지만, 이것이 하나님을 아직 얼굴을 맞대는 방식으로 직면하지 못한 사람에게서 나올 수 있는 최선의 대답이다. 어쨌든 구원의 '이미'와 '아직 아님'의 변증법적 긴장 가운데서 살아가는 내 실존을 '시를 쓰는 태도'로 표현해보려고 한다.

평생 목사로 살아온 나는 종종 모든 것으로부터 해방되는 경험을 한다. 이는 나 스스로 나를 완성해야 한다는 모든 강요와 욕망으로부터의 해방이다. 그것을 나는 '모든 게 귀찮아지는 경험'이라고 표현하곤 했다. 미련이 없어진다는 표현도 가능하다. 목사라는 직책도 귀찮고, 남편과 아버지라는 위치도 귀찮고, 그동안 내가 쓴 책도 귀찮고, 돈도 귀찮다. 궁극적인 순간에 없어도 괜찮은 것은 결국 귀찮은 것이 아니겠는가? 그런 궁극적인 순간은 어머니 자궁 속에 들어 있던 순간이나 죽는 순간이나 저수지 얼음판에서 '쩡'하고 울리는 소리를 듣는 순간이다. 이는 해방과 평화와 안식의 힘에 붙들리는 순간이다.

돈이 귀찮다니, 헛소리라고 비판할지 모르나, 내 생각에 최소한 일용할 양식이 보장된다면 더 이상의 돈은 우리에게 필요하지 않다. 필요하지 않은 것을 필요 이상으로 소유하는 것은 귀찮은 일이다. 그것이 실감이 안 된다면 주기도문(마 6:11)을 반복해서 읽어야 한다. 지금 내가 죽기 직전이라고 가정해보자. 한 부자에게 주신 예수의 말씀(눅 12:20)을 나는 삶의 가장 궁극적인 실존이자 현실이라고 생각한다. "오늘 밤에 네 영혼을 도로 찾으리니 그러면 네 준비한 것이 누구의 것이 되겠느냐?" 밤에 잠자듯이 죽어서 아침에 가족들이 내가 죽었다는 사실을 알게 되는 것이 최선이겠지만, 불행하게도 숨쉬기 힘든 순간이 한동안 이어진다고 하자. 그 순간에 나에게는 돈이 전혀 필요 없다. 숨넘어가는 나에게 옆에서 가족이 "당신 통장의 돈을 어떻게 처리하면 되지요?"라고 묻는다면 성발 짜증 나는 일이다. 그 순간에 나에게 절대적으로 필요한 일은 숨을 조금이라도 더 편하게 쉬든지 아니면 빨리 숨이 끊어지는 것이다. 절대적인 세계를 대면하는 태도로 매 순간을 산다면 모든 것으로부터의 해방이 가능하다. 그것이 절대 자유로서의 구원이다. 나는 아직 이런 경지에 이르지 못했기에 내 이름으로 된 은행 계좌도 열려 있고 신용카드도 사용하는 중이다. 그것이 완전히 무용지물이 되는 순간을 기다리면서!

    이런 깨우침과 경험은 반드시 기독교 신앙에서만이 아니라 다른 방식으로도 가능하다. 지난 인류 역사에서 무소유의 자유를 이미 실천한 사람들이 많았고, 지금도 많다. 출가 수행하는 사람들은 모두 그런 경지를 목표로 하는 사람들이다. 기독교 신앙 밖에서 그런 경지에 이를 수 있다는 사실을 부정할 필요는 없다. 그러나 나는 기독교 신앙 밖에서 사는 그들의 방식에 관해 크게 관심이 없다. 관심을 기울일 시간도 없다. 예수 그리스도와의 친밀한 관계를 통해 이런 절대 자유의 경지에 조금씩 가까이 가보려고 그 일에만 매달려도 시간이 부족하기 때문이다.

고독사

아무것도 필요하지 않은, 더 정확하게는 모든 것과의 단절을 통해 절대적인 대상과의 합일이 이루어지는 죽음의 순간을 일상에서 살아내는 것이 기독교 영성의 핵심이다. 메멘토 모리! "죽음을 기억하라!" 그것이 곧 구원 경험이기도 하다. 그 죽음의 순간에 나는 혼자 있고 싶다. 요즘 고독사가 사회적으로 큰 문제로 대두되는 것 같다. 주변 사람과 단절된 채 혼자 고독하게 죽으니 그가 죽었는지 아무도 모르고, 때에 따라서는 한두 달 후에 그가 죽었다는 사실이 밝혀지기도 한다. 챙겨주는 사람이 아무도 없어서 외롭게 죽는다거나 시신이 방치되는 것은 바람직하지 않겠지만, 죽음은 그 자체가 고독할 수밖에 없는 절대 사건이라는 점에서 나는 역설적으로 고독사를 원한다. 죽는 순간만은 생명의 주인이신 하나님만을 생각하고 싶으니 가족들도 내 임종 순간에 나를 위로한답시고 내 옆에서 나를 귀찮게 하지 말았으면 한다.

아무도 동행해주지 못하는 궁극적이고 최종적인 사건인 죽는 순간은 육체적으로 고통스럽다. 자는 듯이 곱게 죽는 경우는 그렇게 많지 않다. 가쁜 호흡을 몰아쉬면서 천천히 또는 갑자기 숨을 멈추게 되고 의식이 사라지고 심장이 멈춘다. 아내나 남편, 자식과 손자들이 그 긴박한 상황에 자꾸 끼어드는 것은 죽어가는 사람에게 아무 도움이 안 된다. 편안히 임종을 맞는 사람들도 마찬가지다. 말짱한 정신으로 죽음에 집중해야 할 그 순간에 누군가 옆에서 자꾸 말을 걸면 귀찮지 않겠는가? 가슴이 쿵 하고 울리는 느낌으로 시를 읽는 사람에게 "재미있는 티브이 드라마 봅시다" 하면 누가 좋아하겠는가? 죽는 순간에 내가 "무섭고 외로워 죽겠으니 내 옆에 있어 줘" 하고 매달리면 노망든 것이다.

그림처럼 가장 아름다운 임종 장면을 상상해볼 수 있다. 한 사람이 침대에 누워서 의식이 점점 흐려지는 것을 느낀다. 가족들이 "여보, 아버지, 할아버지, 힘내세요!" 또는 "편히 가세요" 하고 말한다. 목사와 교회 어른들이 그 자리에 와서 함께 찬송을 부르고 기도하는 중에 고통 없이, 평화롭게, 맑은 미소를 띠면서 숨을 거둔다. 가족들은 일제히 운다. 그리고 장례를 준비한다. 사람들은 장례식에 모여 유족들에게 고인에 대한 찬사를 겸한 덕담을 전한다. 유족들도 고인이 행복하게 세상을 떠났다고 생각하면서 위로를 받는다. 장례는 고인을 위한 것이 아니라 살아 있는 사람을 위한 것이니 그런 방식으로 위로를 받는 것은 필요하겠지만, 냉정하게 보면 죽은 사람에게는 아무런 의미가 없다. 아무리 그럴듯해 보이는 장면이라고 하더라도 죽는 사람을 혼자 죽지 못하게 간섭하는 것은 바람직하지 않다. 다른 사람들의 생각은 어떨지 몰라도 내 생각에는 그렇다. 그 무엇보다도 신앙의 관점에서 그렇다. 기독교 신앙의 관점에서 죽음은 삶의 끝인 동시에 새로운 시작이다. 생명의 절정이라 할 그 순간은 생명의 주인이신 하나님과만 함께해야 하기에 다른 것을 살필 겨를이 없다. 이는 마치 피겨 스케이팅 시합에 나온 선수가 얼음 위에서 중력에 저항하는 스케이팅 기술과 예술적인 표현에만 집중해야 하는 것과 같다. 임종 순간에 자식 또는 아내 걱정을 하거나 나라 걱정을 하는 것도 무의미하다. 하나님과 재물을 겸하여 섬길 수 없다는 예수의 경구는 죽는 순간에도 옳다.

나는 죽는 순간에 오직 하나님만을 생각하고 싶다. 그것이 실제로 가능한지, 그리고 어떻게 가능한지는 닥쳐봐야 알겠지만, 아직 죽어보지 않았기 때문에라도 그 순간이 오기 전에 미리 준비해야 한다. 그것의 구체적인 준비는 살아 있는 동안에 하나님께 집중하는 훈련이다. 가능한 한 평소에 다른 일들에 대한 관심은 최대한 줄이고 하나님에 대한 관심을 대폭 늘리는 것이다. 꿈이 무의식의 발로인 것처럼 살아 있는 동안에 매달렸던 것이 죽는 순간에도 그대로 나타날 것이다. 평생 부동산 투기만 생각한 사람은 그것이 그의 무의식을 지배하기에 죽는 순간에도 부동산에 얽힌 사연이 생각날 것이며, 자식에게 영혼을 빼앗겼던 사람은 죽는 순간에도 자식 생각으로 가득할 것이다. 죽는 순간에 하나님께 "내 영혼을 받으소서"라는 말을 하고 싶다면 살아 있는 동안에 하나님을 생각하는 시간을 늘리는 것이 최선이다. 이런 점에서 목사가 목회에 자신의 삶을 너무 많이 쏟는 것도 바람직하지 않다. 그것보다 하나님께 마음을 두는 것이 더 소중하다고 나는 생각한다. 목사에게도 자기 구원보다 더 중요한 것은 없기 때문이다.

평소에 나는 특별한 경우가 아니면 티브이를 안 본다. 티브이 없이 지낸 지가 꽤 된다. 드라마는 젊은 시절 말고는 본 기억이 없다. 만약 죽는 순간에 통속 드라마가 생각난다면 그것보다 더 불행한 일은 없을 것이다. 뉴스는 인터넷을 통해 부분적으로 보는 편이다. 웬만하면 그것도 떨쳐내고 싶다. 설교자로 활동하는 한 세상이 어떻게 돌아가는지는 알고 있어야 하니 뉴스를 검색하되 그 시간도 최소한으로 줄일 생각이다. 간혹 기독교인 중에서 나이가 들었는데도 티브이를 곁에 끼고 생활하는 분들이 있다. 세상 떠날 순간이 얼마 남지 않았는데도 통속 드라마나 속칭 '먹방' 프로나 연예인 잡담 프로를 보는 데 남은 시간을 쏟는다는 것은 인생의 손익계산서상으로 보더라도 손해나는 일이다. 나에게 한 가지 걱정은 임종 순간에 테니스 생각이 떠오르면 어쩌나 하는 것이다. 목회와 신학 공부 외에 내가 평생에 걸쳐 가장 심취한 일이 테니스라서 하는 걱정이다. 그럴 바에야 이것저것 생각할 틈이 없는 돌연사가 나을지도 모르겠다. 지금 나는 고상한 인생론을 펼치는 것이 아니라 구원에 대한 나의 경험과 생각을 전하는 중이다.

세상살이에서 어떻게 하나님만 생각할 수 있는가, 자식을 전심전력으로 돌보는 것도 괜찮은 거 아닌가, 예술이나 문학 또는 과학에 몰입하는 것이야말로 의미 있는 삶이 아닌가 하는 주장이 가능하다. 우리 주변에는 남을 위해 희생적으로 사는 사람들도 많다. 국가를 위해 자기 삶을 돌보지 않는 사람들도 있고, 가난하거나 병든 사람들을 위해 헌신하는 사람들도 있고, 전원에 들어가서 자연과 짝하며 사는 사람들도 있다. 모두 귀한 삶이다. 가능하면 그렇게 사는 게 좋다. 그렇지만 세상의 모든 것은 아무리 귀하다고 하더라도 하나님이 아니며, 따라서 그것에 대한 지나친 열정은 우리를 하나님에게서 멀어지게 한다.

나에게는 두 딸이 있다. 나는 딸들이 세상에서 큰 어려움 없이 자신들의 인생을 잘 살아가길 바란다. 그렇게 살아가도록 내가 도와줄 수 있는 일은 최대한 도와주고 싶다. 이것은 인지상정이다. 그러나 나는 딸들에게 더 이상의 것을 제공할 수 없고, 더 이상의 것을 기대하지도 않는다. 왜냐하면 내가 딸들에게 구원의 대상이 될 수 없으며, 딸들이 나에게 구원의 대상이 될 수 없기 때문이다. 딸들의 인생이 아무리 잘 펼쳐진다고 해도, 그리고 딸들이 나에게 아무리 잘한다고 해도 그것으로 내가 구원을 얻는 것이 아니다. 행복한 삶의 조건으로 구원받을 수 있는 사람은 없다. 그 행복한 삶에는 이미 불행이 내재해 있기 때문이다. 삶이 속성이 원래 그렇다. 건강한 사람은 병에서 놓이는 기쁨을 모른다. 앞에서도 말했지만, 목회 업적은 목사의 구원을 담보하지 않는다. 더 직접적으로 표현하면 목회의 성공으로 행복한 목사는 없다. 구원의 속성인 자유와 해방과 생명 충만은 오직 하나님께서 주시는 것이기에 나는 세상 사람들과 섞여 살되 궁극적으로 하나님만을 생각하면서 살고 싶다. 시인들이 시만을 생각하듯이!

　가족 이야기를 조금 더 하자. 나의 가족인 아내와 딸들은 나를 대신해서 내 삶을 살아줄 수 없다. 나 스스로 숨을 쉬고 밥을 먹어야 한다. 내가 지구의 중력을 느끼는 것도 오직 나만의 일이다. 방이나 숲에서 공간을 느끼는 것도 나 혼자만의 일이다. 결혼한 큰딸이나 독립해서 살아가는 작은딸이 가끔 집에 들렀을 때 "얘들아, 마당에 나가서 소나무 사이로 펼쳐지는 밤하늘을 봐라"라고 말해도 딸들은 거들떠보지 않는다. 사물의 모양과 색깔 그리고 그것들이 공간 안에서 자아내는 조화를 내가 옆에서 아무리 설명해줘도 그들은 그냥 듣는 척할 뿐이지 느끼지 못한다. 궁극적인 것은 가족들 사이에서도 저절로 공유되지 않는다. 내 딸들이 사회적으로 자랑할 만한 위치에 올랐다고 해서 내가 숨을 잘 쉬고 밥을 잘 먹고 중력을 잘 느끼는 것이 아니다. 나에게 정말 중요한 것은 딸들과 아무런 상관이 없는 일들이다.

　가장 궁극적인 차원에서 '나'를 발견할 수 있는 대상은 오직 하나님뿐이다. 내 한평생에 몰입하고 살아야 할 대상은 오직 하나님뿐이라고 말하지 않을 수 없다. '오직 믿음'으로 의로워진다는 사실을 깨닫고 그 사실에 토대해서 살아가는 것도 다른 이가 대신해줄 수 없으니 내가 어찌 하나님 이외의 것에 마음을 빼앗길 수 있겠는가? 설령 잠시 빼앗겼다 하더라도 다시 제자리로 돌아와야 한다. 그러니 나는 마지막 순간까지 하나님과 하나 되기 위해 고독사도 기꺼이 받아들인다. 나는 이것이 내가 구원받는 과정이라고 믿는다.

몸의 구원

다시 구원이란 무엇인가? 내가 알고 믿는 구원을 한 문장으로 표현하면 이렇다. "예수를 믿는 사람은 죄와 죽음으로부터 해방된다." 말하자면 죄와 죽음으로부터의 해방이 구원이다. 모두 아는 이야기다. 목사는 세례 교육 시간에 신자들에게 이런 이야기를 반복해서 한다. 그런데 이 문장에는 한두 마디로 끝낼 수 없는 속사정이 있다. 한 가지만 말한다면, 구원받음(이미)과 구원받지 못함(아직 아님)은 동시적 사건이라는 사실이다. 이것이 우리의 딜레마다. 한편으로 기독교 신앙에서 구원은 당위지만, 다른 한편으로 우리의 실존에서 죄와 죽음으로부터의 완전한 해방은 불가능하다. 목사만이 아니라 모든 기독교인은 이런 딜레마를 안고 산다. 그것을 부정하는 사람도 있고, 그것이 무엇을 가리키는지 전혀 모르는 사람도 있으며, 알아도 외면하는 사람도 있다. 목사는 신자들이 그 딜레마를 직시할 수 있도록 돕는 사람이다. 그것을 직시할 때만 구원 지향적인 인간으로 살 수 있다.

 내가 이해하는, 죄와 죽음으로부터의 해방이라는 기독교 교리를 말하기 전에 오늘의 내 실존이 구원으로부터 얼마나 멀리 떨어져 있는지를 짚는 것으로부터 시작하는 게 좋겠다. 그것은 한 인간으로서의 실존이기도 하고, 목사로서의 실존이기도 하다. 우선 몸의 실존이다. 나는 매일 자고 먹고 마시고 숨 쉬고 배설해야 한다. 죽을 때까지 인간은 무엇인가가 밖으로부터 공급되지 않으면 생명의 유지가 불가능하다. 이처럼 밖으로부터 공급되는 것에 의존한다는 말은 아직 몸의 구원에 이르지 못했다는 의미다. 많은 사람이 병에 걸린다. 나는 아직 크게 다치거나 중병을 앓아본 적이 없어서 위중한 병에 걸린 사람들의 마음을 충분히 헤아리지는 못하지만, 대략은 알 수 있다. 나도 이제 건강한 사람도 늙으면서 몸의 자유를 잃는다는 사실을 내 문제로 받아들일 나이가 되었다. 모든 근육이 탄력을 잃고, 쉽게 넘어지고, 부닥칠 때의 충격이 크게 전달되고, 소화 능력도 떨어진다. 여러 가지로 나는 몸에 종속되어 있다. 몸의 구원은 멀기만 하다.

21세기 현대 문명은 인류에게 몸의 구원을 약속한다. 더 풍족해지고 더 건강해질 수 있으며 더 아름다운 몸을 얻을 수 있다고 감미로운 목소리로 속삭인다. 이는 선악과를 먹으면 눈이 밝아져 하나님처럼 선과 악을 분별할 수 있게 된다고 하와의 귀에 속삭인 뱀의 속삭임과 비슷하다. 현대인들은 그 속삭임에 환호한다. 온갖 건강법과 건강식품과 의술이 눈부시게 발전했다. 이런 도움으로 백 년 전 우리 조상들보다 오늘 우리는 몸의 구원에 더 가까워진 것처럼 느낀다. 앞으로 언제일지는 모르나 인공지능을 탑재한 로봇이 우리의 모든 육체노동을 맡아주고, 질병 역시 거의 완벽하게 해결해줄지도 모른다. 과학과 경제 논리의 결합으로 이런 미래는 빨리 다가올 것이다. 하지만 그런 미래가 온다고 해서 인류가 몸으로부터 구원받는 것은 아니다. 오히려 몸으로부터 소외당한다고 봐야 옳다. 몸의 모든 문제가 해결된다는 것은 인간의 본질이 훼손된다는 의미이기 때문이다. 배고픈 것을 모르는 상태는 배부름을 느낄 수 없으니 구원이 아니라 오히려 구원으로부터의 배제다. 아픈 것을 모르는 사람은 병으로부터의 자유도 모른다. 여러 가지 한계를 지닌 현재의 몸을 그대로 지닌 채 세상을 사는 것이야말로 가장 인간다운 삶이 아니겠는가?

어떻게 사는 것이 몸의 구원을 지향하는 사람으로서 최선인가? 내가 보기에 몸의 감각을 최대한으로 끌어올리는 것이다. 두 가지 감각만 말하겠다. 하나는 보는 것이다. 하늘을 보고, 땅을 보고, 바람에 흔들리는 나무를 보고, 봄에 돋아나는 풀을 보는 것이다. 밤하늘의 별을 보고, 먹구름과 소나기를 보는 것이다. 갓난 아기들의 미소를 보고, 찬송가를 부르는 교인의 평화로운 모습도 보는 것이다. 눈에 확 띄는 것만이 아니라 눈에 잘 들어오지 않는 것도 살필 수 있어야 한다. 마음만 먹으면 우리 눈으로 볼 수 있는 것이 무진장으로 깔려 있다. 나는 봄으로써 내가 몸으로 존재한다는 사실을 절감한다.

다른 하나는 듣는 것이다. 지구에는 온갖 소리가 가득하다. 절에 풍경을 다는 이유도 소리에 대한 존재론적 경험이 삶의 본질을 깨닫게 한다고 보았기 때문이다. 대나무 숲을 스치고 지나가는 바람 소리를 듣고 있노라면 그 바람이 생명의 능력으로 다가온다. 이런 현상을 일일이 짚지는 않겠다. 그 외에 촉각과 후각도 가능하다. 실제 삶에서 우리 몸의 이런 감각이 깊어지는 일보다 더 소중한 일은 별로 없다. 몸의 감각을 더욱 깊게 만드는 데는 돈이 들지 않는다는 점도 중요하다. 한국의 기독교인들은 청교도적 영성에 영향을 받아서 이런 몸의 감각을 신앙과 상관없거나 신앙에서 배척되는 것으로 생각한다. 하나님이 우리의 몸을 창조하셨다는 말은 몸의 감각 역시 하나님의 창조라는 뜻이 명백한데도 말이다.

앞에서도 언급했지만, 구원 문제를 생각하는 나에게 요즘 절실하게 느껴지는 주제라서 다시 말하고 싶다. 내 책상 위에 여러 사물이 각각 제자리에 놓여 있다. 그것들은 일정한 공간을 차지하며, 모든 것이 다 각각의 사연을 안고 있다. 그 어느 것 하나도 무의미한 것은 없다. 존재하는 것은 다 아름답다고 하지 않는가! 립크림도 그렇고, 며칠 전에 받은 자동차보험 증권도 그렇고, 고무밴드나 연필통도 그렇다. 그중의 하나가 보통 것보다 큰 책 받침대다. 그 위에는 몇 가지 읽을거리가 늘 놓여 있다. 그것들은 내가 가까이 가야 읽을 수 있고 손을 뻗어야 잡을 수 있다. 그런 방식으로 작동되는 것이 공간이다. 손으로 성서를 그 위에 올리기도 하고 내리기도 한다. 내가 공간을 느끼지 못하면 그런 행위는 불가능하다. 책상 위에는 두 개의 안경이 있다. 서로 렌즈 도수에 차이가 난다. 책만 읽을 때는 약간 도수 높은 안경을 쓰고, 컴퓨터 화면을 볼 때는 낮은 안경을 쓴다. 안경을 바꿔 쓸 때마다 나는 일정한 거리에 떨어져 있는 안경을 손으로 집어서 사용한다. 이것도 공간에 대한 느낌이 정확해야 가능한 행위다. 하나님이 만드신 하늘과 땅(창 1:6-8)이 곧 공간이니, 내가 공간에서 몸으로 존재의 희열을 느낀다는 것은 곧 하나님의 영광에 참여하는 것이 아니겠는가? 그리고 그 영광에 참여하는 것이 구원 아니겠는가?

나는 대략 130억 년 전 태초에 창조된 세상을 공간으로 경험하면서 영혼이 풍요로워지는 경험을 한다. 구원 경험이다. 공간을 몸으로 느낀다는 점에서 나는 부자다. 우리나라에서 손꼽힐 정도로 재산이 많은 이들보다 더 부자로 산다. 공간 안에 놓인 사물들과의 접속으로 창조의 신비와 희열을 느낄 수 있기 때문이다. 이런 것에 관심이 없는 사람들도 있다. 그들은 흔히 말하는 것처럼 돈과 권력 그리고 명예를 향해 영적인 촉수가 예민하다. 목사들도 마찬가지다. 교회 예산과 교회당의 크기와 교단 안에서의 지위만을 최고의 가치로 여긴다. 이런 것들은 공간과 그 공간 안에서 작동하는 사물들과의 교감으로 얻을 수 있는 것에 비해 형편없이 가치가 낮다. 비교 자체가 안 된다. 하나님의 창조 능력에 사로잡힌 사람을 왕이라고 한다면 자신의 업적에 매몰된 사람은 거지다. 거지로 살면서도 왕이라고 착각하는 것만큼 불행한 일은 없다. 하나님의 창조를 몸으로 공간 안에서 실질적으로 경험하는 것이 바로 구원 경험의 한 대목인 창조 영성이다.

몸을 부대끼며 살아야 하는 일상에서의 개인적인 느낌을 좀 더 이야기해도 독자들은 책을 덮지 말았으면 한다. 나는 손으로 책이나 안경이나 연필을 잡을 때 신비로운 느낌을 받는다. 아침에 식당에서 빵과 과일로 배를 채우고 따끈한 커피 잔을 들고 다시 이층 서재로 올라오는 순간에도 황홀한 경험을 한다. 자칫하면 커피잔에서 커피가 흘러내릴 수 있지만, 그런 실수는 자주 저지르지 않는다. 내 온몸이 절묘한 균형감을 유지하고 있기 때문이다. 손에 커피 잔을 들고 식당에서 복도식으로 된 좁은 통로를 거치면 피아노가 놓인 공간이 나타난다. 이 공간이 우리 집의 중심이다. 오른편은 밖으로 나가는 현관이고, 몇 걸음 더 가서 만나게 되는 오른편 통로로 들어서면 방 두 개와 막다른 곳에 화장실이 나오고, 그

통로 뒤편에 이 층으로 올라가는 계단이 나온다. 첫 계단으로 올라서기 직전 왼편으로 폭이 1미터에 높이가 5미터에 이르는 높은 창문이 보인다. 그 창문 너머로 대나무 숲이 보인다. 커피 잔을 들고 그 모든 것을 공간적으로 만끽하면서 열여덟 개의 계단을 노련하게 오른다. 나는 열 번째 계단에 어떤 책이 한쪽 옆에 놓여 있는지도 안다. 그 순간에 많은 느낌과 상념이 나를 사로잡는다. 이는 내가 하나님이 창조함으로써 시작된 공간과 시간의 깊이로 들어가는 것이다. 이것도 나에게는 몸으로서의 구원 경험이다.

손으로 물건을 잡는 순간의 느낌도 더할 나위 없이 멋지다. 묵직한 느낌이 들기도 하고 가벼운 느낌이 들기도 한다. 무게는 중력의 작용이다. 아주 작은 일상에서도 지구의 중력을 경험할 수 있으니, 어찌 황홀하다고 하지 않을 수 있겠는가! 다시 커피 잔만 해도 그렇다. 커피의 색깔과 잔의 색깔이 대비된다. 액체가 담긴 잔을 들 때는 넘치지 않도록 특별히 조심해야 한다. 일정한 속도와 각도로 손을 뻗어 잔을 잡으면 잔의 질감이 손으로 전달된다. 그것을 들어서 일정한 속도와 각도로 입에 댄다. 이것이 다 공간에서 일어나는 사건이다. 만약 어떤 로봇 공학자가 로봇을 만들어 커피를 마시게 하는 실험을 했다고 하자. 그 로봇은 나처럼 자유롭고 세련되게 커피를 마시지는 못할 것이다. 흉내는 낼지 모르나 창조 영성에 대한 나의 경험이 로봇에게는 불가능하다. 로봇이 인공지능을 탑재했다고 하더라도 숫자의 세계에 머물 뿐이지 실제 인간처럼 공간을 오감으로 느낄 수는 없기 때문이다. 가상 공간과 실제 공간은 개념이 완전히 다르지 않은가? 나는 오늘 지금 여기 내가 지구라는 공간에서 몸으로 살아가는 것에 집중하는 것이야말로 몸으로서의 구원에 가까이 가는 매우 소중한 길이라고 믿는다. 때가 되면 누에를 벗어난 나비처럼 내 몸마저 해체되어 공간 너머로 또는 그 심연으로 떨어지겠지만 말이다.

인간관계의 한계

나는 실제 삶에서 궁극적인 구원과 내가 얼마나 멀리 떨어져 있는지를, 그리고 궁극적인 구원을 실제 삶에서 경험하려고 내가 얼마나 애를 쓰는지를 설명하는 중이다. 이것이 다 목사의 구원이라는 주제에 속한다. 나는 사람 간의 관계에서도 구원받은 사람이라고 말하기에는 부족한 게 많다. 나도 흔히 말하듯이 모든 사람을 진심으로 사랑하고 좋은 관계를 맺으면서 살고 싶다. 더구나 "네 이웃을 네 자신 같이 사랑하라"라는 말씀에(마 22:39) 부담을 느끼면서도 그것이 뜻대로 잘 되지 않는다. 겉으로는 교양 있는 사람이기에 모든 사람을 가능한 한 호의적으로 대하지만 속으로는 가까이 하고 싶은 사람과 그렇지 못한 사람이 나뉜다. 어떤 사람과는 말을 섞고 싶지가 않다. 인간적으로는 괜찮은 사람이라고 하더라도 정치적인 코드가 맞지 않으면 마음이 쉽게 가지 않는다. 신앙적으로 문자주의에 떨어져서 고집을 피우는 목사나 신자들과도 친밀한 관계를 맺고 싶지 않다. 자주 만나서 불편한데도 그렇지 않은 것처럼 지내기보다는 그들과 적당한 거리를 두고 사는 게 나에게는 최선이다. 천국에 가서도 그들을 다시 만나지 않았으면 한다. 이 세상에서 인간관계가 그렇게 만만한 게 아니라는 사실을 매 순간 절감한다.

특별한 경우를 가정해보자. 어느 노숙자가 우리 집을 찾아와서 하룻밤 신세를 지고 싶다고 했다. 나그네와 과부와 고아를 돌보라는 성서의 가르침에 따르면 목사로서 나는 당연히 그를 따뜻하게 맞아들여야 한다. 목욕할 수 있도록 욕조에 따뜻한 물을 채우고, 갈아입을 옷도 챙겨주며, 냄새 나는 그 사람의 옷을 세탁해주고, 밥을 준비하고, 내 침대를 양보해야 한다. 하지만 이런 상황이 실제 벌어지면 나는 다른 방식으로 해결할 것이다. 그에게 우리 집에서 머무는 것은 형편상 어려우니 가까운 숙박 시설을 알아봐주겠다고 말할 것이다. 실제로는 가능한데도 말이다. 그에게 돈을 주거나 아니면 직접 숙소에 데려다줄 수는 있다. 이렇게 일상의 작은 일에서도 나름 합리적인 이유를 대면서 성서의 가르침인 이웃 사랑을 실천하지 못하면서 내가 구원받은 사람이라고 말할 수는 없지 않을까? 주님의 은총과 자비가 나에게 절실히 필요하다.

극히 개인적인 이야기다. 나는 스물여덟 살에 스물세 살인 아내와 결혼했다. 그리고 사십 년을 함께 살았다. 젊었을 때부터 아내는 나에게 이런 불평을 간혹 하곤 했다. "왜 나를 가르치려고 하느냐? 내 앞에서 목사티 내지 마라." 어떤 사안에 관한 대화가 엇박자로 고조되다가 내가 예상하지 못한 순간에 이런 말이 그 사람에게서 가끔 나올 때가 있다. 그것이 나로서는 당혹스럽다. 나는 가르치거나 목사티를 내는 게 아니라 객관적이고 합리적으로 말하는 건데 말이다. 하지만 아내의 이런 느낌은 내 말과 태도에 문제가 있다는 증거다. 내 관점으로 상대의 생각을 평가하면서 계몽시키고 싶어 하는 태도가 나에게 나타난다는 것이 아니겠는가? 미루어 짐작하건대 다른 부부 사이에도 이런 갈등이 적지 않을 것이다. 남자는 여자의 섬세한 감성을 이해하지 못하는 경향이 강하다고 한다. 젊었을 때는 이런 갈등과 다툼이 있으면 냉전 기간이 어느 정도 지속되었지만, 이제는 금방 괜찮아지는 게 다행이라면 다행이다. 나이 든다는 것은 인간관계나 심지어 부부관계에서도 좋은 게 많다.

나 자신과 주변 사람들을 살펴본 결과 신앙이 깊어져도 사람에게서 잘 바뀌지 않는 세 가지가 있는데, 바로 성격, 습관, 세계관이다. 이런 것들은 타고나기도 하고 오랜 세월에 걸쳐서 형성되기 때문이다. 오죽했으면 토마스 쿤이 『과학혁명의 구조』에서 가장 객관적인 과학의 역사에서마저 패러다임 시프트(사고방식의 전환)가 불가능하다고 말했겠는가? 그것이 가능해지려면 혁명적인 변화가 일어나거나 과거의 패러다임에 속한 사람들이 죽어서 세대가 완전히 바뀌어야 한다. 예수가 말한 회심 역시 혁명적인 전환에 관계된 것이라서 당시의 종교 지도자들에게 거부될 수밖에 없었다. 나는 나의 신앙과 신학과 영성이 나의 성격과 습관과 세계관을 새롭게 변화시키기를 바란다. 그것이 조금은 변한 것 같지만 내가 원하는 만큼 변화되지는 못했다. 나는 담임목사로서 신자들의 변화를 크게 기대하지 않는다. 그들에게 변화되어야 한다고 설교하지도 않는다. 그런 설교를 듣지 않아도 변할 사람은 변하고, 설교를 귀에 못이 박히게 들어도 변하지 않을 사람은 변하지 않기 때문이다. 나는 인간관계에서 발생하는 약점을 그대로 안고 살아갈 수밖에 없다. 그것 때문에 나 자신을 자학하지 않고 조금 괜찮은 면모가 있다고 하더라도 그것을 내세우지 않으며 '있는 그대로'의 나를 인정한 채 임박한 하나님 나라를 말로만이 아니라 실제 삶의 능력으로 살아내는 것이 구원에 가까이 가는 것이라고 생각한다. 이런 점에서 "나를 불쌍히 여겨주소서"라는 기도를 평생 반복해서, 세월이 갈수록 더 간절하게 드릴 수밖에 없다. 다른 한편으로 예수의 제자들과 교부들도 평범한 우리와 별반 다르지 않았다는 사실을 확인할 때마다 작은 위로를 받는다.

4. 구원과 죄

죄 이야기

이제 기독교의 구원론(soteriology)에 관한 가장 근본적인 가르침을 말해야 할 자리까지 왔다. 그 가르침은 "예수를 통한 죄와 죽음으로부터의 해방"이라는 명제에 들어 있다. 이 명제 앞에 서면 설레기도 하지만 두렵고 떨린다. 아득하기도 하고 불안하기도 하다. 이것은 가능하면 대충 얼버무리면서 피하고 싶은 주제다. 하지만 목사로서 나는 목회 과정에서 이 명제를 가장 중요한 근거로 삼았다. 신자들과의 관계나 교회에서 벌어지는 여러 가지 사안이 나에게 결정적이지 않은 이유도 여기에 있다. 그 모든 것은 내가 죄와 죽음으로부터의 해방을 경험하지 못했다면 무의미한 일이기 때문이다. 너무 초보적인 교리라서 독자의 흥미가 떨어질 수도 있겠지만 내가 성서에서 배운 가장 중요한 가르침이기에 최대한 성실하고 실감 나게 말해보겠다. 성령이 도우신다면 우리 앞에 구원에 관한 새로운 풍경이 나타날 수도 있지 않겠는가?

구원은 생명을 파괴하는 악한 세력으로부터 우리가 건짐을 받는 사건이다. 생명을 파괴하는 세력은 궁극적으로 죄와 죽음이다. 죄와 죽음은 결속되어 있다. 죽음은 죄의 결과다. 죄로 인해 인간은 생명으로부터 단절되었고, 그 단절로 인해 죽을 수밖에 없다. 지금 겉으로는 살아 있으나 생명과 단절되었다면 죽은 것이나 마찬가지다. 여기서 죄, 죽음, 생명이 무엇인지에 관한 질문이 나온다. 그 질문의 깊이에 따라 구원의 깊이도 다르게 경험될 것이다. 나는 지금 기독교의 초보 교리를 말하는 중이다. 다른 분야도 그렇지만 신앙과 신학도 기초로 거듭해서 돌아가는 것이 중요하다. 목회 현장에 오래 몰입하다 보면 기초가 흔들리는 경험을 할 것이다.

우선 죄 문제부터 시작하자. 목회와 설교에서 모범이 될 만한 목사 중에서도 "악한 세상에서 우리 기독교인들까지 이렇게 살아서 되겠습니까?"라는 식으로 설교하는 이들이 있다. 기독교인의 삶이 달라지면 세상도 변한다는 논리를 펴기도 한다. 죄를 일반화하는 것이다. 이런 일반화는 죄의 추상화에 이르는 첩경이다. 그들이 생각하는 죄 개념은 일종의 도덕주의적인 청교도 영성에 근거한다. 기독교인은 세상의 다른 사람보다 더 정직하고, 더 성실하며, 더 모범적이어야 한다. 도박은 물론이고 술과 담배도 거부하는 게 좋다. 기독교인이 세상 사람들에게 칭찬받을 수 있다면 좋은 일이다. 그러나 분명한 것은 아무도 도덕적인 변화를 통해 영혼의 자유를 누릴 수는 없다는 것이다. 그런 변화는 율법의 차원에 속하기 때문이다. 율법은 죄를 깨닫게 할 뿐이지 죄에서 벗어나게 하지는 못한다. 한국교회에 만연한 도덕주의적인 죄 개념은 기독교의 죄 개념을 오해하거나 협의로 취급하는 데서 벌어진 결과다. 그렇게 오해될 수 있는 성서 구절이 없는 것은 아니다. 몇 대목만 찾아보겠다.

창세기 3장의 선악과는 가장 크게 오해되는 성서 이야기다. 인류의 조상인 아담과 하와는 에덴동산의 다른 과일은 마음대로 따 먹어도 되지만 선악을 알게 하는 나무의 열매만은 따 먹지 말라는 하나님의 명령을 뱀의 유혹을 받아 거슬렀다. 불순종! 이것이 성서가 말하는 죄의 단초였다. 죄의 결과로 아담과 하와는 에덴동산에서 쫓겨났고, 그의 후손들은 혹독한 노동과 고통스러운 출산을 운명으로 받아들여야 했다. 창세기는 인간이 반복해서 죄를 범했다고 보도한다. 창세기 4장에서 가인은 동생 아벨을 돌로 때려 죽인다. 이는 그가 하나님이 동생의 제사만 받았다는 사실을 알았을 때 질투심을 억누를 수 없었기 때문이다. 아벨을 찾으시는 하나님을 향해 가인은 "내가 알지 못하나이다. 내가 내 아우를 지키는 자니이까?"라고 대답한다. 이것이 끝이 아니다. 창세기 6장에서 노아 시대에 이르면 인간의 역사는 총체적 악의 수렁으로 떨어진다. 급기야 하나님은 노아 가족 외의 전체 인류를 멸절하기로 작정하신다. 유명한 노아 방주 이야기다. 선악과부터 노아 방주까지 일련의 보도는 인간이 죄에 물들었다는 한 가지 메시지를 전하는 것으로 보인다. 이런 성서 이야기를 근거로 인간이 죄에 숙명적으로 묶여 있다고 가르치는 목사들이 적지 않다.

모든 성서 이야기에 역사적 배경이 자리하는 것처럼 선악과 전승도 마찬가지다. 선악과 전승의 역사적 배경은 바빌로니아 포로기다. 고대 이스라엘 백성들은 자신들이 바빌로니아의 포로가 된 상황을 받아들이기 힘들었다. 그것은 그들이 믿는 하나님이 전능한 존재이고 그들은 하나님의 백성이라는 사실에 배치되는 사건이었기 때문이다. 그들이 얻은 대답은 자신들이 하나님의 뜻대로 살지 못했기 때문에 이런 운명에 떨어졌다는 것이다. 그들은 그것밖에는 다른 대답을 알지 못했다. 이런 성서 이야기를 근거로 인간은 모두 죄인이라는 교리를 일방적으로 주장하는 것은 잘못이다. 기독교의 가르침에서 죄를 가볍게 다루어도 좋다는 말은 아니다. 죄를 심리의 차원이나 도덕적인 차원에 가둬둠으로써 벌어지는 죄 개념의 왜곡이나 변질을 피해야 한다는 뜻이다.

예수는 하나님 나라가 가까이 왔다는 메시지를 선포할 때 "회개하라"라는 말을 덧붙였다. 이 말을 도덕적인 회심으로 보면 곤란하다. '메타노이아'는 죄를 짓지 말라는 것이 아니라 하나님 나라를 향해 삶의 방향을 전환하라는 의미다. 당시 이스라엘은 율법을 지키지 않는 것을 죄라고 생각했다. 그런데 예수의 가르침에 따르면 율법에 묶이는 것이 오히려 죄다. 예수는 우리가 일반적으로 이해하고 있는 방식으로 죄를 회개하라고 말씀하신 적이 없다. 내가 알고 있는 한 그렇다. 예수는 중풍병자에게 "작은 자야, 안심하라. 네 죄 사함을 받았느니라"(마 9:2)라고 말씀하셨다. 그는 죄를 책망하신 것이 아니라 죄로부터의 해방을 말씀하신 것이다. 예수에게는 누가 죄인이냐 하는 것보다는 인간이 어떻게 생명을 파괴하는 죄로부터 해방되느냐 하는 문제가 더 중요했다. 예수의 이 말은 당시의 신학자라고 할 수 있는 서기관들의 분노를 불러일으켰다. 왜냐하면 죄에 대한 그들의 관점은 달랐기 때문이다. 서기관들이 죄를 가치론적으로 대했다면 예수는 존재론적으로 대했다. 예수는 당시 도덕적으로나 종교적으로 죄인으로 분류된 이들을 '있는 그대로' 인정한 채 하나님 나라가 그들에게도 임했다는 메시지를 선포했다. 예수가 경험한 하나님은 자격 심사를 거쳐서가 아니라 아무 조건 없이 사랑과 자비를 베푸시는 존재였다. 우리에게 필요한 것은 그런 하나님을 향한 절대적인 신뢰다. 예수가 세리와 죄인들의 친구로 살았다는 말은 사실로서 봐야 한다.

죄를 가치론적으로가 아니라 존재론적으로 본다는 말은 두 가지 사실을 가리킨다. 하나는 우리의 노력으로 죄의 힘에서 벗어날 수 없다는 사실이다. 도덕적이냐 아니냐 하는 것은 어디서나 상대적이다. 인격 도야를 통해 조금 더 세련되고 교양 있는 사람이 될 수는 있겠지만 완벽하게 도덕적인 사람이 될 수는 없다. 간음한 여자를 향해 돌을 들고 있던 사람들에게 예수는 "너희 중에 죄 없는 자가 먼저 돌로 치라"(요 8:7)라고 말씀하셨다. 사람들이 다 흩어지자 예수는 그 여자에게 "나도 너를 정죄하지 아니하노니 가서 다시는 죄를 범하지 말라"(요 8:11)라고 말씀하셨다. 이 사건에서 핵심은 "다시는 죄를 범하지 말라"가 아니라 "나도 너를 정죄하지 않는다"는 말이다. 이 여자는 생존을 위해 몸을 팔던 매춘부였을지도 모른다.

다른 하나는 죄의 힘보다 하나님의 능력이 더 우월하다는 사실이다. 죄를 삶의 어두움이라고 한다면 하나님은 삶의 빛이다. 어두운 곳에서는 아무리 깨끗이 몸을 닦고 옷을 빨아도 문제가 해결되지 않는다. 몸이나 옷이 깨끗한지 아닌지를 알 수 없다. "당신의 삶이 지금 어두움이야"라고 아무리 말해도 그것이 어두움인지를 알지 못하기에 그 말이 무슨 뜻인지 알아듣지 못한다. 빛을 알아야 어두움도 안다. 생명을 알아야 죄와 죄의 한계를 아는 법이다. 결국 죄로부터의 해방도 하나님 경험에 달려 있다는 말이다. 이런 설명을 순전히 기독교 교리로만 이해하는 사람이 있고, 실제 인간과 역사와 실존에 대한 심층적인 해석으로 이해하는 사람이 있다.

하찮은 것의 영성

민수기 21:4-9에는 유명한 놋뱀 이야기가 나온다. 성서가 말하는 죄의 본질이 무엇인지를 알게 하는 이야기다. 이스라엘 백성은 광야 생활에 지쳐서 하나님과 모세를 이렇게 원망한다. "어찌하여 우리를 애굽에서 인도해 내어 이 광야에서 죽게 하는가? 이곳에는 먹을 것도 없고 물도 없도다. 우리 마음이 이 하찮은 음식을 싫어하노라." 그들이 당장 먹을 게 없어서 굶어 죽거나 식수가 없어서 죽을 정도는 아니었다. 문제는 '하찮은 음식'으로 그들의 마음이 상했다는 데 있다. 그 하찮은 음식은 바로 만나였다. 만나는 위성류 나무의 즙을 먹고 사는 연지충의 분비물과 관련되는데, 유목민들은 이 달짝지근한 물질을 지금도 꿀 대신 쓴다고 한다(독일성서공회 해설 성경전서 개역개정판 '용어해설' 참조). 그들은 평소에는 그것을 주식으로 사용하지 않지만 특별한 경우에는 그것을 먹고 굶주림을 면할 수 있었다. 광야의 이스라엘 백성들은 만나를 하찮게 취급함으로써 결국 하나님의 은총을 외면했고 결과적으로 하나님을 원망하게 되었다. 하나님을 믿는 사람들도 만나를 하나님의 은총으로 받아들이는 게 쉽지 않다. 하찮은 것을 대하면 자신도 시시해지는 것처럼 느끼기 때문이다. 목회의 경우도 마찬가지다. 작은 교회를 맡은 목사는 자존감을 잃는다. 큰 교회를 맡은 목사도 자신의 목회 업무 중에서 하찮다고 여기는 부분은 소홀히 대하고, 거꾸로 그럴듯해 보이는 부분에 마음을 쏟는다. 이런 상황에서 영혼의 참된 만족은 불가능하다. 하찮은 것들과 그렇지 않은 것들을 세상의 기준으로 구분하는 데 과도하게 신경을 쓰기 때문이다. 이런 삶의 태도가 바로 죄 아닌가?

사람들이 하찮다고 생각하는 것에서 영적인 만족감을 경험할 수 있다면 삶의 근본이 새로워질 수밖에 없다. 이것은 어떤 고상한 철학을 말하는 게 아니다. 하나님 경험이 바로 그것이다. 십자가에서 처형당한 이가 바로 그리스도이며 하나님의 아들이라고 믿는 사람에게서는 이런 일이 반드시 일어난다. 성령은 그런 안목을 우리에게 열어준다. 이제 '하찮은 것'이 왜 하나님의 은총인지를, 즉 하찮은 것이 왜 실제로는 하찮은 것이 아닌지를, 더 근본적으로 말하면 하찮은 것과 그렇지 않은 것의 분리가 하나님 경험과 구원 경험에서 왜 인식론적 오류인지를 몇 가지 구체적인 예를 들어 살펴보겠다. 이것도 다 아는 이야기일 테지만 나 스스로 복습한다는 생각으로 간략하게나마 설명해보겠다.

성찬상 위에 놓인 빵과 포도주는 하찮은 먹을거리지만 우주의 무게로 다뤄져야 할 고귀한 생명의 사건이다. 빵과 포도주가 성찬상 위에 놓이게 된 전체 과정을 돌아보면 그렇게 말하지 않을 수 없다. 포도주는 포도가 발효된 액체다. 발효는 미생물의 작용이다. 그 이전에 포도는 태양 빛과 물과 탄소의 종합적인 물리 화학 작용에서 출현했다. 태양은 지구에서 1억5천만 킬로미터 떨어진 별이고, 물은 지구에서만 가능한 액체이고, 탄소는 유기물 생성에 없어서는 안 될 원소다. 각각 생명 현상의 원초적 요소들이다. 발효도 지구에서만 가능한 생명 현상이다. 이런 요소들의 집합체가 바로 포도주이니, 겉으로 하찮아 보이지만 실제로는 엄청난 사건이 아니겠는가? 빵의 기원도 아득하기는 마찬가지다. 밀이 자랄 때 그곳에는 아침 안개, 비, 구름, 새, 별, 꽃, 태양, 달, 흙 등 지구의 모든 것이 한곳에 집합된다. 이것보다 더 위대한 일은 없다. 이것을 실질적으로 느낀다면 그는 우주 전체와 소통하는 사람이다.

  사람이 지구에서 생명을 유지하는 데 필요한 것은 아주 간단하고 소박하다. 빵과 포도주! 이를 얻는 데는 많은 돈이 필요하지 않다. 다른 사람에 비해 연봉이 적어도 먹고사는 데는 큰 지장이 없다. 흔한 말로 연봉이 적으면 불행한 게 아니라 불편할 뿐이다. 불편하다는 것도 역설적이다. 그런 삶이 오히려 자유롭고 풍요로울 수 있다. 문제는 실제로 빵과 포도주만으로 영혼의 만족이 가능하겠느냐 하는 것이다. 안 되는 사람은 아무리 노력해도 안 되고, 이미 그런 내공을 갖춘 사람은 다른 설명을 듣지 않아도 다 그렇게 살고 있으니 내가 여기서 그 질문에 답하는 것은 사족이다. 성찬에서 물질로서의 시원적 생명과 예수 그리스도의 죽음을 통한 시원적 생명을 경험할 수 있다는 사실을 기억하는 것으로 충분하다. 그 성찬을 집행할 수 있는 은사가 목사에게 주어졌으니, 목사는 세상에서 가장 거룩하고 가장 위대한 일을 집행하는 사람이다. 그 일에 자부심을 느껴도 좋다. 내 생각에 빵과 포도주를 매개로 하는 성찬의 신비와 그 능력을 실질적으로 느끼지 못하는 목사는 구원받지 못한 사람이다. 성찬은 뒤에서 다시 언급하게 될 것이다.

중력

모세와 하나님을 향한 유대인들의 원망이 만나를 하찮게 여긴 데서 출발했다는 사실에 근거하여, 사람들이 하찮게 여기는 것이 실제로는 가장 가치 있는 것이라는 점을 설명하는 중이다. 그것을 실질적으로 느낄 줄 아는 사람이야말로 구원을 경험한 사람이라고 생각하기 때문이다. 하루를 맞는 아침 시간이 나에게는 황홀하다. 여명이 찾아오면서 내가 침실로 사용하는 서재의 사물들이 눈에 들어온다. 젊었을 때는 아무 생각 없이 침대에서 내려왔다. 60대 중후반인 지금은 침대에서 내려오면서 두 발로 서는 순간의 느낌이 더 생생하게 전달된다. 발목의 힘이 약해지면서 나타나는 현상이 아닐까 생각한다. 늙고 가난하고 외롭다는 것이 나쁜 것만은 아니다. 오히려 그것이 몸으로 느낄 수 있는 삶의 중심으로 들어가는 계기가 된다. 자신이 몸으로 존재한다는 사실을 실감하는 것이다. 이런 느낌의 중심에 지구의 중력과 내 몸의 교감이 자리한다. 그 교감이 심미적이고 영적인 차원에 이르면 우리는 전혀 새로운 존재의 기쁨을 맛볼 것이다.

앞에서도 비슷한 장면을 말했지만, 행복한 순간은 반복해서 기억해도 지루하지 않기에 체면 불고하고 다시 말한다. 나는 매일 스무 번 이상 내 서재인 이 층에서 일 층으로 이어진 계단을 오르내린다. 내려갈 때는 춤을 추듯이 중력을 리드미컬하게 탄다. 넘어지지 않도록 조심하면서 발을 내딛기만 하면 저절로 내려올 수 있다. 올라갈 때는 중력을 거슬러야 한다. 한 걸음씩 내디딜 때마다 중력을 뿌리칠 수 있도록 힘을 써야 한다. 그 과정이 예술이다. 계단과 내 발바닥의 마찰을 적당하게 유지해야 한다. 마찰이 너무 심하면 걸려서 중심이 흔들리고, 너무 없으면 미끄러진다. 중력을 발로만 느끼는 건 아니다. 손, 허리, 머리, 몸 전체가 한 호흡으로 거기에 연루된다. 나는 층계를 오르내리면서 중력을 물리학적인 차원에서 느낄 뿐만 아니라 인류의 조상인 호모 에렉투스(직립인)가 처음 직립한 순간에까지 이르는 미학적 차원에서도 느낀다. 그것만이 아니다. 층계를 오르내리면서 계절에 따라 창문 밖의 광경이 어떻게 변하는지를 볼 줄 알고, 벌과 나비와 새가 날아가는 광경도 볼 줄 안다. 그런 광경을 통해 역사와 시간의 신비도 느낀다.

여기서 중요한 사실은 중력과의 교감에 돈이 하나도 들지 않는다는 것이다. 돈이 들지 않는 것을 무조건 하찮은 것으로 여기는 사람은 중력마저도 하찮게 여길 것이다. 그는 자신이 그 안에 들어가 있으면서도 중력을 느끼지도 못하고 누리지도 못한다. 이는 하나님 나라가 이미 여기에 와 있으나 느끼지 못하는 것과 같다. 그는 중력이 아니라 무중력 상태에서 산다. 무중력 상태의 삶에서는 기쁨과 행복마저 비현실인 것이 아니겠는가? 우리에게 정말 중요한 것은 돈이 들지 않는다. 우리가 돈의 메커니즘에 길들어 있어서 일상에서 정작 중요한 대목을 놓치고 있을 뿐이다. 이런 삶의 습관에서 벗어나기란 쉽지 않다. 하나님을 믿고 산다는 것은 이런 삶의 상투성에서 벗어나는 경험이자 고백이고 결단이다. 돈이 많지 않아도 살아 있다는 사실을 충만하고 절실하며 현묘하게 경험하지 못하는 목사는 임박한 하나님 나라와 구원이 하나님의 '주도적인 은총'이라는 사실을 교인들에게 실질적으로 전할 수 없을 것이다. 그것이 죄 아니겠는가?

공간

컴퓨터 자판을 두드리는 지금의 이 공간은 내 서재다. 공간(空間)은 한자로 '비어 있는 틈'이라는 뜻이다. 단순히 비어 있기만 한 것은 아니다. 선이 있고 벽이 둘러쳐져 있으며 곳곳에 적당한 사물이 배치되어 있어서 그것을 대하는 사람은 자신이 거기에 실재한다는 사실을 느낄 수 있다. 나는 지금 서재라는 공간에서 나의 실재를 절감한다. 마당에 나가면 거기서 좀 더 넓은 새로운 공간을 경험한다. 우주로 나가면 또 다른 차원의 공간이 기다린다. 내 책상 위에는 여러 물품이 놓여 있다. 어떤 것은 가까이에 있고, 어떤 것은 거리가 멀다. 모든 것이 제자리에 놓임으로써 서재라는 공간이 제

모습을 갖춘다. 그것과 나 사이에는 공간적인 거리가 있다. 그것을 내가 손으로 잡으려면 그 사이를 가로질러서 손을 뻗어야 한다. 이 공간의 구조가 신비롭다. 지금 나는 내가 공간 안에 머물고 있다는 사실에서 존재론적 기쁨과 행복을 느낀다. 이것이 바로 하나님의 창조 안에 들어가 있다는 경험이 아니겠는가? 그 경험이 곧 나의 구원이다. 이에 관해서는 이미 앞에서도 언급했지만 요즘 나에게 강력하게 다가오는 경험이라서 한 번 더 말하는 중이다.

블랙홀에는 공간이 존재하지 않는다. 절대 중력으로 주변의 모든 사물을 완벽하게 압축해버리기 때문이다. 블랙홀 근처에서는 빛이 휘고, 지구가 블랙홀에 빨려 들어가면 야구공 정도의 크기로 축소된다. 지구를 구성하는 원소 안의 공간이 해체되기 때문이다. 이 말은 곧 모든 사물이 공간에 의해 유지된다는 뜻이다. 우리 몸을 구성하는 각종 원소 내부도 대부분이 공간이다. 그 안에 에너지가 작용함으로써 원소가 일정한 형태로 유지된다. 공간이야말로 모든 존재하는 것의 가장 궁극적인 토대다. 사람과 사람 사이에도 일정한 거리가 유지되어야 한다. 그것이 무너지면 사람 관계의 블랙홀 현상이 일어날 것이며, 거리가 너무 멀어지면 관계의 에너지가 소멸하고 말 것이다. 어쨌든 지금 내 서재라는 공간, 집이라는 공간, 영천이라는 공간, 지구라는 공간, 우주라는 공간에서 살아간다는 사실이 무척 흥미롭다. 그 공간에서 일어나는 것들은 모두 하나님의 창조 사건이니 그것과의 관계를 가장 적절하게 유지하는 것이야말로 생명의 깊이로 들어가는 첩경이 아니겠는가? 시적인 상상력을 빌려서 말한다면, 봄날 민들레를 통해 공간을 느낄 줄 아는 것이 바로 절정의 생명 경험이다. 이 모든 것이 하나님의 은총이다. 우리는 돈을 내지 않고 누리기만 하면 된다. 구원은 사람들이 하찮다고 여기지만 실제로는 가장 가치가 있어서 돈으로 계산할 수 없는 것을 실제로 경험하는 데서 은총으로 주어지는 것이다. 그 은총을 거부하는 것이 곧 죄다.

바람

생각하면 생각할수록 우리가 살아가는 데 정말 중요한 것들은 돈으로 얻을 수 있는 게 아니라는 사실이 분명해진다. 별로 중요하지 않은 것들은 반드시 돈을 요구한다. 그것도 많은 돈을 요구한다. 돈의 가치로만 세상을 살아가는 사람들은 정말 중요한 것들을 느낄 수 없다. 하나님의 은총은 모든 이에게 제공되지만, 세계를 향해 영혼이 열린 사람만이 그 은총을 제대로 누릴 수 있다. 이런 점에서 나는 하나님이 소수의 사람을 선택하시고 남겨두셨다는 예언자들의 영적 통찰력에 동의한다.

바람도 그중의 하나다. 바람은 돈으로 살 수 없다. 우리는 바람 부는 시간에 바람 부는 장소에서 바람을 맞기만 하면 된다. 바람은 다양하다. 장소에 따라 다르고 기온에 따라 다르며 사람의 기분에 따라서도 다르게 경험된다. 신비롭기 그지없다. 바람은 지구에서만 가능한 물리 현상이다. 달이나 화성에도 바람이 분다는 말이 있긴 하나 지구의 바람과는 품격이 다르다. 바람이 불려면 지구와 같은 정도의 공기와 기압이 없으면 안 되기 때문이다. 지구에 바람이 있다는 말은 지구가 살아 있다는 뜻이다. 사람의 혈관에 피가 돌지 않고 고여 있으면 죽듯이 바람이 없으면 지구도 생명 없는 별이 되고 만다. "칭짱고원에서 불어온 거센 바람이/ 내 집 앞뜰의 작은 민들레를 다소곳이 눕히다"(이시영의 시 "바람" 전문)라는 시구에서 보듯이 우리가 바람을 경험한다는 것은 바로 원초적 생명을 경험한다는 의미다. 바람 현상이 얼마나 놀라웠으면 성서 저자들이 바람을 영이라고 말했겠는가? 우주 정거장에서 오래 머물다가 지구로 귀환한 우주인들은 바람을 황홀하게 느낀다고 한다.

사람이 어떻게 바람만으로 행복하게 사냐고 질문할 수 있다. 바람은 저절로 불어오니 시원하게 맞으면 되고, 현실에서는 일단 돈이 중요하다고 말이다. 물론 돈이 많으면 냉난방이 잘 되는 집에서 쾌적하게 지낼 수 있긴 하겠다. 그런 방식으로 행복을 누릴 수 있다고 생각하는 사람은 그렇게 살면 된다. 하지만 내가 보기에 바람을 영혼의 깊이에서 느낄 줄 모르는 사람은 아무리 좋은 삶의 조건에서 살아도 실제로는 행복을 모르는 사람이다. 겉으로야 행복한 것처럼 흉내를 낼 수 있겠지만 말이다. 그런 사람은 많은 교인 앞에서 아무리 감동적인 설교를 한다고 하더라도 하나님 나라가 가까이 왔다는 예수의 말씀이 무슨 뜻인지를 알아듣지 못하는 목사가 아닐는지.

율법과 복음

앞에서 죄에 대한 성서 이야기를 일반화해서 인간을 죄인이라고 몰아가는 것은 기독교 신앙을 왜곡시킬 우려가 있음을 말했다. 한두 마디로 끝내도 될 이야기를 좀 길게 끌었지만, 이는 내가 실존적으로 느끼는 죄로부터의 해방을 일상의 경험에서 실질적으로 설명할 필요가 있었기 때문이다. 이제는 율법과 죄의 관계를 말해야겠다. 신약성서의 가르침에 따르면 죄로부터의 해방은 곧 율법으로부터의 해방이다. 율법과 복음의 관계는 간단한 것 같으면서도 복잡해서 양쪽 사이에서 벌어지는 긴장을 목회 현장에서 놓치거나 착각하는 경우가 흔하다. 복음 공동체라고 자처하는 교회가 실제로는 율법적으로 운용되기도 한다. 이 대목에서는 바울의 가르침이 가장 탁월하다.

죄는 일단 파렴치하고 부도덕하며 비윤리적이고 반사회적인 행위들이라고 말할 수 있다. 바울의 표현을 빌려 말하면 이런 행위들은 육체의 일들이다. 바울은 갈라디아서 5:19 이하에서 육체의 일들을 열다섯 항목으로 나열한다. 음행, 더러운 것, 호색, 우상숭배, 주술, 원수 맺는 것, 분쟁, 시기, 분냄, 당 짓는 것, 분열, 이단, 투기, 술 취함, 방탕이 그것이다. 로마서 1:29-31에도 이와 비슷한 목록이 나온다. 불의, 추악, 탐욕, 악의가 가득한 자, 시기, 살인, 분쟁, 사기, 악독이 가득한 자, 수군수군하는 자, 비방하는 자, 하나님께서 미워하는 자, 능욕하는 자, 교만한 자, 자랑하는 자, 악을 도모하는 자, 부모를 거역하는 자, 우매한 자, 배약하는 자, 무정한 자, 무

자비한 자가 그것이다. 여기에 열거된 항목들이 초기 기독교에서 잘 알려진 것인지, 바울의 독창적인 생각에서 나온 것인지, 아니면 로마의 다른 도덕 선생들의 생각을 참고한 것인지는 정확하게 알 수 없다. 하지만 누가 보더라도 이 항목들이 사람의 삶을 파괴할 만하다는 것은 한눈에 들어온다. 교회 공동체에 속하지 않은 사람들이라도 넌더리를 낼 만한 것들이다. 바울은 당시에 교회를 위험에 빠뜨릴 수도 있는 어떤 극단주의자들을 경계하기 위해 이런 목록을 제시한 것으로 보인다. 영지주의자들이 그중 하나다. 그들은 이미 영적으로 자유로워졌으니 행동에서 아무런 제약을 받지 않는다고 생각했다.

바울은 이 목록에 열거된 것들을 멀리하기만 하면 죄로부터 해방될 것이라고, 즉 구원을 얻을 것이라고 생각하지 않았다. 아무도 율법을 완벽하게 실행할 수 없다는 것이 분명하기 때문이다. 바울은 로마서 3:20에서 이렇게 말했다. "그러므로 율법의 행위로 그의 앞에 의롭다 하심을 얻을 육체가 없나니 율법으로는 죄를 깨달음이니라." 율법은 악과 선, 죄와 의를 분류해놓은 것이다. 이는 악을 배격하고 선을 추구하면 의를 얻을 수 있다는 믿음과 관련된다. 하지만 본래 율법 신앙에 충실했던 바울은 거기서 영혼의 만족을 얻을 수 없었다. 율법을 행하면 행할수록 그것이 불가능하다는 사실을 더 절감할 뿐이었다. 이처럼 율법의 실천이 불가능하다는 절망은 곧 죄의 세력이 목표로 하는 것이다. 로마서 4:15은 율법의 근본적인 한계를 이렇게 짚는다. "율법은 진노를 이루게 하나니 율법이 없는 곳에는 범법도 없느니라." 매우 파격적인 진술이다.

율법이 없어야 죄를 범하는 일도 일어나지 않는다니 말이다. 로마서 3:20과 4:15은 비슷한 것을 말하고 있다. 즉 아무도 율법을 완벽하게 실천할 수 없으므로 율법을 절대적인 것으로 의지하면 죄에 떨어질 수밖에 없다.

바울에 앞서 예수는 모세의 율법을 상대화했다. "옛사람에게 말한 바 '살인하지 말라. 누구든지 살인하면 심판을 받게 되리라' 하였다는 것을 너희가 들었으나, 나는 너희에게 이르노니 형제에게 노하는 자마다 심판을 받게 되고 형제를 대하여 라가라 하는 자는 공회에 잡혀가게 되고 미련한 놈이라 하는 자는 지옥 불에 들어가게 되리라"(마 5:21-22). 한 대목만 더 인용하겠다. "또 '간음하지 말라' 하였다는 것을 너희가 들었으나, 나는 너희에게 이르노니 음욕을 품고 여자를 보는 자마다 마음에 이미 간음하였느니라"(마 5:27-28). 예수는 제자들에게 모세의 율법이 아니라 하나님 나라를 선포했다. 인간은 근본적으로 율법을 완벽하게 실천할 수 없을 뿐만 아니라 율법이 사람의 내면을 의롭게 만들지 못하기 때문이다. 이는 시험 점수가 낮은 학생들은 낮은 점수로 인해 자신에게 절망하고, 점수가 높은 학생들은 높은 점수를 유지해야 하기에 양쪽 모두 점수에 크게 부담을 느끼는 것과 같다. 나는 이 진단이 옳다고 생각한다. 율법이 추구하는 자기 의(義)로는 생명의 충만감을 느낄 수 있는 영혼의 자유 안으로 들어갈 수 없다. 그 사람의 행위는 의롭다는 인정을 받을지 모르나 그의 존재가 의로워지는 것은 아니기 때문이다.

영혼의 자유

바울은 자기 의를 가리키는 율법을 성취하는 것이 아니라 십자가와 부활의 예수를 믿음으로써 하나님께 의롭다고 인정받는 길을 찾았다. 이전의 것은 지나가고 새로운 길이 그에게 열렸다. "그런즉 누구든지 그리스도 안에 있으면 새로운 피조물이라. 이전 것은 지나갔으니 보라, 새것이 되었도다"(고후 5:17). 여기서 이전 것은 '육신을 따라'(카타 사르카) 생각하고 판단하는 것이다. 그런 삶의 방식이 지나갔다고 느낀 순간에 일어난 사건이 바로 바울의 회심이다. 로마서 6:6-7에서 우리는 바울의 생생한 음성을 들을 수 있다. "우리가 알거니와 우리의 옛사람이 예수와 함께 십자가에 못 박힌 것은 죄의 몸이 죽어 다시는 우리가 죄에게 종노릇 하지 아니하려 함이니, 이는 죽은 자가 죄에서 벗어나 의롭다 하심을 얻었음이라." 율법에서 복음으로, 즉 패러다임의 전이가 바울의 영혼 안에서 일어난 것이다. 바울의 이 진술을 딱딱한 교리로 읽지 않고 생생한 일상의 언어 또는 인문학적인 언어로 읽어낸다면 그 사람의 신학적인 내공이 드러날 것이다.

나는 바울의 이런 외침을 다음과 같이 받아들인다. 죄의 본질은 자신의 삶을 자기 능력으로 성취해야 한다는 유혹과 강요에 굴복하는 것이다. 그것이 바로 죄의 종노릇이다. 목회 업적을 보이라는 강요와 유혹에 굴복하는 것이 죄다. 그 강요와 유혹은 진정성이 있고 매력적일 뿐만 아니라 목회의 강력한 작동원리이기에 거부하기가 쉽지 않다. 목사 자신이 철저하게 그것에 예속되기도 한다.

바로 그것이 우리의 힘으로 벗어나기 어려운 죄다. 그것이 죄인 이유는 그것으로 인해 영혼의 자유가 손상되기 때문이다. 이에 관해서는 길게 설명할 필요가 없다. 그런 작동원리에 길들면 그것이 왜 영혼의 자유를 손상시키는지도 느끼지 못한다. 그런 방식으로 평생 목회하면 은퇴하여 넉넉한 퇴직금을 받거나 원로목사로 활동하면서 섭섭지 않게 사례비를 계속 받아 중산층 못지않게 노후를 보낼 수 있을지도 모르겠다. 아니면 최저생활비에도 못 미치는 총회 연금에 의존하면서 늘 쪼들리는 노후를 보낼 것이다. 그들에게 영혼의 자유는 외면당한다. 내가 지나치게 부정적으로만 보는 것인지 모른다. 대부분의 은퇴 목회자들이 영적으로 풍요롭게 지내면 오죽이나 좋겠는가! 사탄은 강력하고 은밀하여 목회 과정에서 영혼의 자유를 위해 혼신의 열정을 기울이지 않은 목사의 노후를 계속 물고 늘어질 것이다.

바울의 경우에 죄로부터 해방되어 영혼의 자유를 얻는 길은 예수와 함께 십자가에 못 박히는 것이다. 이것이 순전히 교리적으로만 들릴지도 모르겠다. 아니다. 여기에는 많은 계몽주의 철학자가 인류를 향해 외친 실질적인 자유론과 행복론이 들어 있다. 물론 그들의 길과 기독교인의 길은 다르다. 예수와 함께 십자가에 못 박힌다는 표현을 동양식으로 바꾸면 노자의 무위이무불위(無爲而無不爲) 사상에 가깝다. 이는 아무것도 의도하지 않음으로써 못할 것이 없다는 의미다. 율법은 인간의 의지가 중요하지만, 예수 신앙은 하나님의 은총이 중요하다. 그 은총에 자신을 완전히 맡기는 것이 바로 예수와 함께 십자가에 못 박히는 것이다. 이를 통해 영혼의 자유를 얻는다. 여기서 핵심은 예수다. 단순히 심리적으로 혹은 의지적으로 자아를 축소하거나 무위에 머무는 것이 아니라 예수라는 인격체를 구체적이고 실질적으로 따라야 한다. 기독교는 자기 수양으로서의 종교가 아니라 예수를 따르는 종교라는 점에서 나는 이 길이 옳다고 생각한다. 예수와의 일치, 즉 예수 안에 존재하는 것은 말처럼 쉬운 것이 아니다. 오죽했으면 바울이 구원을 이미 얻었거나 이룬 것이 아니라 다만 예수에게 잡혀서 그것을 잡으려고 달려간다고 고백했겠는가?(빌 3:12) 이것은 종교적 덕담이 아니라 실존의 깊이에서 터져 나오는 진솔한 고백이자 외침이고 절규다. 이런 절규 앞에서 나는 부끄러워지고, 다시 용맹정진의 자세를 가다듬는다.

요한복음 8:31-32에서 예수는 이렇게 말씀하셨다. "너희가 내 말에 거하면 참으로 내 제자가 되고 진리를 알지니 진리가 너희를 자유롭게 하리라." 여기서 진리는 예수 자신이자 그의 가르침이다. 예수는 자신의 가르침과 일치되는 분이시니 그 진리는 곧 예수 자신이다. 유대인들은 이 말을 이해하지 못했다. 그들은 아브라함의 자손으로서 남의 종이 된 적이 없으므로 자유롭게 된다는 말이 자신들에게는 해당하지 않는다고 여겼다. 이들의 주장을 오늘의 경우로 바꾸면 다음과 같다. "나는 돈도 적당히 있고 사회적인 신분도 괜찮으며 교양도 있어서 남에게 손 빌리지 않고 자유롭게 살고 있으니 나에게 더는 자유로워져야 한다고 말하지 마라. 나는 자유인이다!" 과연 그럴까?

자유는 계량적으로 측정되는 것이 아니라서 자신이 원하는 것을 손에 넣었다고 해서 자유가 확보되는 것은 아니다. 바람 따라 구름 따라 흘러가듯이 모든 것을 초월해서 유유자적 산다고 자부하는 사람의 영혼은 오히려 공허와 허무를 친구라고 할지도 모른다. 하지만 공허가 자유는 아니지 않은가? 예를 들어 어떤 사람이 결혼하지 않고 혼자만의 자유를 누린다고 하자. 그가 아내나 남편과의 관계에서 감수해야 할 불편한 일로부터 자유로워진 것은 분명하지만 그것과 같은 무게의 고독과 허무가 그를 찾아올 것이다. 그 고독한 시간에 독서를 하거나 취미 생활을 할 수도 있겠지만 그렇다고 해서 고독과 허무가 저절로 사라지는 것은 아니다. 내공이 무척 뛰어난 수도자들은 보통 사람이 누릴 수 없는 초월적인 자유를 누리기도 할 것이다. 모든 것으로부터 초월하는 궁극의 자유 말이다. 그러나 실제로 그런 단계로 들어가는 사람은 극소수다. 극소수에 한정되는 삶의 방식을 사람들에게 보편적인 대안으로 제시할 수는 없다.

기독교는 모든 것으로부터의 초월이 아니라 하나의 대상에게 전적으로 종속됨으로써 다른 것으로부터 해방되는 자유를 말한다. 이런 점에서 기독교의 자유는 역설적이다. 어떤 대상의 종이 됨으로써 아들로서의 자유를 얻기 때문이다. 그 대상은 예수 그리스도다. 그래서 기독교는 사람들에게 도사(道士)가 되라고 하지 않고 예수의 제자가 되라고 한다. 예수도 사람들에게 "나를 따르라"라고 말씀하셨다. 예수의 운명을 따라감으로써 다른 것으로부터 자유로워질 수 있기 때문이다. 이 사실을 모르는 기독교인은 없겠지만 삶의 능력으로 경험하는 사람은 많지 않다.

여기서 관건은 예수의 제자가 된다는 것이 무엇인지를 실제로 이해하고 믿으며 그렇게 살아가려고 최선을 다하는 것이다. 그런 신앙생활이 올곧게 진행되면 자신도 모르게 영혼의 자유가 확장됨을 경험하게 될 것이다. 기독교가 말하는 구원 경험의 요체가 바로 이것이다. 목사도 마찬가지다. 교인들에게만 예수의 제자가 되라고 말하지 말고 목사 자신이 예수의 제자가 되는 것에 마음을 두어야 한다. 그러나 이것은 말이 쉽지 실제로는 불가능에 가깝다. 나도 예수의 제자라는 흉내만 낼 뿐이지 떳떳하게 "나는 예수의 제자요" 하고 나설 자신은 없다. 그래도 죽기 전까지 제자다운 삶의 경지에 조금이라도 더 가까이 가려고 노력할 뿐이다.

제자로서의 삶

예수의 제자로서 사는 삶의 가장 큰 특징은 스승의 모든 것을 신뢰하는 것이다. 신뢰는 무조건적이고 절대적인 삶의 태도다. 자신이 판단해서 옳은 것은 따르고 옳지 않은 것은 따르지 않는 것이 아니라 무조건 따를 때 스승과 제자의 관계가 성립된다. 이런 점에서 제자로 산다는 것은 모험이다. 마가복음 10:17-22에는 예수의 제자가 된다는 것이 얼마나 위태로운 삶인지를 절감하게 하는 이야기가 나온다. 이것은 공관복음에 다 나오는 이야기다. 어떤 사람이 예수께 와서 "내가 무엇을 하여야 영생을 얻으리이까?"라고 물었다. 영생은 구원을 가리킨다. 이 사람은 구원을 행위의 차원, 즉 윤리의 차원으로, 유대인 전통에 따라 율법의 차원으로 물은 것이다. 그는 유대의 지혜 전통에 따라 성실하게 인생을 살았기에 이미 답을 알고 있었을 것이다. 즉 모든 이들에게 존경받는 사람이 되는 것 말이다. 예수는 일단 그의 눈높이에 따라 십계명의 몇몇 항목을 말씀하셨다. 그는 "이것은 내가 어려서부터 다 지켰나이다"라고 대답했다. 물론 성실한 인간에게 규범적인 삶이야말로 최선이라고 할 수 있다. 이렇게 사는 것도 결코 쉬운 일이 아니다. 모든 사람이 이렇게만 살아도 세상은 크게 달라질 것이다.

예수는 착하고 성실하며 경건한 모범생으로 살았던 그 사람에게 예상 외의 말씀을 하신다. 예수는 그를 비난한 것이 아니라 좋은 뜻으로 가장 궁극적인 차원을 제시한 것이다. "네게 아직도 한 가지 부족한 것이 있으니, 가서 네게 있는 것을 다 팔아 가난한 자들에게 주라. 그리하면 하늘에서 보화가 네게 있으리라. 그리고 와서 나를 따르라." 성서를 문자적으로 받아들이는 목사들도 이 구절만은 문자적으로 받아들이지 않을 것이다. 나는 지금까지 자기 재산을 완전히 처분하는 목사를 별로 못 봤다. 나 역시 못한다. 아무리 재산을 붙들고 있어봤자 결국 언젠가는 처분하지 않을 수 밖에 없는데도 말이다. 이 구절을 내용 그대로 믿는 목사라면 자신이 실제로 예수의 제자가 아니라는 사실을 인정해야 한다. 우리는 지금 너나 할 것 없이 그냥 시늉만 하면서 목사 노릇을 한다. 시늉만이라도 양심껏 하면 괜찮다. 그분의 자비에 기대서!

"하늘에서 보화가 네게 있으리라"는 말은 단순히 천국에 가서 큰 보답을 받을 것이라는 뜻이 아니다. 천국 상급은 따로 없다. 하늘의 보화라는 표현은 메타포다. 천국 상급은 세상의 방식과 차원이 다른 상급이라는 의미다. 중요한 것은 미래의 천국이 아니라 이미 지금 여기서 상급이 주어졌다는 사실이다. 재산을 다 팔아 가난한 사람들에게 나눠주고 예수를 따르는 것 자체가 상급이다. 현재와 미래는 하나님 안에서 같은 시간이기에 죽음 이후 천국에서 상급을 받을 사람이라면 그는 이미 여기서 받은 것이다. 그 천국 상급을 여기서 충만하게 느끼지 못한다면 죽음 이후의 상급도 없다.

이 이야기의 결론인 마가복음 10:22에 따르면 이 사람은 재물이 많아서 근심하며 예수 곁을 떠났다고 한다. 그는 처음에 예수를 찾아올 때 무엇인가 기대를 하고 왔겠지만, 이제는 그 기대를 접을 수밖에 없게 되었다. 제자가 되지 못한 것이다. 예수의 제자가 되는 일은 이처럼 어려울 뿐만 아니라 위태롭기까지 하다. 제자의 타이틀을 얻으려고 왔다가 자신의 위선만 들통날 수 있기 때문이다. 이럴 바에야 자신의 평소 소신대로 다른 사람에게 대접이나 받으면서 대충 사는 게 나을지도 모르겠다. 사이비 제자로 잠시 머물다가 기회가 생기면 떠나는 이들도 생각보다 많다. 우리 중의 어떤 이는 겉으로는 목사 타이틀을 여전히 유지하고 있으나 마음은 이미 실망하고 떠났는지도 모른다. 나도 그런 부류에 포함되지 않았다는 보장은 없다. 생각만 해도 아찔하다.

부자로 대접받으며 살았던 사람에게 재물을 포기하라는 요구는 가혹하다. 실제로 그렇게 할 수 있었던 사람이 지난 기독교 2천 년 역사에서 전혀 없지는 않았으나 사실 드물다. 오늘날 21세기에는 더더욱 그렇다. 성서 본문의 부자에게 문제는 그가 재산을 실제로 처분했느냐에 있는 것이 아니다. 그보다는 그의 영혼이 부를 절대화하거나 그것에 의존한다는 것이 문제였다. 부의 절대화는 영혼의 손상을 피할 수 없다. 구약의 예언자들은 바알을 섬기지 말라고 줄기차게 말했고, 예수도 하나님과 돈을 겸하여 섬길 수 없다고 말씀하셨다(마 6:24). 이것이 현실에 두 발을 딛고 사는 기독교인들의 딜레마다. 물론 실제 삶에서는 돈이 필요하다. 자본주의 체제 아래서는 궁핍이 오히려 영혼이 훼손되는 원인이 되기도 한다. 돈이 있어야 신앙 서적도 구매할 수 있고, 헌금도 어느 정도 할 수 있고, 구제 활동도 할 수 있지 않겠는가? 이런 현실에서 가난과 무소유 자체를 미화할 수는 없다.

　기독교인이 최소한 영적인 삶에 지장을 받지 않으려면 어느 정도의 돈이 필요한지를 객관적인 수치로 제시할 수 없다. 일반적인 관점에서 말하면 돈이 너무 많으면 짐이 되고, 너무 없으면 생존이 위태로우니 남에게 손을 벌리지 않아도 살아갈 수 있을 정도가 적당할 것이다. 흔히 하는 이야기다. 돈이 너무 많은 사람은 그것을 어떤 방식으로든지 분배할 수 있도록 노력하고, 너무 가난한 사람은 남에게 민폐를 끼치지 않도록 밥벌이에 신경을 써야 한다. 여기서 목사들의 사생활과 목회에도 비슷한 원리가 작동된다. 돈은 많을수록 좋다고 생각하거나, 노골적으로 그렇게 말하지는 않더라도 내심 그렇게 생각하는 목사들이 많다. 대다수 교인들도 교회 재정이 많을수록 좋다고 생각할 것이다. 심정적으로나 현실적으로 이해는 가지만 신앙적으로 이에 동의하기는 어렵다. 돈은 좋게 봐서 책, 골동품, 자동차처럼 우리가 소유할 수 있는 대상이다. 소유가 우리 삶을 편리하게 할 수는 있으나 그것이 우리 삶의 질을 풍요롭게 하는 것은 아니니 돈 자체가 삶을 풍성하게 만드는 것은 아니다. 어떤 이들은 이런 말을 듣고 "저 사람은 먹고사는 데 걱정이 없으니 한가롭게 저런 말을 한다"라고 말할지 모르겠다.

사람들이 고상하다고 여기는 책만 해도 그렇다. 목사 중에서도 장서 마니아들이 제법 된다. 그들은 자신이 보유하고 있는 책을 자랑스럽게 여긴다. 책이 많으면 일단 지식인 행세를 할 수 있다. 읽고 싶은 책을 바로 손에 넣을 수 있다는 점도 매력적이다. 그렇지만 장서를 소유하고 있다는 사실 자체는 아무것도 아니다. 아무것도 아닐 뿐만 아니라 너무 많은 책은 살아가는 데 오히려 짐이다. 실제로 이사할 때 책 때문에 고생하는 사람들이 많다. 나도 가난한 신학생 시절부터 책을 꾸준히 모았고, 지금도 필요한 책은 매입하고 있지만 가능하면 책을 줄이려고 한다. 너무 많은 책이 실제 삶에서 짐이 되듯이 너무 많은 돈 역시 짐이다. 돌을 등에 지고 달리기 시합에 나설 수 없는 것처럼 무거운 짐을 지고 예수의 제자가 될 수는 없지 않은가? "당신은 초보적인 문제를 너무 장황하게 설명하고 있어"라는 말을 들을지 몰라도, 나는 이것이 내 구원 문제에 직결된다고 생각하기에 구구절절 말하는 중이다. 이해를 바란다.

원시 공동체

재물과 신앙의 관계에 대해 조금만 더 이야기하겠다. 사도행전 2:44-47과 4:32-35에는 비슷한 이야기가 중복해서 나온다. 예루살렘 교회에 속한 신자들이 물건을 공동으로 사용했을 뿐만 아니라 재산과 소유를 팔아서 필요한 사람들에게 나눠주었다는 이야기다. 사도행전 4장의 표현이 좀 더 직접적이다. 믿는 무리가 한마음과 한뜻이 되어서 모든 물건을 공동으로 사용하고 자기 재물을 자기 것으로 여기는 사람이 없었다고 한다. 어떤 사람은 밭과 집을 팔아서 생긴 돈을 사도들에게 가져왔다. 사도들은 '각 사람의 필요'를 따라서 돈을 나눠주었다. 가난한 사람이 있을 수 없었다고 한다. 현실이 아무리 척박하더라도, 아니 척박할수록 이런 꿈을 꾸고 살아야 하지 않을까? 초기 예루살렘 교회에서 일시적으로나마 실행되었던 원시 공산주의 형태의 생활이 너무 이상적이어서 수도원 같은 특수한 공동체가 아니라면 현대 사회에서는 그 어디에서도 실현 불가능하겠지만, "자기 재물을 조금이라도 자기 것이라 하는 이가 하나도 없더라"는 진술이 예수의 제자로 살아가려는 사람들에게 원초적 영성을 제공한다는 사실만은 분명하다. 이는 예수의 제자에게만이 아니라 세상과 삶을 정직하게 들여다보고 살려는 사람들에게는 다 해당한다. 두 가지 점에서 그렇다.

첫째, 현재 내가 소유하고 있는 재물은 원래 나 자신의 것이 아니었다. 나 자신의 노력만으로 부를 쌓은 것도 아니다. 다른 사람들의 노력이 직간접적으로 포함되었다. 여기 벤처기업을 운영하여 큰돈을 번 사람이 있다고 하자. 그가 큰돈을 번 데는 그에게서 월급을 받고 일하는 직원들의 노력이 컸다. 국내외 경제 상황도 그에게 큰 도움을 주었다. 자신이 다른 사람보다 더 큰 노력을 기울였다고 주장할 수는 있어도 여러 가지 외부 요인이 뒷받침되지 못했다면 그의 사업은 실패할 수도 있었다. 여기 잘나가는 변호사가 있다고 하자. 그는 어느 소송 사건을 수임받아 운이 좋게 승소해서 큰돈을 벌었다. 상대 변호사의 능력이 떨어지거나 판사의 세계관이 이 변호사와 방향이 같았다는 요인 등으로 인해 소송에서 이긴 것이다. 어떨 때는 남의 불행이 자기에게는 행운이 되기도 한다. 세상은 이런 이치로 돌아간다. 인생이 잘 풀린다고 해서 자기 혼자 잘난 척할 것은 전혀 없다.

목회 현장도 비슷하게 돌아간다. 교회 성장에는 여러 요인이 결부된다. 가장 큰 요인은 물론 담임목사의 카리스마(은사)다. 사람은 카리스마에 끌리기 때문에 목사의 카리스마가 교회 성장에 중요한 요인인 것만은 분명하다. 하지만 그것만으로 교회가 성장하는 것은 아니다. 오히려 다른 요인이 더 결정적이다. 지난 한국 현대사에서 한국교회의 성장은 한국 사회에서 벌어진 정치 경제 현상과 직결된다. 이런 문제를 자세하게 들여다보려면 박사학위 논문을 쓰는 품이 들어야 한다. 거칠게 한마디로 압축하면 군사 독재와 재벌 중심의 급속한 경제 발전과 지나칠 정도로 빠르게 진행된 도시화 현상으로 인해 겪게 된 심리적인 불안과 소외를 교회에서 해소하려는 군중이 늘어난 결과가 바로 교회 성장의 주요 원인이다. 그런 군중으로 인해 한국교회의 신앙 성격은 기복주의, 내세주의, 근본주의, 개교회주의, 도덕주의, 율법주의, 반공주의, 그리고 영육 이원론으로 자리 잡게 되었다. 좀 더 노골적으로 표현하면, 이런 사회 현상만이 아니라 주변의 다른 교회가 망하는 것이 내 교회가 흥하는 기회가 된다. 교회 성장에는 특별한 목회적 은사를 발휘하는 목사만이 아니라 모든 교인의 노력이 들어 있으니 목사가 목회의 업적을 자기의 것이라고 여길 수는 없다. 이것이 뻔한 소리처럼 들릴지 모르지만, 생각을 이렇게 바꾸는 것은 혁명이 아니면 안 된다.

둘째, 지금 나의 것이라고 여기는 재물은 곧 내 손에서 떠난다. 재물이 떠나는 것은 막으려고 애를 쓴다고 해서 마음먹은 대로 되는 게 아니다. 몇 대에 걸쳐 부를 상속하는 집안도 있긴 하겠지만 그래봤자 얼마 못 간다. 신라 시대에 만석꾼으로 살았던 사람의 후손 또는 로마 시대의 귀족 가문이 지금도 여전히 떵떵거리면서 사는 것은 아니다. 돈만이 아니라 우리 몸도 죽으면 원소로 해체되며, 우리가 살아 있을 때에도 세포 분열과 해체는 반복된다. 그대로 남아 있는 것은 하나도 없다. 흔한 말로 인생은 공수래공수거다. 그러니 내 재물을 내 것이라고 고집을 부릴 수는 없지 않은가?

목회 업적도 마찬가지다. 교회가 성장할 때가 있으면 퇴락할 때도 있다. 지금 자신이 목회하는 교회에 많은 사람이 모인다고 해도 그것은 일시적인 현상이니, 그것으로 어깨에 힘줄 필요도 없고, 거꾸로 가난한 교회가 되었다고 해서 낙심할 일도 아니다. 먹구름이 몰려들어 비를 뿌릴 때도 있고, 구름 한 점 없을 때도 있다. 날씨에 따라 기분이 좋아지거나 나빠질 필요가 없듯이 목회 성과에 따라 일희일비하지 않는 것이 좋다. 말은 이렇게 쉽게 하지만 실제로 성과에 일희일비하지 않고 목회하기는 간단하지 않다. 목회 현장에서 벌어지는 문제는 목사 자신이 각자의 자리에서 풀어야 할 숙제다. 여기서 나는, 무책임하게 보일지도 모르나, 다만 목회 영성의 방향만 구원론의 차원에서 자유롭게 말했다. 평가는 독자들의 몫이다.

자유와 생명

앞에서 기독교 구원의 실질적인 내용이라고 할 수 있는 '영혼의 자유'를 설명하기 위해 예수의 제자가 됨으로써 자유를 얻는다는 기독교의 가장 초보적인 가르침을 비교적 길게 살펴보았다. 어떤 이들에게는 지루하게 들렸을 것이다. 여기서 핵심은 생명 경험에 놓여 있다. 구원, 영혼의 자유, 생명은 서로 긴밀히 연결된다. 우리의 영혼이 자유롭지 못한 이유는 참된 생명을 얻지 못했기 때문이다. 대학교에 들어가려는 고3 학생을 예로 들어보자. 한 학생은 수시 전형으로 원하는 대학교에 이미 합격했고, 다른 한 학생은 여전히 정시를 기다리고 있다. 앞의 학생은 입시에서 자유를 이미 얻었고, 뒤의 학생은 여전히 거기에 매달려야 한다. 기독교인은 앞의 학생처럼 예수를 통해 이미 생명 학교에 합격한 사람이다. 그것이 분명하다면 그는 자유로워야 한다. 수시에 합격한 학생이 고등학교 3학년의 남은 기간에 여행하거나 테니스를 배우면서 즐기는 것처럼 기독교인도 남은 인생을 그런 방식으로 살아야 한다. 목사의 경우로 바꾼다면, 그는 이미 생명을 얻었으니 목회 과정도 자유롭고 즐겁게 받아들일 수 있어야 한다. 이것은 다 아는 이야기다. 문제는 예수를 통해 얻은 생명이 손에 잘 잡히지 않거나 그것을 오해한다는 데 있다.

"예수께서 이르시되 '내가 곧 길이요 진리요 생명이니 나로 말미암지 않고는 아버지께로 올 자가 없느니라'"(요 14:6). 길과 진리와 생명은 서로 통하는 개념이다. 길은 진리의 길이자 생명의 길이고, 생명을 얻는 것이 진리이며 우리가 가야 할 길이다. 예수는 우리 삶의 길이고, 궁극적인 진리이며, 참된 생명이다. 이런 인식과 경험에 근거해서 제자들과 초기 기독교인들은 예수를 하나님의 아들이라고 고백할 수 있었다. 예수를 통해 생명을 얻었으니 생명을 창조하고 유지하며 완성할 하나님의 아들이라고 표현한 것이다. 실제로는 예수를 하나님이라고 말하고 싶었으나 사람을 직접 하나님이라고 부를 수는 없으니 하나님의 아들이라고 부른 것이 아니겠는가? "나를 본 자는 아버지를 보았거늘 어찌하여 아버지를 보이라 하느냐?"(요 14:9)라는 구절이 이를 가리킨다. 이런 진술은 훗날 삼위일체 개념의 근거가 된다.

"예수는 우리의 생명"이라는 말은 예수로 인해 우리의 생명이 파괴되지 않으며, 파괴된 생명이 회복된다는 뜻이다. 예수로 인해 얻는 생명은 삶을 억압하는 모든 것에서 자유롭게 하는 능력이기 때문이다. 여기서 억압하는 모든 것은 단순히 경제적이거나 정치적인 것만이 아니라 종교적인 것까지를 포함한다. 가치 없다고 여기는 것만이 아니라 가치 있다고 여기는 것도 포함된다. 우리가 기독교 신앙의 깊이로 들어가지 못하는 이유는 바리새인처럼 우리의 관점에서 가치 있는 것과 그렇지 않은 것을 분리해서 보려는 이원론적 사고방식에 묶여 있기 때문이다. 이 세상에서 우리는 그렇게 철저하게 분별하면서 살아가도록 교육받았다. 우리는 선악을 가르고, 영육을 가르며, 남과 북을 가르고, 갑과 을을 가르면서 삶을 계량적으로 규정하는 삶에 익숙하다. 익숙한 정도가 아니라 거기에 종처럼 길들었다. 이런 분별심에 길들면 "예수는 우리의 생명"이라는 명제를 실제 삶의 능력으로 경험하지 못할 것이다.

일상에서 분별심을 무조건 없앨 수는 없다. 좋은 정치와 나쁜 정치를 구별할 수 있어야 한다. 좋은 기업도 있고 나쁜 기업도 있다. 좋은 설교도 있고 나쁜 설교도 있다. 가능한 한 개인과 사회는 가치가 높은 것들을 추구해야 한다. 현실 세계에서는 가치 판단 능력이 필요하다. 그러나 궁극적인 사태 앞에서는 이 분별심이 무의미하다. 예컨대 한 달 후에 지름 5킬로미터인 혜성이 지구와 충돌한다고 하자. 또는 빙하가 완전히 녹아서 해수면이 100미터 높아진다고 하자. 아니면 지구 중력이 갑자기 반으로 줄거나 배로 증가한다고 하자. 이로 인해 인간 문명이 사라지거나 인간 자체가 멸종에 이르게 된다면 착한 사람이나 악한 사람이나 아무런 차이가 없다. 노벨 물리학상을 받은 학자나 촌로 사이에 아무런 차이가 없다. 분별심은 어느 범주 안에서만 가능한 일이라서 그것을 넘어서는 범주에서는 아무런 의미가 없다.

예수가 생명이라는 말은 인간의 분별심이 개입될 수 없는 어떤 절대적인 사건이나 그런 세계를 가리킨다. 우리에게 가장 익숙한 개념으로 표현하면 그것은 예수의 부활이다. 부활은 단순히 다시 살아난다는 것이 아니라 절대적이고 종말론적인 생명으로 변화한다는 뜻이다. 그것은 질적인 변화라서 지금 시간과 공간 안에서 사는 우리는 구체적인 범주에서 상상할 수 없다. 예수의 부활을 손금 들여다보듯이 확인할 수는 없다는 뜻이다. 바르트의 버전으로 표현하면 부활은 존재 유비(analogia entis)가 불가능한 사건이다. 기독교인은 그 존재 유비가 불가능한 종말론적 생명인 부활이 예수에게서 발생했으며, 부활의 예수를 믿는 사람에게 부활이 약속되어 있다고 믿는다. 부활 신앙이 말하는 핵심은 제자들이 죽었던 예수를 '살아 있는 자'로 경험했다는 것이다. 그래서 그들은 예수를 '나의 생명'이라고 고백했다. 이런 믿음을 알고 경험한 사람은 나그네처럼 살아가는 이 세상에서 자유를 만끽할 수 있다. 목사의 구원에서도 핵심은 예수를 살아 있는 자로 경험하는 것이다. 이것이 다 아는 이야기 같지만, 실제로는 그렇지 않다. 다른 목사들은 일찌감치 돈오(頓悟)의 차원에서 경험했을지 모르겠으나, 나의 젊은 시절을 돌아보면 이 문제를 진지하게 대하지 않은 것 같아서 하는 말이다. 늦게 철든 사람처럼 이제라도 이에 관해 무엇인가를 느끼게 되었으니, 이것 역시 하나님의 은총이다!

생명 경험

기독교 신앙에서 부활을 말할 때 "예수는 살아 있다"라는 말은 무슨 뜻일까? 더 정확하게 표현하면, 십자가에 처형당해서 무덤에 묻힌 예수를 제자들이 "살아 있는 자"로 경험했다는 것은 무슨 의미일까? 십자가에 처형당하여 무덤에 묻혔던 예수가 모든 사람이 볼 수 있는 방식으로 다시 살아난 것은 분명히 아니다. 부활한 예수는 그의 십자가에 연루된 로마 총독 빌라도와 유대 산헤드린의 공회원들 앞에 공개적으로 나타나지 않았다. 이는 곧 그들은 부활의 예수를 경험할 수 없었다는 의미다. 이 문제는 생명을 어떻게 생각하느냐에 달려 있다. 빌라도가 보는 생명의 관점에서는 예수의 부활이 성립되지 않는다. 그의 부활은 제자들에게만 성립한다. 도대체 생명이란 무엇인가? 살아 있다는 것은 무엇인가? 지금 글을 쓰는 사람이나 이 글을 읽는 사람이나 모두 분명히 살아 있다. 동시에 우리는 모두 곧 죽는다는 것도 분명하다. 그러니 지금 우리가 살아 있는 것도 일시적이고 잠정적일 뿐이다. 그렇다면 너무나 짧은 인생살이에서 살아 있다는 것이 도대체 무슨 의미가 있나? 이 문제가 해결되지 않으면 우리의 설교는 허공을 향해 주먹질하는 것과 같다.

바울은 "그러므로 우리가 낙심하지 아니하노니 우리의 겉 사람은 낡아지나 우리의 속사람은 날로 새로워지도다"(고후 4:16)라고 말했다. 바울이 말하는 속사람이야말로 '살아 있다'라는 사실이 가리키는 핵심 개념이다. 속사람은 수명을 늘리거나 건강을 증진함으로써 확보되지 않는다. 이는 하나님과의 관계에서만 주어지는 생명의 능력이다. 하나님은 죽은 자의 하나님이 아니라 살아 있는 자의 하나님이시니(마 22:32), 하나님을 믿는 사람은 이 세상에서 살아 있을 때만이 아니라 죽은 뒤에도 하나님의 비밀 안에서 살아 있을 것이 분명하다. 그래서 요한복음의 저자는 예수를 믿으면 죽어도 살고 살아서 믿으면 영원히 죽지 않는다고 말할 수 있었다(요 11:25-26). 따라서 이렇게 정리할 수 있다. 예수의 부활은 완전하게 죽었던 한 인간이 하나님 안에서 살아 있는 자로 나타난 사건이다.

예수가 우리의 생명이라는 말은 예수를 통해 우리가 하나님의 생명에 수렴된다는 의미다. 즉 우리는 예수를 통해 살아 있다는 사실의 실재(reality)를 경험한다.

좀 더 직접적으로 말해보자. 우리는 언제 살아 있다는 경험을 하는가? 각자 다를 것이다. 살아 있으려면 우선 숨을 쉬고 무엇을 먹고 마셔야 한다. 몸이 생명을 유지하는 데 필요한 물질대사가 곧 살아 있다는 사실의 기초다. 하지만 그것만으로는 살아 있다는 느낌을 강하게 받지 못한다. 즉 생명 충만을 누리지 못한다. 일반적으로 사람은 누구나 자신의 크고 작은 욕망이나 꿈을 실현하는 것으로 살아 있다는 느낌을 받는다. 국회의원에 당선되거나 법관이 되는 것이 그런 욕망의 실현이다. 행복한 가정을 꾸리는 것도 그중의 하나다. 그러나 아무도 자신의 욕망을 인생에서 완전하게 실현할 수는 없다. 하나의 욕망이나 꿈이 실현되면 또 다른 욕망이나 꿈이 솟구친다. 서로의 욕망이 충돌하기도 한다. 자신의 욕망이 파손될 수 있다는 불안에 사로잡히면서 삶이 더 위축되거나 과열된다. 이를 막아보려고 또다시 더 강렬한 욕망을 계획한다. 악순환이다. 이런 악순환은 인간을 죽음으로 몰아간다. 그것이 바로 기독교가 말하는 죄이고, 키르케고르가 말하는 죽음에 이르는 병이 아니겠는가?

살아 있다는 사실에 대한 경험은 하나님 안에서만 가능하다. 만약 어떤 시인이나 예술가가 하나님이라는 이름 없이 생명 충만을 느낀다면 그는 하나님을 알고 믿는 사람이다. 세상을 창조하시고 예수 그리스도를 통해 자신을 나타내신 하나님을 믿는 사람은 자기 앞에서 벌어지는 생명 현상을 황홀하게 받아들인다. 알프스 풍경이나 내가 사는 영천의 원당 언덕이나 아무런 차이가 없이 황홀하고 신비롭다. 비싼 돈을 들여서 알프스나 에베레스트나 그랜드캐니언에 가지 않아도 어디서나 하나님이 지으신 자연의 신비를 만끽할 수 있다. 사막도 좋고, 광야도 괜찮고, 오밀조밀한 한반도 산천도 다 좋다. 이 모든 것이 창조 사건의 절정이다. 하나님 안에서 살아 있다는 말은 자기가 지금 살아 있다는 사실 자체만으로 생명 충만감을 느낀다는 뜻이다. 자신의 고단한 인생을 탓하면서 생명 충만감을 느끼지 못한다면 그는 하나님을 믿지 않을 뿐만 아니라 알지 못하는 사람이다. 신세 한탄에 떨어졌던 욥도 하나님의 창조 능력 앞에서 다음과 같이 고백했다. "내가 주께 대하여 귀로 듣기만 하였사오나 이제는 눈으로 주를 뵈옵나이다"(욥 42:5). 우리 목사들이 선포하는 하나님은 생명의 근원이시며 우리를 실제로 살아 있게 하신다. 생명, 즉 살아 있다는 사실의 신비를 황홀하게 경험하지 못한 목사도 간혹 있다. 이는 곧 하나님 경험이 없다는 증거다. 하나님 경험 없이 하나님을 설교해야 하는 목사의 운명은 고달프고 불쌍하다. 그런 목사에게서 신앙 지도를 받는 신자들의 운명도 마찬가지다.

    당신의 하나님 경험은 얼마나 확실하기에 그런 말을 하느냐 하는 질문을 피하지 않겠다. 그 질문에 대답하기 전에 먼저 하나님 경험에 관한 예를 성서에서 몇 군데만 찾아보겠다. 이는 신앙의 선배들에게서 배우는 것이 우선이기 때문이기도 하고, 성서에 나오는 하나님 경험을 설명하는 과정에서 나의 하나님 경험도 간접적으로 드러난다고 생각하기 때문이다. 구약과 신약에서 각각 세 군데씩 짚은 다음에 마지막으로 나의 하나님 경험에 대해 말하겠다. 들은 풍월(聞)이 아니라 본(見) 것만을 진실하게 말하도록, 그래서 '예' 할 것은 예 하고, '아니요' 할 것은 아니요 하는 방식으로 말할 수 있도록 진리의 영이신 성령께서 어린아이 같은 나를 도와주시기를!

5. 구원과 하나님 경험

아브라함의 흑암 경험

창세기 15장은 야웨 하나님이 아브라함과 맺은 약속에 관한 이야기다. 이 이야기는 야웨의 말씀이 환상 중에 아브라함에게 임했다는 진술로부터 시작된다. 이런 약속 또는 계약에 관한 이야기는 아브라함 전승에 자주 나온다. 야웨 하나님은 아브라함에게 "아브람아, 두려워하지 말라. 나는 네 방패요, 너의 지극히 큰 상급이니라"라고 말씀하셨다. 그때는 아브라함의 이름이 아브람으로 불렸다. 하나님이 아브라함과 맺은 약속의 내용은 후손과 토지에 대한 것이었는데, 그 약속이 성취될 것이라는 징표는 번제단에 붙은 불이었다. "해가 져서 어두울 때에 연기 나는 화로가 보이며 타는 횃불이 쪼갠 고기 사이로 지나더라"(창 15:17). 그때 아브라함은 번제단과 횃불 사이에서 발생한 어떤 특별한 현상을 경험했다. 해 질 때에 아브라함은 깊은 잠에 떨어졌고 큰 흑암과 두려움이 그에게 임했다(창 15:12). 이 이야기는 흑암과 두려움이 신(神) 경험의 근본이라는 사실을 가리킨다.

우리는 가장 깊은 차원에서 흑암을 마주하며 세상을 살아간다. 마주하는 정도가 아니라 인생 자체가 흑암이며, 세계 전체가 흑암이라고 할 수 있다. 그렇게 말할 수 있는 이유 중 두 가지 관점만 생각해보자. 하나는 지금 우리 앞에 놓여 있는 모든 것이 한순간에 사라진다는 사실이다. 지갑, 사진기, 책, 연필, 안경, 볼펜, 휴지 등등, 나의 일상에서 친숙한 것들은 곧 없어진다. 나 자신도 없어진다. 없어진다는 것은 어둠의 세계로 들어간다는 뜻이다. 크게는 태양과 우주의 모든 별도 곧 없어진다. 게다가 우주를 구성하는 물질은 대부분 암흑과 관련된다. 좀 더 구체적으로 말하면 우주는 암흑 에너지 73퍼센트, 암흑 물질 23퍼센트, 일반적인 의미의 물질 4퍼센트로 구성되어 있다. 이 4퍼센트의 대부분은 성간의 먼지나 기체고, 우리가 물질이라고 부르는 항성과 행성은 다 포함해도 우주 전체에서 0.4퍼센트밖에 되지 않는다. 그러니 우주는 기본적으로 암흑이다. "땅이 혼돈하고 공허하며 흑암이 깊음 위에 있고…"(창 1:2)라는 진술은 고대 유대인들이 우주의 근본을 꿰뚫어 보았다는 증거다. 하지만 이 명백한 사실이 오늘 우리에게는 현실감 있게 다가오지 않는다. 이는 우리가 지구라는 우물, 즉 시간과 공간의 구조 안에 갇혀서 살기 때문이다.

인생과 세계 전체가 흑암이라고 할 수 있는 이유 중 다른 하나는 우리가 지금 존재하는 모든 것의 존재 이유와 궁극적인 미래를 모른다는 사실이다. 아브라함이 경험한 흑암은 인간 인식의 근본적인 한계를 가리킨다. 이런 한계는 모든 것에 걸쳐 있다. 일단 나는 왜 여기서 내가 이런 방식으로 존재하는지를 모른다. 어머니 자궁에서 수정란과 배아 상태로 지내던 순간과 지금의 나 사이에 너무나 큰 간격이 있기에 그 간격을 논리적으로 설명할 수 없을 뿐만 아니라 이해할 수도 없다. 거기서 어떤 생물학적인 현상이 일어났는지에 대한 전문가들의 설명은 어느 정도 이해할 수 있을지 모르겠지만 왜 반드시 그래야 하는지에 대한 이유는 모른다. 이는 학자들의 설명도 그때와 지금 간의 절대적인 간격을 메울 수 없다는 뜻이다. 그냥 그러려니 할 뿐이다. 과학의 본질은 깊이 들어가면 들어갈수록 모르는 게 더 많아진다는 사실을 확인하는 것이다. 이 두 가지 관점, 즉 우리를 포함하여 우리 앞의 모든 것이 곧 사라진다는 사실과 모든 것의 존재 이유를 모른다는 사실이 겹쳐서 우리를 절대적인 흑암 가운데로 몰아넣는다.

만일 목사가 하나님을 흑암으로 경험한다면 설교의 관점이 달라질 것이다. 그는 성서가 하나님 경험에 관해 많은 이야기를 하지만 그것이 하나님 자체를 가리키는 것이 아니라는 사실을 알기에 그 이야기 너머를 보게 된다. 하지만 그 너머는 성서가 실증적으로 말해줄 수 없는 영역이다. 그래서 우리가 성서 이야기 너머를 보려고 애를 써도 우리 눈에 잘 들어오지 않는다. 사람의 인식은 매우 제한적이라서 그 너머를 향해 영적인 눈이 뜨이지 않으면 아무런 느낌도 경험도 없다. "우주는 모두 암흑 물질과 암흑 에너지로 구성되어 있다"라는 말을 들어도 대다수 사람은 무감각하다. 인격적이고 진정성 있는 설교자들의 설교가 잠시 감동적으로 들리는 것 같은데도 결국은 영혼의 울림이 부족한 이유가 바로 여기에 있다. 초등학생들은 영웅전만으로도 열광하겠지만 대학생은 삶의 더 깊은 차원에 관한 이야기를 들어야 영혼의 공명이 가능한 것 아닌가? 목사가 성서 이야기 너머로 나아가려면 인간과 역사 그리고 세계에 대한 총체적인 인식과 경험이 깊어져야 한다. 이것을 한마디로 줄이면 인문학적 사유의 심화다. 이것은 지식과 정보를 확대하는 것이라기보다는 그런 지식과 정보의 이면을 꿰뚫어볼 줄 아는 능력이다. 지식과 정보의 이면은 다른 말로 '세상의 비밀'이며, 그것이 곧 하나님이다. 예를 들어 흑암을 경험하는 목사는 기도의 응답을 받았다는 사실을 극적으로 전하기보다는 기도의 응답이 없다는 사실에 더 주목한다. 하나님의 말씀보다는 오히려 하나님의 침묵에 귀를 더 기울인다. 그 침묵이 느껴져야 비로소 하나님의 말씀이 가리키는 실상이 눈에 들어오기 때문이다.

우리가 성서 이야기 너머를 느끼지 못하는 이유는 그 너머가 확 드러나는 것이 아니라 숨어 있기 때문이다. 숨어 있음, 즉 은폐성이 세상의 본질이다. 이런 본질에 천착하는 사람들이 시인들이다. 그들은 일상과 역사의 은폐성을 밖으로 드러내는 사람들이다. 그들에 의해 천둥소리와 국화꽃의 비밀스러운 관계가 드러난다. 하이데거가 시인을 높이 평가하는 이유가 여기에 있다. 시인만이 아니라 성서 저자들도 이 은폐성을 경험하고 그것을 드러내려고 노력했다. 성서 저자들이야말로 참된 의미에서 거룩한 시인들이라고 할 수 있다. 그 은폐성의 밑바닥은 사람이 노력한다고 해서 들여다볼 수 있는 게 아니다. 그래서 성서 저자들은 하나님이 찾아오시는 순간, 즉 하나님이 먼저 말씀하시는 순간을 기다렸다. 그들은 어떤 절대적 힘이 올 때만 흑암 가운데서 빛을 느낄 수 있었다. 예언자들의 말씀 경험을 신탁(神託)이라고 부르는 이유가 바로 여기에 있다.

흑암을 경험하는 것은 목사의 설교 행위만이 아니라 목회 전반에 관계된다. 목사 자신이 곧 흑암으로 들어간다는 사실을 외면한 채 목회를 목회답게 실행하기는 불가능하다. 내가 보기에 오늘의 목회 행위는 지나치게 밝음 쪽으로만 치우쳐 있다. 예수만 믿으면 모든 게 잘된다는 식이다. 번영신학, 승리주의, 긍정의 힘, 세계선교, 복음화 등등의 신앙 이데올로기에 경도되어 있다. 구원에 대한 인식도 너무 확실하다. 모든 궁극적인 비밀까지 다 아는 듯한 태도를 보인다. 교회 안에서 벌어지는 목회 행위가 실제로는 하나님의 일이 아닐 수도 있다는 생각 자체가 없다. "안 되면 되게 하라"는 군사 문화가 목회 현장까지 지배한다. 이런 밝은 부분만으로 영혼이 풍요로워질 수가 없으니 목회에 좀 더 자극적인 방식이 이용되기도 한다. 이는 티브이 통속드라마가 시청자들을 불러모으기 위해 막장으로 떨어지는 경우와 비슷하다.

흑암의 영성을 아는 목사의 영혼은 역설적으로 자유롭다. 그는 우리가 익히 알고 있는 목회 업적을 절대화하지 않기 때문이다. 사실 목회의 업적은 기독교의 긴 역사에서 그리 큰 의미가 없다. 설령 목회 업적이 지금 성공 또는 실패로 판단되었다고 해도 사실 그것이 후에 어떤 결과로 나타날지는 아무도 예단할 수 없다. 우리가 뿌린 복음의 씨앗이 당장 아무런 열매가 없다고 하더라도 나

중에 큰 결실을 거둘 수 있으며, 지금 많은 결실을 거두었다고 하더라도 나중에 무의미한 일이 될 수도 있지 않은가? 우리는 지난 2천 년 기독교 역사에서 이를 줄곧 확인해왔다. 하나님은 사람들의 예상과 다른 방식으로 세상과 교회를 통치하신다. 그래서 우리는 그것을 흑암이라고 말한다. 조금이라도 이를 눈치챈 목사는 마음을 비우고, 즉 성령께 자신을 완전히 맡기고 자유롭지만 두렵고 떨림으로 자신의 사역을 감당할 것이다. 잘난 척하지 않고, 그렇다고 기죽지도 않고!

지구의 낮은 밝은데 밤이 어두운 이유를 우리는 아직 정확하게 알지 못한다. 우주의 팽창 속도가 빛의 속도보다 빨라서 별빛이 우리에게 미치지 못한다는 말이 있긴 하지만, 반드시 그런 것만도 아니다. 지금도 우리는 밤하늘의 별빛을 실제로 경험하고 있다. 다만 그 빛의 밝기가 우주의 크기에 비해 미미하기에 지구가 어두울 뿐이다. 가장 가까운 별 사이의 거리가 자그마치, 전문가에 따라서 차이가 있지만, 2-3광년이니 그럴 만도 하다. 하지만 내게는 빅뱅의 순간에 만들어진 암흑 물질과 암흑 에너지가 우주를 가득 채우고 있어서 어둡다는 말이 더 설득력이 있어 보인다. 나는 우리 집 마당에서 밤하늘의 어둠과 별을 볼 때마다 내가 우주선을 타고 우주여행을 하는 중이라는 느낌이 든다. 굳이 비싼 돈을 들여서 우주여행을 할 필요가 없다. 우주에서 별과 별 사이를 지나며 보는 광경은 지금 내가 지구에서 밤하늘을 보는 풍경과 똑같다. 다만 지구 주위를 도는 우주선을 타고 지구를 보는 느낌은 특이하긴 할 것이다. 목성 근처에서 보는 지구는 희미하게 빛나는 푸른 점이다.

사실 지구 자체가 우주선이나 마찬가지다. 이런 경험이 한편으로는 너무 아득해서 섬뜩하다는 느낌이 들지만, 다른 한편으로는 우리의 궁극적인 안식으로 다가오기도 한다.

흔한 말로 나그넷길인 인생살이 자체가 우주여행이다. 사람들은 저마다 고유한 우주선을 타고 각자의 고유한 속도로 어딘가로 비행 중이다. 가는 길이 같거나 의기투합해서 동행하기도 하고, 어느 시점에는 헤어지기도 한다. 오래 동행하는 사람도 있고, 그렇지 못한 사람도 있다. 이런 만남과 헤어짐이 다 우주적인 사건이다. 그들 각자에게 우연한 경우가 서로 겹칠 때 그들은 만나게 된다. 내가 백 년 전에 태어났거나 백 년 후에 태어났다면 지금 나와 관계를 맺는 사람들을 만날 수 없었다. 같은 시대를 살아간다고 해도 직접 만날 수 있는 확률은 희박하다. 그래서 옷깃만 스쳐도 인연이라고 말하지 않는가? 우리 모두 이왕 흑암이 가득한 우주여행을 하는 사람들이니 만남을 귀하고 소중하게 여기면서 기쁘게 살아갔으면 한다. 교회에서 공연한 일로 다투느라 하나님의 선물인 삶의 에너지를 낭비하는 것보다 더 어리석은 일은 없으리라. 나의 하나님 경험도 아브라함과 마찬가지로 흑암 경험이다.

누미노제와 소멸 경험

아브라함에게 임한 두 번째 현상은 두려움이었다(창 15:12). 이 현상은 루돌프 오토의 용어로 누미노제(*Numinose*), 즉 거룩한 두려움이다. 두려움은 부정적인 의미이지만 누미노제는 긍정적인 의미다. 누미노제는 종교의 가장 원초적인 경험이다. 단순한 두려움과 거룩한 두려움이 구분되기는 하지만 늘 선명하게 구분되지는 않는다. 사람이 아주 낯선 경험을 할 때 두려움을 느끼는 것은 비슷하다. 밤중에 공동묘지에 가서 느끼는 섬뜩한 공포나 가까운 가족을 잃고 느끼는 충격은 보통 말하는 두려움이지만, 절대 타자인 신 앞에서 느끼는 외경은 거룩한 두려움이다. 이에 관한 자세한 내용은 루돌프 오토의 『성스러움의 의미』(분도출판사)에서 찾아보면 된다. 내가 보기에 이 책은 하나님을 대면해야 하는 목사에게는 필독서다. 나는 이십 대의 신학생 시절에 이런 책을 숙독하여 내 사유의 양분으로 삼았더라면 하는 아쉬움이 크다. 젊은 시절에 좋은 책이나 스승을 만나는 행운이 하나님의 특별한 은총이라는 사실이 세월의 무게와 함께 더 절실하게 다가온다.

    우리가 알고 있는 아브라함의 삶은 고향의 상실이라는 특징을 나타낸다. 그는 갈대아 우르를 떠났고, 중간 기착지인 하란을 떠났으며, 가나안 땅도 몇 번이나 떠났다. 그러나 아브라함은 생활력이 강해서 지역 맹주의 자리에 오를 수 있었다. 하지만 고향을 떠난 사람은 많이 먹어도 배고픈 사람처럼 존재의 근거가 불안할 수밖에 없다. 더구나 아브라함은 늙어서까지 자식을 낳지 못했다. 자신의 미래를 확신할 수가 없었다. 그는 평생 하나님을 인식하고 살았지만, 존재의 불안을 떨칠 수는 없었을 것이다. 아브라함은 현실의 불확실성과 하나님의 말씀 사이에 있는 간격을 그 무엇으로도 메울 수 없었다. 그것이 그에게 거룩한 두려움으로 다가온 게 아닐는지. 하지만 성서는 이에 관해 자세하게 말하지 않는다. 성서를 읽는 사람이 스스로 추정하고 예상하고 해석하고 설명해야 한다. 그리고 그것을 오늘 우리의 삶에서 확인할 수 있어야 한다.

아브라함의 거룩한 두려움은 '큰 흑암'과 직결된다. 그는 자신의 인생 경험과 지식으로는 다 파악할 수 없는 세계를 대면했다. 그 세계는 인간의 인식을 초월하는 것이기에 흑암이라고 표현할 수밖에 없다. 그런 흑암 앞에서 그는 거룩한 두려움에 빠져들었다. 삶과 인간 그리고 세상을 흑암으로 경험하지 못하는 사람은 거룩한 두려움도 경험하지 못한다. 이런 경험이 하나님 경험의 원초적인 차원이며, 따라서 목사 구원의 실질적인 내용이다. 아무리 큰 교회를 이룬 목사라고 하더라도 이런 경험이 없다면 그는 구원받지 못한 것이다. 구원받지 못했어도 그가 매 주일 구원을 설교할 수 있다는 사실은 순전히 하나님의 자비다. 하지만 하나님은 언젠가 그분의 자비를 거두어들이실 것이다.

나는 구체적으로 어떤 순간에 누미노제를 경험하는가? 그것을 다른 사람에게 설명할 수 있을까? 이런 경험은 기본적으로 자기 소멸, 또는 자기 무화(無化)에 대한 분명한 인식을 토대로 한다. 자기 소멸이 부정적으로 작용하면 삶을 파괴하지만, 긍정적으로 작용하면 오히려 삶을 풍요롭게 한다. 전자의 경우든지 후자의 경우든지 자기 소멸은 일단 두려움의 대상이기에 사람들은 이런 사태를 애써 피하려고 한다. 이는 그들이 이것을 피하면 하나님 경험의 원초적 차원이라고 할 수 있는 거룩한 두려움에 이르지 못한다는 것을 모르기 때문이다.

누미노제의 토대인 소멸에 대한 나의 경험은 유별난 게 아니라 다른 이들도 다 경험하는 것이다. 차이가 있다면 나는 그것을 계속 붙들고 있으려고 노력하지만, 어떤 이들은 개인마다 차이는 있겠으나 옆으로 제쳐놓거나 모른 척하거나 느슨하게 붙들고 있을 뿐이라는 것이다. 소멸에 대한 나의 인식과 경험은 두 가지다. 이미 앞에서 대략적인 것을 언급했다. 여기서는 나의 실존적인 경험을 보충하려고 한다.

하나는 시간 여행이다. 나는 백 년 전이나 2천 년 전, 더 거슬러서 백만 년 전이라는 시간으로 종종 돌아간다. 그 시간에도 세상은 있었지만 나는 없었다. 시간을 조금만 거슬러 올라가면 나는 무(無)다. 예를 들어 기원후 1세기 당시에는 초기 기독교에서 활동하던 바울과 로마의 어느 철학자와 수학자, 그리고 장군이나 평범한 민중들이 열정적으로 살았을 것이다. 그러나 그들은 지금 여기에 없다. 모든 인간적인 열정도 시간에 의해 무로 떨어진다. 백 년 후나 2천 년 후, 더 나아가 백만 년 후에도 세상은 남아 있겠지만 나는 무다. 나는 이 순간에만 아주 짧게 존재한다. 시간을 조금만 펼쳐서 생각해보면 결국 나는 없다. 이 사실이 너무 당연해서 사람들은 그것을 무덤덤하게 여긴다. 마치 자신이 절대적으로 의존하고 있는 숨쉬기를 의식하지 않고 살아가듯이 말이다. 하지만 그런 무덤덤한 삶의 태도 자체가 사실은 당혹스러운 일이다.

다른 하나는 공간 여행이다. 나는 지구와 우주의 구석구석으로 종종 여행을 떠난다. 나만의 상상력으로 그 공간을 누비는 것이다. 우주물리학에 관한 책을 읽거나 유튜브를 보는 것으로 그런 상상력은 고조된다. 우주는 그만두고 지구만 생각해보자. 인간이 지구 표면을 다 덮고 있다. 그들은 각각 자신의 방식으로 살아간다. 아마존 열대림의 어떤 부족도 자신들의 전통적인 방식으로 살고 있다. 그들에게 대한민국 사람들은 아무 의미가 없다. 그들은 대한민국에서 무슨 일이 일어나는지에 대해서도 아무런 관심이 없다. 아이슬란드의 어느 마을 사람들도 마찬가지다. 지금 우리는 우리의 문제로 마음이 들떠 있지만 그것은 단지 우리의 문제일 뿐이지 다른 이들에게는 아무런 관계가 없다. 다른 생명체까지로 영역을 넓히면 '나'의 삶이라는 게 별것 아니라는 사실이 더 분명하게 드러난다. 인간이 온갖 방식으로 비열하게 살아가는 동안에도 나무와 풀은 제 역할을 잘 감당한다. 나무에서 순이 돋고, 그 순에 진딧물이 기생하고, 지구에서는 지진이 일어나고 화산 폭발도 일어난다. '나' 없이도 세상 역사는 진행되고, 지구는 지구 메커니즘에 순응하며, 우주는 여전히 시퍼렇게 살아 있다. 궁극적으로는 진딧물과 '나' 사이에 아무런 차이가 없다. 시간적으로나 공간적으로 나는 소멸의 길을 가고 있다.

 내가 생각하는 소멸은 사라지는 것이 아니라 하나님의 품에 안기는 것이다. 소멸은 질적인 변화이지 무조건 사라지는 게 아니다. 이것을 실질적으로 이해하고 받아들이려면 하나님의 품이 무엇인지를 알아야 한다. 하지만 그것을 설명해도 공감하기는 쉽지 않다. 아니, 설명하는 것 자체가 간단하지 않다. 물론 내가 이미 앞에서 하나님 나라와 그 통치와 하나님 경험에 대해 말했으니 내 생각은 어느 정도 전달되었을 것이다. 여기서는 내가 소멸해야 하나님의 품에 안길 수 있다는 것만 말하겠다. 나는 이런 생각과 말과 경험이 실제로 구원의 문제와 직결된다고 생각하기 때문에 기회가 주어질 때마다 이에 대해 생각하고 글을 쓴다. 나에게는 소멸과 하나님의 품의 관계가 일종의 거룩한 화두다.

우리는 반드시 밥을 먹어야 살 수 있다. 요즘은 고급스럽게 잘 먹으려고 사생결단으로 사는 것 같기도 하다. 물론 밥을 먹는 과정과 포만감은 즐겁다. 하지만 이런 즐거움을 제대로 느끼려면 일단 배가 고파야 한다. 배가 고파야 식욕이 강렬해지고 식욕이 강렬해야 밥을 맛있게 먹을 수 있다. 이와 마찬가지로 쾌적한 환경과 시설을 갖춘 집에 사는 것이 좋은 것임을 느끼려면 시설이 열악한 집을 경험해봐야 한다. 먼저 불편함을 알아야 편리함을 제대로 느낄 수 있는 법이다. 맛있고 좋은 음식을 늘 배부르게 먹는 사람은 먹는 기쁨과 즐거움을 잘 모르고, 늘 멋진 집에서만 사는 사람은 그런 집에 사는 풍요로움을 잘 느끼지 못한다. 이것이 인간 삶의 모순이자 역설이다. 이런 모순과 역설의 운명을 그대로 유지한 채로는 절대 생명이신 하나님의 품에 안길 수 없다. 모순과 역설의 운명을 벗어나는 것이 바로 소멸의 경험이다.

흔한 예를 들어보자. 여기에 해바라기 씨앗이 있다. 그 씨앗이 그대로 자기 형태를 유지하면 해바라기 꽃을 피울 수 없다. 씨앗이 소멸해야만, 즉 질적인 변화가 있어야만 발화가 일어난다. 씨앗과 꽃 사이에는 생명의 능력이 자리한다. 씨앗을 불 속에 넣거나 유리병에 그냥 넣어두면 그것이 꽃으로 변화되지 않는다. 생명의 능력은 흙과 물, 그리고 탄소와 햇빛 등의 질료를 통해 나타난다. 여기서 씨앗은 현재의 '나'이고, 꽃은 하나님의 생명이다. 하나님의 생명에 참여하는 것이 곧 하나님의 품에 안기는 것이다.

위의 설명은 나만의 고유한 생각은 아닐 것이다. 이는 많은 사람의 생각이기도 하고, 더 근본적으로는 바울이 고린도전서 15장에서 묘사한 것이다. 이런 설명이 그럴듯하게 들리긴 하지만 실제로 공감하기는 어렵다. 왜냐하면 자기 소멸은 자기를 강화하고 확대하는 방식으로 살아야 한다는 우리의 본성을 거스르기 때문이다. 이제 나의 설명은 필요 없다. 이 단계에서는 설명을 듣고 이해하는 것에 머물지 않고 직접 느낄 수 있는 내공이 필요하다. "당신은 당신의 생각을 실제로 실천하면서 사느냐?"는 질문에는 대답하지 않겠다. 각자 자기가 아는 것만큼, 또는 느끼는 것만큼 삶을 누리고 거기에 참여할 수 있을 뿐이지 남에게 보여줄 수는 없기 때문이다. 좀 특별한 상황에서 그것을 실제로 보여줄 수도 있겠으나 우리의 일상에서는 그것이 잘 나타나지 않는다. 겉으로는 모두 비슷해 보여도 속은 다르다. 이는 병 안의 씨앗과 땅에 묻힌 씨앗의 운명이 전혀 다르다는 사실과 비슷하다.

소멸은 인정하든지 않든지 상관없이 누구나 당해야 할 운명이다. 소멸하기 전에 그것을 받아들이고 준비하는 사람도 있고 거부하는 사람도 있다. 겉으로는 받아들인다고 말하지만 실제로는 받아들이지 않는 경우가 더 많다. 대부분은 평소에 그런 문제를 별로 생각하지 않고 산다. 그냥 모른 척한다. 그래야 편하다. 대신 소멸과 반대되는 것에 열정적으로 매달린다. 한편으로 생각하면 그렇게 사는 게 옳지는 않으나 현실적으로 보인다. 자기가 소멸한다는 사실로 인해 괴로워하기보다는 아무런 생각 없이 즐거이 사는 게 상대적으로 바람직하니까 말이다. 인간은 누구나 결국 소멸하므로 살아 있는 동안만이라도 즐겁게 사는 게 최선이라고 생각할 수도 있다. 나는 이런 생각을 부정하지 않는다. 매 순간 '살아 있음'을 중요하게 여겨야 한다. 삶의 미학도 필요하다. 그렇지만 즐겁게 살아 있기 위해서라도 소멸에 관한 생각을 놓치지 말아야 한다. 소멸에 관한 생각은 우리를 공포에 떨어지게 하는 것이 아니라 하나님이 행하시는 생명 사건의 신비 앞에서 거룩한 두려움을 느끼게 하기 때문이다. 이런 느낌을 알고 있으면 스스로 자신을 완성거나 자기를 지키려고 염려하지 않게 된다. 무엇을 먹고 마시고 입을까 하는 걱정에서도 벗어나게 된다. 이는 임박한 하나님 나라를 선포한 예수가 이미 말씀하신 것이다.

인간은 자신이 소멸할 것이라는 사실을 분명하게 인식하고 있는 유일한 동물이다. 간혹 동물학자들이 동물에게도 죽음에 대한 느낌이 없지 않다는 주장을 하지만, 이는 널리 인정받지는 못한다. 이것은 곧 오직 인간만이 영적인 존재인지, 아니면 동물도 영적인 존재인지에 대한 질문과 연결된다. 뇌 과학자 중에는 인간의 영적인 현상을 순전히 뇌의 작용으로 보는 이들이 적지 않다. 그들의 말이 옳은지는 앞으로 언젠가 밝혀질 것이다. 아니, 어쩌면 영원히 밝혀지지 않을지도 모른다. 나는 후자 입장이다. 인공지능이 모차르트의 피아노 협주곡 23번 같은 곡을 작곡할 수 없다고 보기 때문이다. 인공지능은 이미 정보만 입력하면 소설도 쓰고 심지어 자동차 운전까지 하는 단계에 왔으니, 앞으로 언젠가는 작곡도 가능한 순간이 온다고 생각하는 사람들이 있기는 하다. 나는 인공지능이 비슷한 곡을 작곡할 수는 있겠으나 예술적인 작품을 만드는 것은 불가능하다고 생각한다. 인공지능은 자기 소멸에 대한 인식이 없기 때문이다. 어쨌든 아직은 하나님의 형상으로 창조된 인간만이 소멸을 미리 앞당겨 살아냄으로써 한순간에 불과한 삶에서 맛볼 수 있는 가장 심층적인 생명의 깊이로 들어갈 수 있다.

기독교 신앙은 자기 소멸을 세례라는 종교의식으로 담아냈다. 예수와 함께 우리의 옛사람은 죽었고, 우리는 새사람으로 살아났다. 기독교인의 실존에는 죽음과 삶이 변증법적으로 연결되어 있다. 서로 상충하는 죽음과 삶이 기독교 신앙 안에서 하나가 된 것이다. 세례를 받은 사람이라고 한다면 누구나 이런 기독교 신앙의 깊이를 알고 있겠지만 실감하기는 쉽지 않다. 여기에는 많은 이유가 있다. 가장 핵심적인 이유는 예수와의 일치 경험이 부족하기 때문이다. 목사에게 가장 부족한 점도 바로 이것이다. 목사 역시 예수 사건을 피상적으로만 이해할 뿐, 실질적으로 이해하지 못하기에 아브라함의 누미노제 경험에 이르지 못한다. 한마디로 말해서 목사가 예수를 모른다. 예수가 그리스도라는 고백의 깊이를 모른다. 예수가 '베레 데우스 베레 호모'라는 신학적 개념을 수박 겉핥기식으로만 안다. 결국은 모른다는 말이다. 목사가 기독교 신앙의 중심에 들어가지 못한 채 자신의 개인기로 목회를 감당하려니 당연히 피곤할 수밖에 없다. 피곤한데도 피곤하지 않은 척하려니 그의 영혼이 얼마나 궁핍하겠는가! 근본적으로는 내 처지도 그들과 별반 다르지 않다.

모세의 하나님 경험

나는 '목사 구원'에 관해서 이렇게 대놓고 떠들어도 될 정도로 내 공이 깊은 사람이 아니다. 신앙의 세계에서 내가 그의 신발 끈을 풀기도 감당할 수 없는 고수가 많다는 사실도 나는 안다. 나는 다른 이들을 가르치려는 생각은 추호도 없다. 다만 이제 목회 현장에서 떠날 시간이 얼마 남지 않은 사람으로서 지난 세월을 바둑 복기하듯이 나 자신을 향해 중얼거릴 뿐이다. 그래서 두서도 없다. 내 영혼에서 울리는 소리를 편안하게 받아쓰기하듯이 쓴다.

다시 본론으로 돌아와서 '구원'은 생명을 얻는다는 뜻이다. 생명을 얻는다는 말은 살아 있다는 뜻이다. 살아 있다는 것은 창조로부터 창조의 완성에 이르는 전체 과정에 연관된 것이라서 그것을 한두 마디로 규정할 수 없다. 기독교 신앙의 관점에서 생명은 하나님의 것이기에 살아 있다는 말은 하나님께 속해 있다는 뜻이다. 하나님께 속했다는 말은 하나님과 일치되었다는 뜻이고, 하나님과 일치되었다는 말은 하나님을 실질적으로 경험했으며 그분을 전적으로 의존하면서 살아간다는 뜻이다. 나는 지금 하나님 경험에 관한 성서의 보도를 구약에서 세 군데, 신약에서 세 군데를 선택하여 설명하는 중이다. 이런 설명은 뒤에서 이야기할 나의 하나님 경험과 직간접적으로 연결된다. 나의 하나님 경험은 성서에 나오는 인물들이나 2천 년 기독교 역사에 등장했던 인물들의 구원 경험과 크게 다르지 않지만 그것과 똑같지는 않다. 앞에서 아브라함의 흑암과 두려움의 경험에 관해 설명했다. 이제 모세의 경험을 말할 차례다.

모세의 소명 이야기는 출애굽기 3장에 나온다. 하나님은 모세에게 "내 백성 이스라엘 자손을 애굽에서 인도하여 내라"는 명령을 내리신다. 모세는 불이 붙었으나 타지 않는 떨기나무 불꽃 현상에서 하나님을 경험한다. 왜 하필이면 불꽃 현상일까? 불은 지구에서 벌어지는 물리 현상 중에서 가장 신비로운 것이다. 불은 모든 것을 근본에서 변화시키거나 말살시키는 능력이 있다. 불을 신으로 섬기는 고대 민족들이 있었다. 불이 없으면 지구에 생명도 없으니 불을 신으로 느낄 만하다. 불꽃에서 하나님의 음성을 들었다는 모세의 하나님 경험은 자연스러운 것이다. 여기서 불꽃 현상은 일종의 정전기와 같은 자연 현상이다. 하나님의 정체를 알고 싶어 하는 모세에게 다음과 같은 소리가 들렸다. "나는 스스로 있는 자다"(출 3:14). 이 명제는 고대 유대인들이 지니고 있었던 하나님 표상을 가리킨다. 나는 이 명제를 읽을 때마다 오싹한 기분을 느낀다. 막막하기도 하고 아득하기도 한 것이 하나님 상에 관한 새로운 지평이 열리는 느낌이다. 이게 현묘(玄妙) 아니겠는가!

한국교회가 표준성경으로 사용하고 있는 개역개정은 "나는 스스로 있는 자다"라는 문장에 "나는 나다"라는 각주를 달았다. 공동번역은 "나는 곧 나다"라고 했고, 현대인의 성경은 "나는 스스로 존재하는 자이다"라고 번역했다. KJV는 "I AM THAT I AM"으로, NIV는 "I am who I am"으로, 그리고 루터의 번역은 "Ich werde sein, der ich sein werde"로 번역했다. 우리말로는 현대인의 성경 번역이 괜찮고, 외국어 번역으로는 루터의 번역이 마음에 든다. 루터의 번역을 직역하면 "나는 존재하게 될 자로 존재하게 될 것이다"

정도가 된다. 이는 두 문장이 인칭 대명사로 결합한 복합문장이다. 앞의 문장과 뒤의 문장이 똑같이 미래형으로 "나는 존재하게 될 것이다"이다. 이런 문장을 우리말로 딱 떨어지게 번역하기는 불가능하다.

출애굽기 3:14에 나오는 이 문장의 의미를 한마디로 정리한다면 존재의 근거가 내부에 있는 유일한 존재가 하나님이라는 뜻이다. 우리는 이런 하나님을 직접 경험하기도 논증하기도 어렵다. 이는 어려운 정도가 아니라 우물 안의 개구리가 우물 밖의 세계를 인식할 수 없는 것처럼 불가능하다고 말해야 한다. 우리가 경험하는 모든 존재하는 것들은 존재의 근거가 외부에 놓인다. 지구 안의 생명체는 자체적으로 존재할 수 없다. 우리는 매 순간 산소를 공급받고 먹을거리를 제공받아야 산다. 지구에 다른 동물과 식물은 없고 사람만 있다면 사람도 곧 사라지고 만다. 이는 사람 내부에 존재의 근거와 능력이 없기 때문이다. 지구 자체도 이런 운명에서 벗어나지 않는다. 지구는 스스로 생긴 것이 아니라 우주 안에 있는 어떤 에너지에 의해 생긴 것이다. 이런 논리로 볼 때 하나님 개념에 가장 가까운 우주의 물리 현상은 빅뱅일지 모른다.

몇 년 전에 세상을 떠난 독일의 대표적인 현대 개신교 신학자 볼프하르트 판넨베르크는 하나님을 "만물을 규정하는 현실성"(*die alles bestimmende Wirklichkeit*)이라고 표현했다. 이는 하나님이 세상을 규정하는 존재이지 규정당하는 존재가 아니라는 뜻이다. 이것은 "나는 스스로 있는 자다"라는 문장과 같은 의미다. 하나님은 '만물'과 관련된다. 하나님과 관련되지 않은 것은 하나도 없다. 바울도 이미 "하나님은 만유의 주로서 만유 안에 계신다"(고전 15:28b)라고 진술했다. 요즘 우리 집 주변은 찔레꽃이 지천이다. 찔레꽃 향기는 특별하다. 물론 다른 꽃들도 벌을 끌어들이려고 향기를 낸다. 아카시아꽃과 밤나무꽃에서 나오는 향기도 강하고 독특하다. 다 좋다. 그런데 그중 찔레꽃 향기는 가장 은은하면서도 매혹적으로 다가온다. 꽃과 향기도 모두 하나님과 관련되어 있으니 찔레꽃에 취하는 것 역시 하나님 경험의 한 부분이다. 이런 일상에서 하나님을 경험하지 못한다면 성서 어디에서도 그분을 경험할 수 없다. 꽃과 그 향기뿐만 아니라 진딧물, 지렁이, 까마귀, 고양이를 통해서도 똑같이 하나님 경험이 가능하다. 시인이나 사진작가가 만물에서 생명과 존재의 빛을 느끼는 것에서 알 수 있듯이 이 세상에서 하나님과 관련되지 않은 것은 하나도 없다.

지금 우리가 악이라고 여기는 것들도 궁극적으로는 하나님에 의해 규정된다. 악이 아무리 강력하다고 해도 그렇게 보일 뿐 하나님의 통치에서 벗어날 수는 없다. 홍수로 강이 흙탕물로 변했다고 하더라도 바다에 흡수되어 정화되듯이 악도 하나님이 허락하시는 범주 안에서만 자유를 누리다가 하나님이라는 바다 안으로 흡수된다. 죽음도 일시적으로만 우리를 파괴할 뿐이지 우리의 궁극적인 운명은 하나님의 손에 달려 있다. 이런 말들이 어떤 이들에게 추상적인 교리로 들릴 뿐 실질적으로 들리지 않는 이유는 그들이 신을 오해하거나 무조건 부정하는 세상 논리에 세뇌당했기 때문이다. 구원은 이런 세뇌로부터 해방되는 것이다. 만물이 하나님에 의해 규정된다는 말은 만물이 질적으로 같은 깊이를 지닌다는 뜻이다. 반복되는 말인지 모르나 이것을 목회 차원에서 보면 다음과 같이 말할 수 있다. 목사의 목회 행위가 하나님과 연결되기만 한다면, 그의 목회는 교회의 크고 작음에 의해 평가되지 않는다. 따라서 목사의 목회 행위가 어떻게 하나님의 통치와 연결되는지에 집중하는 것이 최선의 목회 철학이다.

모세가 '하나님을 스스로 존재하는 자'로 경험했다는 것은 당시 이집트의 파라오가 '스스로 존재하는 자'를 사칭하고 있었다는 사실을 배경으로 놓고 봐야 한다. 이집트만이 아니라 고대의 모든 왕은 자신을 신으로 여겼다. 백성들은 왕을 신으로 받들면서 나름의 신 경험을 했다. 신으로서의 왕은 절대자이기에 다른 이들의 도움을 받을 필요가 없는 존재였다. 그가 늙어서 죽는다는 사실도 용납하기 어려웠다. 파라오들은 죽은 뒤에 미라로 만들어짐으로써 그 신성을 유지하려고 했다. 성서는 물론이고 유수의 신학자들은 자기를 절대화하는 교만(휘브리스)을 죄라고 말한다. 죄의 결과는 죽음이다. C. S. 루이스는 『순전한 기독교』에서 이를 재미있고도 날카롭게 설명했다. "성적 부정, 분노, 탐욕, 술 취함 같은 것들"도 교만에 비하면 새 발의 피다. 왜냐하면 교만은 바로 하나님과 맞서는 마음이기 때문이다.

모세는 호렙산의 불꽃 현상에서 절대 제국인 이집트와 그 제국의 왕인 파라오가 스스로 존재하는 자가 아니라는 소리를 들은 것이다. 그것은 파라오가 절대자의 자리에서 내려와서 하나님의 명령에 순종해야 한다는 소리였다. 그 소리는 영혼의 심연에서 울리는 것이었다. 동양에서는 그런 경험을 돈오(頓悟)라고 한다. 이런 큰 깨달음은 우리의 삶을 혁명적으로 바꾼다. 파라오로부터 야훼 하나님께로! 노예의 삶으로부터 아들의 삶으로!

젊은 시절에 읽은 몇 권의 책에서 나는 사유가 혁명적으로 바뀐다는 게 무엇인지를 경험했다. 생텍쥐페리의 『어린 왕자』, 리처드 바크의 『갈매기의 꿈』, 헨리 데이비드 소로의 『월든』, 에리히 프롬의 『소유냐 존재냐』, 칼 세이건의 『코스모스』, 헤르만 헤세의 『데미안』과 『싯다르타』 등등이다. 이 책들은 내가 밤새워서 읽은 책 목록에 속하는 것들이다. 그 뒤로 영향을 받은 여러 권의 책이 더 있지만, 위에 거론한 책들은 나의 세계관을 뒤흔들었다는 점에서, 정확하게 말하면, 질적으로 심화시켰다는 점에서 특별하다. 각각의 책에 대한 경험을 여기서 설명하지는 않겠다. 다른 이들도 다 아는 이야기다. 이런 책을 읽기 전과 읽은 후의 세계가 전혀 다르게 경험되었다는 사실을 짚은 것만으로 충분하다. 이것은 동굴 안에서만 살던 사람이 동굴 밖을 경험하는 것과 같다.

'스스로 존재하는 자', 더 나아가서 '스스로 존재하게 될 자'를 경험했다는 말은 세상을 완전히 새롭게 보게 되었다는 뜻이다. 모세는 이 세상의 그 어떤 것도 절대화하지 않음으로써 세상으로부터 자유를 얻을 수 있었다. 동시에 그는 '스스로 존재하는 자'에게만 의존함으로써 세상의 모든 것으로부터 자유를 얻게 되었다. 하나님 경험은 사람들이 만든 모든 체제와 이데올로기로부터의 해방이다. 예수의 복음 역시 이런 해방이다. 하나님 경험이 인간 삶을 근본에서부터 해방한다는 사실을 모르는 목사는 없다. 다만 머리로는 알지만, 몸으로 느끼지 못할 뿐이다. 말로는 느낀다고 말하지만, 능력으로 나타나지 않을 뿐이다. 일반 신자들이야 그러려니 할 수 있지만, 하나님의 해방과 구원을 선포하는 목사에게 이런 혁명적인 경험이 없거나 부족하다면 난처한 일이 아닐 수 없다. 다른 길이 없다. 목회 과정을 구원의 길로 여기고 용맹정진하는 게 최선이다. 그러다 보면 전혀 새로운 길이 보일 수도 있고, 비슷한 길이 보일 수도 있고, 혹은 제자리걸음을 할 수도 있다. 은총을 구하는 수밖에!

이사야의 하나님 경험

다음은 이사야의 하나님 경험이다. 이사야 6:1-8에는 이사야의 소명에 관한 이야기가 나온다. 이런 보도는 읽는 사람들을 당혹스럽게 만든다. 여기서 묘사된 이야기를 객관적인 사실로 받아들이기도 힘들고, 그렇다고 해서 성서에 나온 것을 허황하다고 무시하기도 찜찜하기 때문이다. 이 이야기만 그런 것은 아니다. 근원적으로 성서의 세계는 에베레스트산의 정상에 선 경험과 비슷해서 그런 경험이 없는 사람에게는 남의 나라 이야기처럼 들린다. 일단 이 본문이 묘사하는 내용을 따라가보자.

    이사야는 웃시야 왕이 죽던 해에 성전에서 특별한 현상을 경험했다고 한다. 그는 자기가 실제로 본 것처럼 묘사했다. '주'께서 높은 보좌에 앉으셨고, 그의 옷자락이 성전에 가득했다. 하나님이 왕처럼 보좌에 앉으셨다는 표현은 하나님의 높으심을 가리키는 상징이다. 화가는 그런 모습을 그림으로 그릴 수 있다. 옷자락도 당연히 상징이다. 번제를 드릴 때는 연기가 나온다. 성전에서 미처 빠져나가지 못한 연기를 이사야가 주의 옷자락이라고 생각했을지 모른다. 이상한 모양의 스랍들이 나타난다. 그들의 날개는 여섯 개다. 날개 둘로는 날고, 다른 둘로는 얼굴을 가리고, 나머지 둘로는 발을 가렸다. 어둠이 가득한 성전에 앉아서 제단의 불빛을 보면 스랍들로 보일지 모른다. 사람은 특별한 장면에서 기이한 경험을 하기도 한다. 높은 산에 올라갔을 때도 사람들은 이런 느낌을 받는다. 3절에 따르면 스랍들이 찬송을 부른다. "거룩하다. 거룩하다. 거룩하다. 만군의 여호와여! 그의 영광이 온 땅에 충만하도다." 이사야는 찬송 소리로 인해 성전 문지방의 터가 흔들리고, 성전 안에 연기가 가득한 것을 보았다고 한다.

이사야는 못 볼 것을 본 셈이다. 일종의 천기누설이다. "화로다. 나여! 망하게 되었도다." 고대 유대인들의 생각에 따르면 신을 본 자는 죽는다. 틀린 말이 아니다. 상대적 존재인 인간은 절대적 존재인 신을 직접 경험할 수 없다. 이는 사람이 자기 뒷모습을 직접 볼 수 없는 것이나, 한반도에 사는 사람이 동시에 브라질에 나타날 수 없는 것과 같다. 이사야는 이어서 이렇게 고백한다. "나는 입술이 부정한 사람이요. 나는 입술이 부정한 백성 중에 거주하면서 만군의 여호와이신 왕을 뵈었음이로다." 이사야는 깊은 밤 예루살렘 성전에서 어떤 거룩한 힘에 휩싸였다. 모세는 불이 붙었으나 타지 않는 가시 떨기나무의 불꽃 현상에서 하나님을 경험했고, 이사야 역시 성전 안의 불빛과 연기에서 하나님을 경험했다. 앞에서 살펴본 아브라함도 연기를 뿜는 화로와 타는 횃불 현상에서 하나님을 경험했다. 신약의 오순절 성령강림 사건에서도 '불의 혀'처럼 갈라지는 것들이 나타났다(행 2:3). 이들의 하나님 경험에서 공통으로 나타나는 현상은 불(꽃)이다.

인간은 구석기 때부터 불을 사용했다고 한다. 처음에는 자연적인 불을 사용하다가 차츰 불을 피울 수 있는 기술을 발견했을 것이다. 불의 발견이야말로 인간 문명의 초석이다. 그들이 처음에 자연적인 불을 보았을 때 어떤 느낌이었을지는 상상이 간다. 우리 둘째 딸이 두 돌이었을 때의 일이다. 가족끼리 둘러앉아 케이크에 꽂은 초에 불을 붙이고 생일 축하 노래를 불러주었다. 주인공인 둘째 딸의 눈이 갑자기 커지더니 눈망울이 초롱초롱 빛났다. 딸의 감각에 처음으로 불이 들어온 것이다. 불은 완전히 이질적인 사물이다. 불은 다른 것을 태움으로써만 존재하며, 태울 게 없으면 사라진다. 그러니 불의 실체는 없다고도 할 수 있다. 그것은 바람 현상과도 비슷하다. 존재하다가 어느 순간에 어디론가 사라진다. 차이가 있다면 바람은 흔적도 없이 사라지지만, 불은 흔적을 남긴다는 것이다. 신 경험은 우리가 일상적으로 대하는 사물이 얼마나 경이로운지를 느끼는 것으로부터 시작된다. 그런 사물의 경이로움은 하나님의 시원적 능력에 의해 생겨나는 것이기 때문이다.

세상의 모든 현상과 사물은 이런 시원적 능력과 깊이 연관되어 있다. 우리 집 마당의 매화만 보더라도 그렇다. 매화가 피었을 때 벌이 꿀을 얻느라고 매화 안으로 들어가서 수정을 일으킨다. 벌이 없다면 매실도 존재할 수 없을 것이다. 벌이 그 시간에 맞춰서 매화 안으로 비집고 들어간 것 자체가 놀랍고 신비로운 사건이다.

사소해 보이는 사물이라도 그것에 얽힌 사연을 그 깊이와 넓이에서 파고 들어가면 어느 것 하나 예사로운 게 없다. 그 모든 것을 가능케 하시는 이가 바로 하나님이시니 세상 안에 하나님이 내재하신다는 말은 틀린 게 아니다. 그런 입장을 일반적으로 범재신론(panentheism)이라고 한다. 범신론(pantheism)과 구분되는 이런 입장에 나는 동의한다. 아브라함과 모세 그리고 이사야의 하나님 경험에서 알 수 있듯이 지구에서 벌어지는 모든 사물과 자연 현상의 깊이에서 신적인 것을 경험하는 것은 결코 비성서적인 것이 아니기 때문이다.

상투스!

이사야는 "거룩하다. 거룩하다. 거룩하다. 만군의 여호와여, 그의 영광이 온 땅에 충만하도다"라는 스랍들의 찬송 소리를 들었다고 한다. 반복되는 설명이지만, 이런 묘사를 교회당에서 성가대가 부르는 합창을 직접 듣는 것과 같은 것으로 보면 곤란하다. 이것은 다른 사람의 귀에는 들리지 않고 이사야의 귀에만 들린 합창 소리다. 객관적인 실체로서의 합창이 아니라 준비된 사람에게만 들리는 영적인 합창이다. 이는 시인이 다른 사람의 눈에 보이지 않는 것을 보고, 작곡가가 다른 사람의 귀에는 들리지 않는 소리를 듣는 것과 같다. 오늘 우리도 이사야의 영적인 경험을 이해한다면 비슷한 경험을 할 수 있다. 나의 하나님 경험도 기본적으로는 이들의 하나님 경험과 다르지 않다. 여기서 핵심은 두 가지다. 하나는 '거

록하심'이고, 다른 하나는 '영광'이다.

앞에서 아브라함의 하나님 경험을 설명할 때 누미노제, 즉 거룩한 두려움을 살펴보았다. 거기서는 주로 두려움을 중심으로 설명했다. 여기서는 거룩하다는 말을 중심으로 설명하겠다. 거룩하다는 말은 구별되었다는 뜻이다. 하나님을 거룩한 존재라고 부르는 이유는 그가 우리의 존재 방식과 전혀 다르게 존재하신다는 데 있다. 바르트식으로 표현하면 하나님은 절대타자(*totaliter aliter*)다. 하나님은 우리와 유사한 존재가 아니라 질적으로 완전히 다르기에 우리는 그 어떤 방식으로도 그를 규정할 수 없고 범주화할 수 없다. 흔히 말하듯이 사람은 시간과 공간에 제약을 받지만, 하나님은 그것을 초월하신다. 제약을 받는 자와 초월하는 자 사이에는 넘을 수 없는 심연이 놓여 있다. 예를 들어 기계의 도움을 받지 않는 한 인간은 새처럼 공중을 날지 못한다. 사람과 새 사이에는 넘을 수 없는 벽이 놓여 있는 셈이다.

하나님이 사람과 완전히 구별된 존재라고 한다면 결국 사람은 하나님을 인식할 수도 경험할 수도 없는 것이 아닌가라는 의문을 제기할 수 있다. 이 대목에 일종의 불가지론이 개입된다. 이런 문제는 서로의 주장이 얽혀서 따라가기가 복잡하니 길게 끌지 말자. 하나님 인식과 경험에서도 하나님이 주도권을 행사하신다는 주장이 정통 기독교의 입장이다. 그 주도권을 가리켜 계시라고 한다. 이것은 우리가 하나님의 계시를 통해 우리와 전적으로 다른 존재인 하나님을 인식하고 경험할 수 있음을 가리킨다. 실제로 그런지를 객관적으로 증명할 수는 없다. 세상 이치를 실증적으로 증명하는 작업은 진리의 관점에서 가장 수준이 낮은 것이라는 사실을 아는 사람은 알 것이다. 이는 심리적으로 불안하거나 인격적으로 미성숙한 사람이 상대방에게 사랑의 실증을 보이라고 요구하는 경우와 비슷하다.

구별된다는 말을 우리에게 익숙한 말로 바꾸면 낯설다는 뜻이다. '거룩하다'라는 말은 곧 '낯설다'라는 말이다. 낯설기에 거룩하고, 거룩하기에 낯설다. 이런 점에서 가장 낯선 존재는 바로 하나님이다. 이사야의 환상에 나오는 스랍은 이상한 생물이다. 천사도 이상한 생물이다. 모두 낯선 생물들이다. 성서 저자들은 하나님을 직접 표현할 수 없으니까 우리에게 익숙한 일상에서 찾아보기 힘든 대상인 스랍이나 천사처럼 낯선 생물들을 등장시켜서 간접적으로 묘사할 수밖에 없었을 것이다. 여기서 핵심은 절대적으로 낯선 경험이다. 이는 갑자기 외계인을 만났을 때와 비슷한 느낌이다.

하나님에 대한 낯선 경험은 이스라엘의 역사에 종종 나타난다. 하나님이 홍해를 갈라 마른 땅이 되게 함으로써 히브리인들이 건너가도록 만드시고 파라오의 마병들은 바닷물에 수장시키신 일을 예로 들 수 있다. 이런 일은 아무도 상상할 수 없는 것이었다. 미리암의 노래를 들어보자. "너희는 여호와를 찬송하라. 그는 높고 영화로우심이요. 말과 그 탄 자를 바다에 던지셨음이로다"(출 15:21). 이스라엘 사람들에게 하나님은 크고 놀라운 일을 행하시는 존재다. 그들은 야웨 하나님께서 일으키신 일들을 이전에는 볼 수 없었다. 예수 사건 앞에서도 사람들은 놀라워했다. 이것도 같은 이야기다. 이 사건 역시 하나님은 사람들이 놀랄 수밖에 없는 낯선 존재임을 가리킨다.

물론 낯선 존재나 낯선 능력이라고 해서 그것이 모두 하나님을 가리키는 것은 아니다. 악한 방식으로 낯선 것들에게는 거룩하다는 말을 붙이지 않는다. 그런 것들은 사탄이나 마귀의 힘을 빌려서 사람들의 마음을 혹하게 하는 존재들이다. 하지만 선한 능력과 악한 능력을 구분하기가 쉽지 않다. 양쪽 모두 놀랍고 낯설게 다가오기 때문이다. 이를 구분하기 위해서는 다른 방법이 없다. 영적인 통찰력의 심화가 최선이다. 영적인 통찰력이 깊어지려면 낯설지만 선한 능력을 경험한 사람들의 말에 귀를 기울여야 한다. 이는 좋은 시를 많이 읽고 공부한 사람만이 좋은 시와 그렇지 못한 싸구려 시를 구분할 수 있는 것과 같다. 기독교인이 꾸준히 성서를 공부해야 하는 이유도 바로 여기에 있다.

그렇다면 우리는 이런 낯섦을 일상에서 어떻게 경험할 수 있을까? 다시 말하지만 낯섦의 경험은 거룩함의 경험과 같다. 낯섦의 경험과 거룩함의 경험의 대상은 세상의 어느 일부만이 아니라 존재하는 모든 것의 깊이에 들어 있다. 이사야는 성전에서 스랍들을 경험했지만, 우리는 강과 산 그리고 사막에서도 스랍들을 경험할 수 있다. 나무와 꽃이 스랍이며, 아침 안개와 구름이 스랍이다. 우리 주변에 존재하는 것들을 유심히 보면 낯설지 않은 것이 하나도 없다. 즉 거룩하지 않은 것이 아무것도 없다. 시인은 다른 사람들에 비해 그런 것을 더 잘 살피면서 놀라워하고 행복해하는 사람이다. 내가 요즘 자주 읽는 이시영 시인의 시집 『사이』에서 3행으로 된 시 "저 잎새 하나"를 소개한다.

나뭇잎 하나에도 신의 강렬한 입김은 스며
바람 불지 않아도 저 잎새 밤새도록 찬란히
은빛 등을 뒤집고 있으니

이 시인에게는 나뭇잎 하나도 당연하지 않다. 그는 그것 자체가 낯설고 거룩해서 신의 입김이 스며들었다고 본 것이다. 일본 고유의 단시 하이쿠에 이런 시가 있다. "이 숯도 한때는 흰 눈이 얹힌 나뭇가지였겠지"(간노 다다모토). 언젠가 대구 샘터교회에서 예배를 드릴 때 합천에 거주하는 교우가 집 둘레에 피어 있는 들국화를 가져다가 강단에 꽃 장식으로 올려놓은 적이 있었다. 들국화 향기가 예배당을 가득 채웠다. 나는 그 순간에 다시 "아, 지구에 꽃향기가 있었지!"라는 생각을 하게 되었다. 이 얼마나 놀라운 생명의 향연인가! 사물에 대한 이런 시각 없이 우리는 성서의 세계 안으로 들어갈 수 없다. 사물의 깊이를 느끼고 생각할 줄 아는, 그래서 세상을 새롭고 놀라우며 두렵고 거룩하게 경험하는 신자들은 목사들의 입에 발린 상투적인 설교에서 아무런 영적 감동도 느끼지 못한다. 이는 한편으로 당연하고, 다른 한편으로 안타깝다.

하나님 경험의 한 '순간'

이사야가 한밤중에 성전을 출입한 것은 한두 번이 아니었을 것이다. 그러나 그가 성전에 들어갈 때마다 똑같은 경험을 한 것은 아니다. 그에게 이번 경우는 특별했다. 이처럼 평소에 익숙했던 것이 그날따라 더 낯설게 경험되는 순간이 있다. 그렇게 결정적인 '순간'이 찾아온다. 영성이 깊으면 그런 순간이 더 많아질 것이고, 영성의 절정에 이르면 삶 전체가 그런 황홀한 순간으로 가득 채워질 것이다. 그것이 곧 구원의 완성이 아니겠는가! 이런 순간을 포착한다는 것은 바울의 표현을 빌리면 영적으로 깨어 있는 삶이다. "항상 기뻐하라. 쉬지 말고 기도하라. 범사에 감사하라"(살전 5:16-18). 순간은 영원과 결속되어 있다. 순간을 아는 사람은 영원도 안다. 지금의 순간은 태초와 종말을 이어준다. 태초가 이 순간에 흔적을 남기며, 마지막이 지금의 순간에 선취(先取)되어 이미 들어와 있다. 자신의 인생을 꿰뚫어보는 사람이라면 이것이 말장난이 아님을 분명히 인식할 것이다. 목사는 그의 업무 특성상 예배와 설교를 비롯한 목회 행위 전반에서 이런 순간들을 경험해야 한다. 이것이 실제로 어떻게 경험되는지를 나의 작은 경험에 비추어 두 가지만 예를 들어보겠다.

한 가지는 설교 행위와 관련된 것으로 성서 텍스트에 대한 낯선 경험이다. 다른 목사들과 마찬가지로 나도 평생 성서를 붙들고 산 것을 하나님의 은혜로 여기며, 기쁘고 감사하게 그리고 다행스럽게 생각한다. 나는 어떤 성서 구절을 택하더라도 즉흥적으로 그 본문을 중심으로 한 시간 이상 사람들에게 설교할 수 있다. 목회 이력이 어느 정도 붙은 목사라면 대개 이런 기본기는 갖출 수 있다. 이는 성서와 교회 그리고 인생살이에서 아는 게 많아지기 때문이다. 그러나 이렇게 많이 안다고 생각하는 것 자체가 목사의 영혼을 병들게 하는 요인으로 작용할 개연성 역시 크다. 이는 목사가 성서 이야기에 길든다는 말이다. 피아니스트가 모차르트의 피아노 소나타를 반복 연습하여 기술적으로 완벽하게 연주한다고 해서 그것이 살아 있는 연주가 아닌 것처럼 목사가 성서 이야기에 길들면 전하는 사람이나 듣는 사람이 성서 텍스트 자체에 기울이는 관심이 떨어지게 되고 결국 전달하는 기술에 치우치게 된다. 한국교회 설교에 유난히 예화가 많고 도덕적인 교훈이 많은 이유가 여기에 있다. 성서를 새롭게 그리고 낯설게 경험하는 순간이 많아야 설교자인 목사의 영혼이 살아난다.

지난 주일의 설교 본문은 요한복음 3:1-13이었다. 이 구절은 거듭남을 주제로 하는 니고데모 이야기가 담겨 있다. 하지만 이 이야기에서 핵심은 거듭남이라기보다 하나님 나라에 있다. 따라서 하나님 나라에 대한 이해가 부족하면 거듭남에 관한 이야기도 공허해진다. 유대교가 표적을 중요하게 생각했다면 기독교는 예수 그리스도 사건을 중요하게 생각했다. 여기서 표적 신앙과 예수 신앙이 대립한다. 이런 대립의 핵심이 무엇인지를 잘 살펴야만 본문이 새롭게 읽힌다. 요한복음 3:13은 다음과 같다. "하늘에서 내려온 자 곧 인자 외에는 하늘에 올라간 자가 없느니라." 여기서 예수가 하늘에서 내려와서 하늘로 올라간 자라는 말은 그가 생명의 근원이라는 뜻이다. 이 생명의 근원은 곧 하나님 나라이기도 하다. 이는 사람이 생산해낼 수 없고 하나님에 의해서만 가능한 열린 미래의 생명이다. 예수가 선포한 하나님 나라의 의미는 설교자가 이해하는 생명의 깊이에 따라 달라진다. 성서 텍스트에 대한 이런 경험이 나를 설교의 영성에 몰입하게 하는 힘이다. 다행스럽게도 나이가 들고 목회와 설교의 연륜이 쌓일수록 성서 텍스트가 나에게는 낯설게 경험된다. 이것 역시 천사를 만나는 경험이다.

다른 한 가지는 예배다. 목사는 평생토록 눈만 떴다 하면 밥 먹듯이 예배를 인도하기에 자칫 예배의 매너리즘에 빠질 수 있다. 이를 극복해보려고 요즘은 예배를 이벤트처럼 진행하는 교회도 제법 된다. 교회에서 예배를 드리기 전에 청년들이 나와서 밴드의 연주에 맞춰 율동을 곁들인 찬양을 부르기도 하고 관현악단이 포함된 성가대의 역할을 확대하기도 한다. 이제 한국교회에서 대형 빔 프로젝터의 사용은 일반화된 것 같다. 예배가 마치 버라이어티 쇼나 대중가요 콘서트처럼 진행되는 듯한 느낌이 들기도 한다. 물론 교회 형편에 따라서 이색적인 프로그램을 도입할 수는 있다. 문제는 그런 발랄한 방식을 도입한다고 해서 예배를 예배답게 드릴 준비가 되는 것은 아니라는 데 있다. 이 점을 분명히 알고 있어야 한다.

나는 예배의 본질을 회복하는 것이 우선이라고 생각한다. 이것은 누구나 다 아는 이야기고 늘 귀에 듣던 내용이라서 뻔한 소리로 들릴지도 모르겠지만 그래도 짚어야겠다. 예배의 본질은 하나님께 영광을 돌리는 것이다. 이런 예배의 본질을 회복할 때라야 진정한 의미에서 예배의 기쁨도 경험할 수 있다. 예배의 본질을 회복하는 데는 전통적인 예전예배가 현대의 열린예배보다 훨씬 낫다. 문제는 이 예전예배의 영적인 의미를 별로 실감하지 못한다는 데 있다. 우리는 이사야가 성전에서 '상투스'를 외쳤던 것처럼 예배를 거룩하고 낯설게 경험할 때 영적인 의미를 실감하게 된다.

회중 찬송만 해도 그렇다. 여기서 예배를 드리는 사람은 찬송을 부를 때에도 일단 찬송가의 가사를 깊이 생각해야 한다는 식의 교과서적인 이야기는 접어두자. 여러 사람이 한 공간에서 소리를 내어 찬송을 부른다는 그 사실이 얼마나 놀라운 것인지를 영혼으로 느끼는 게 중요하다. 찬송을 부르고 그 소리를 듣는 것 자체가 엄청난 일이다. 사람이 호흡하며 성대의 떨림이 일어나고 거기서 나온 소리가 공기를 타고 예배를 드리는 공간을 가득 채운다. 그것도 혼자 부르는 것이 아니라 옆 사람과 함께 부른다. 그 사람이 그 순간에 그 자리에 있다는 사실도 아주 특별한 일이다. 이런 일련의 일들을 당연한 것으로 생각하면 예배의 영성에 들어갈 수 없다. 이는 로마에 여행을 갔다가 우연히 바티칸 성당의 미사에 참석했거나, 전남 순천을 여행하다가 우연히 송광사에서 열리는 정식 예불에 참석한 것과 같은 낯섦이 우리가 드리는 예배에서도 경험되어야 한다는 말이다. 이런 경험이 없는 한 '영과 진리'(요 4:23-24)의 예배는 불가능하다.

앞에서도 이야기했지만 나에게는 중요한 경험이라서 반복하니 용서하기 바란다. 대구 샘터교회의 매월 첫째 주일 예배는 성찬 예식과 함께 진행된다. 성찬 예식의 질료는 일반적인 사물에 불과한 빵과 포도주이지만 그것이 가리키는 세계는 구원의 깊이만큼 놀랍고 새롭고 신비롭다. 예배를 인도하는 목사는 그것의 깊이를 꿰뚫어볼 수 있어야 한다. 그렇게 꿰뚫어보는 것이 영성이고, 구원의 힘이며, 하나님 나라와의 공명이다. 나는 성찬식을 집행하면서 빵과 포도주의 근원을 늘 생각한다. 평소에 익숙했던 빵이 갑자기 낯설게 다가온다. 빵은 한 자리에 멈춰 있는 정물에 불과하지만 살아서 꿈틀대는 듯이 보인다. 양자역학의 깊이에서 보면 모든 사물은 한순간도 멈춰 있지 않고 부단히 꿈틀댄다. 이는 그것이 빛으로 경험되기 때문이다. 태양빛과 전깃불만 빛이 아니라 존재하는 것 자체가 빛이다. 빵의 근원은 내가 따라갈 수 없을 정도로 아득한 과거에 자리한다. 밀이 자라는 풍경을 상상해보라. 우리나라에서는 밀이 대량 생산되지 않으니, 호주나 뉴질랜드, 아니면 미국이나 캐나다를 생각하는 게 좋겠다. 밀은 햇빛을 받고 물기를 빨아들이면서 자란다. 밀에게 바람은 엄마 품이다. 달과 별은 밀의 둘도 없는 친구다. 밀밭 위로 많은 곤충과 새들이 날아다닌다. 비와 안개와 구름도 밀의 이웃이다. 이 모든 것은 지구 생명의 원초적인 힘이다. 그것들은 인간보다 훨씬 전부터 지구에 존재했으며, 인간보다 훨씬 나중까지 존재하게 될 것이다. 빵과 포도주의 이런 깊이를 실질적으로 생각할 줄 아는 사람이라면 성찬식의 소품인 빵을 향한 경외의 마음을 품지 않을 수 없다.

    빵에는 또 다른 깊이가 있다. 밀이 자란다고 해서 그것이 곧 빵이 되는 것은 아니다. 밀을 타작하는 사람들, 그것을 말려서 가루로 만드는 사람들, 밀가루를 이곳저곳에 배분하는 사람들의 역할도 필요하다. 가장 중요한 역할은 밀가루로 빵을 직접 만드는 사람이다. 밀가루를 부풀게 하는 힘은 효모에 있다. 작은 미생물이 발효에서 결정적인 역할을 하는 셈이다. 교회에서 성찬식을 집행할 수 있도록 빵을 사들여 성찬 상에 배설하는 교인의 역할 역시 중요하다.

무슨 말인가? 열린 영혼의 눈으로 들여다볼 수 있다면 성찬 상 위에 놓인 빵 한 조각도 신비 중의 신비다. 오죽했으면 하이데거가 물(物)을 땅과 하늘과 신성한 것들과 사멸할 자들의 회합(Versammlung)이라고 말했겠는가? 이 개념을 그림처럼 설명하면 모든 사물 위에서 천사가 노닌다고 말해도 된다. 이는 빵 하나의 사물에 들어 있는 의미도 이렇게 말할 수 있을 만큼 낯설고 신비롭다는 뜻이다. 익숙한 성찬의 빵과 포도주가 아주 낯선 대상으로 경험되는 과정을 통해 우리는 하나님께 영광을 바치는 거룩한 행위인 예배의 중심으로 시나브로 깊이 빠져들게 될 것이다. 이것을 아는 사람은 환희 속에서 예배에 참여하지 않겠는가? 그리고 '상투스!'라고 외치지 않겠는가? 당연히!

예배만이 아니라 예배당 안에서 이루어지는 여러 모임도 이런 낯선 경험에 속한다. 어느 주일 대구 샘터교회에서 경험했던 일이다. 교회의 예배처소는 지하다. 일 층에는 교회 소속이 아닌 일반 카페가 있다. 우리는 이 카페에서 커피를 마시면서 각종 모임을 하곤 한다. 나는 그날도 운영위원회와 몇몇 소그룹 모임에 참석했다가 혼자서 지하 예배처소로 내려가고 있었다. 신자들은 대부분 집으로 돌아가고 없었다. 지하로 내려가는 계단은 유턴 모양으로 길다. 내려가는 중에 성가대가 연습하는 소리가 들렸다. 그 소리가 그날따라 유난히 편안하고 따뜻하고 아름답게 들렸다. 그 순간 나는 다음과 같은 상상을 했다. 어떤 사람이 길을 잘못 들어서 지금 이 계단을 내려온다고 말이다. 그에게는 건물 자체가 낯설다. 특이하게 생긴 계단도 낯설다. 게다가 저 아래에서 찬양 소리가 들린다. 그는 그 찬양을 천상에서 울리는 소리로 듣는다. 계단을 다 내려와서 격자로 된 유리창 안을 들여다보니 이십여 명의 남녀가 모여 찬양을 연습하고 있다. 간간이 위트 넘치는 말소리와 웃음소리도 들린다. 행복이 넘치는 이 장면 앞에서 이 사람은 한동안 자신이 어디에 있는지, 그리고 무슨 용무로 길을 찾고 있는지도 다 잊어버린다. 이처럼 낯선 경험은 『이상한 나라의 앨리스』처럼 환상적인 즐거움으로 안내한다.

    나는 그날 성가대원들이 연습하는 장면을 뒤에서 지켜보면서 그 시간과 공간에서 벌어지는 일들이 얼마나 특별한지를 또 하나의 다른 차원에서 절감했다. 거기에 모인 이십여 명의 대원들은 각자 다른 삶의 여정을 살아온 사람들이다. 그 여정은 모두가 아득한 길이다. 그들이 그 순간에 그 자리에서 함께 찬양을 부르게 되리라는 것은 십 년 전만 하더라도 아무도 예측할 수 없었다. 그런데 그런 일이 실제로 일어났다. 십 년 전과 그날 사이에 거의 무한에 가까운 우연한 일들이 조화를 이루어서 그날 그 자리가 만들어진 것이다. 성가대의 연습 모임만이 아니라 교회에서 일어나는 모든 모임은 다 무한한 깊이와 연루되어 있으니 어느 한 모임도 허투루 대할 수 없다. 신비하고, 재미있고, 예쁘고, 기대된다. 삼위일체 하나님께 영광을 바치는 예배는 오죽하랴!

바울의 하나님 경험

앞에서 나는 구약에 나오는 하나님 경험에 대한 세 편의 이야기를 설명했다. 아브라함과 모세 그리고 이사야의 하나님 경험이었다. 내가 이런 이야기들을 하는 이유는 목사의 구원의 중심인 하나님 경험을 그 이야기들에서 배울 수 있다고 생각하기 때문이다. 하나님 경험을 배운다는 말이 이상하게 들릴지도 모르겠다. 물론 배운다고 해서 하나님 경험에 이르는 것은 아니다. 하지만 여기서 배운다는 말은 하나님 경험에 대한 정보를 얻어듣는다는 것이 아니라 그런 정보를 통해 하나님 경험의 실체를 깨닫는다는 뜻이다. 다른 공부도 이와 비슷한 점이 있다. 아인슈타인의 '질량 에너지 공식'($E=mc^2$)을 배우는 학생이 있다고 하자. 물리학을 배우려면 이 공식을 이해하고 다른 사람에게 설명할 수 있어야 한다. 물론 그것만으로 물리학의 세계로 들어가는 것은 아니다. 이 공식을 통해 물리의 세계가 얼마나 심층적이고 신비로운지를 깨닫는 것이 중요하다. 그것을 깨닫게 되면 진리에 접한 기쁨으로 그의 영혼이 사슴처럼 뛸 것이다. 아브라함과 모세 그리고 이사야에 얽힌 서사의 깊이를 따라가다 보면 우리의 영혼이 공명하는 순간이 찾아오고, 그런 순간이 우리 영혼의 창고에 계속 축적되면 우리에게도 하나님을 경험하는 순간이 주어질 것이다. 이런 기대를 안고 이제 신약에서 세 대목을 찾아보려고 한다. 하나님 경험에서 중요한 내용은 앞에서 대략 다루었기 때문에 신약의 이야기는 간략하게 살펴보려고 한다. 이야기는 바울, 요한(계시록), 예수의 순서로 이어질 것이다.

여기서 바울의 생애와 신학을 전반적으로 검토할 필요는 없다. 그의 예수 경험만 따라가면 된다. 사도행전 9장은 바울이 예수의 추종자들을 체포하려고 다메섹으로 가다가 부활하신 예수를 환상으로 경험한 뒤에 회심했다고 전한다. 바울이 다메섹으로 가던 중에 갑자기 빛이 그를 비추고 "네가 어찌하여 나를 박해하느냐?"라는 소리를 들었다는 사도행전의 보도는 역사적인 팩트는 아니다. 이는 일종의 종교 경험에 대한 은유다. 하지만 바울이 예수의 추종자들을 박해하다가 부활의 예수를 만나는 경험을 한 후에 예수를 믿게 된 것은 확실하다(참조. 갈 1:13-17). 바울은 예수의 부활을 목격한 증인 목록을 전하면서 여기에 자신도 포함시킨다. "맨 나중에 만삭되지 못하여 난 자와 같은 내게도 보이셨느니라"(고전 15:8).

부활하신 예수를 보았다는 바울의 진술만으로 그의 예수 경험이 어떤 것이었는지를 정확하게 알기는 어렵다. 그러나 복음서에는 제자들이 부활하신 예수를 만난 경험들이 사실적으로 묘사되었다. 복음서에 따르면 예수는 죽기 전의 모습을 갖춘 형태로 제자들에게 나타난 것으로 보인다. 복음서는 심지어 부활하신 예수가 생선을 먹기도 했다고 전한다. 하지만 제자들에게 나타난 바로 그 예수가 바울에게 그대로 나타난 것은 아니다. 바울은 예수가 부활하고 승천한 이후에야 교회 구성원이 되었기 때문이다. 사도신경에 따르면 승천하신 예수는 하나님 우편에 앉아 계시다가 살아 있는 자와 죽은 자를 심판하러 다시 오실 것이다. 예수가 바울에게 나타나기 위해 하나님의 우편 자리를 잠시 비웠을 리는 없다. 바울은 예수의 공생애 중에 예수를 한 번도 만난 적이 없다. 바울 이전에 있었던 부활하신 예수 경험은 이미 예수에 대한 믿음이 있는 사람들에게만 일어난 사건이었다. 당시 기독교의 주류 세력이 바울의 회심과 자칭 사도직에 대한 주장을 미심쩍어했다는 것은 이해할 만하다. 바울은 정말 부활하신 예수를 만난 것일까? 혹은 다른 사도들과 어깨를 나란히 하기 위해 대수롭지 않은 경험을 과대 포장한 것은 아닐까?

부활의 예수를 만났다는 바울의 경험을 설명하려면 "보이셨다" 또는 "나타났다"라는 말, 즉 예수 현현이 무슨 뜻인지를 먼저 생각해야 한다. 이 단어들의 일상적인 쓰임새는 다음의 세 가지 경우다. 첫째, 투병 생활로 모임에 참석하지 못하던 친구가 완쾌되어 친구들 모임에 나왔거나, 오랫동안 교회 예배에 나오지 않던 아무개 집사가 예배에 참석한 경우다. 둘째, 죽은 아내나 남편이 꿈에 나타나는 경우다. 이것은 현실이 아니지만, 당사자들에게는 생생하게 경험된다. 셋째, 시인이나 작곡가가 다른 사람이 겪어보지 못한 어떤 세계를 경험하는 경우다. 그들에게 언어가 나타나고 소리가 들린다. 예수의 부활 현현은 친구가 모임에 나타나거나 그리운 사람이 꿈에 나타나는 것과는 다르다. 굳이 말하자면 예수 현현은 위의 세 가지 경우 중 세 번째에 가장 가까운 것으로 보인다. 물론 똑같다는 말은 아니다. 종교 경험은 예술 경험이나 문학 경험과 같은 것이 아니기 때문이다. 어떻게 다른지를 설명하기가 까다롭지만 내가 경험한 수준에서 할 수 있는 데까지 해보자. 성서에 나오는 하나님 경험 이야기를 다른 사람들이 알아듣게 자기 말로 설명할 수 있어야 조금이라도 구원에 가까이 간 사람이라고 할 수 있지 않겠는가?

기독교 절기 중에 주현절이 있다. 주현절은 교회력 차례로 보면 대림절과 성탄절에 이은 세 번째 절기다. 이는 예수에게 하나님의 신성 또는 하나님의 영광이 나타나신 것을 기리는 절기다. 이 절기의 근거는 예수가 세례받은 사건이다. 마가복음은 예수가 세례받는 장면을 다음과 같이 묘사한다. "곧 물에서 올라오실새 하늘이 갈라짐과 성령이 비둘기 같이 자기에게 내려오심을 보시더니 하늘로부터 소리가 나기를 '너는 내 사랑하는 아들이라. 내가 너를 기뻐하노라' 하시니라"(막 1:10-11). 이것은 예수가 세례받은 장면을 직접 본 어떤 제자가 신문 뉴스를 보도하듯이 말한 것이 아니다. 이 진술은 신학적인 것이다. 예수가 세례받을 때 예수만이 아니라 다른 많은 사람도 함께 세례를 받았다. 다른 사람들에게 없는 현상이 예수에게만 나타난 것은 아니다. 훗날 제자들이 예수를 하나님의 아들로 인식하고 고백한 다음에 예수의 세례 장면이 위에서 인용한 구절에서 확인되듯이 다시 구성된 것이다. 이것이 무슨 말인가? 예수에게 하나님이 현현했다는 것은 우리가 표면적으로 확인할 수 있는 것이 아니라 예수의 인격, 가르침과 행위, 그리고 십자가와 부활에 이르는 그의 전체 운명과 연관되어 제자들에게 발생한 심층적인 종교 경험이라는 말이다.

우리는 바울이 부활하신 예수를 "보았다"라는 말도 이런 맥락에서 이해해야 한다. 문장을 정확하게 말하면 부활하신 예수가 바울에게 "보이셨다"가 되지만 실제로는 어떤 표현이든지 같은 뜻이다. 바울은 앞에서도 짚었듯이 예수 생전에 그를 만나본 적이 없다. 바울은 디아스포라 유대인으로서 로마가 직접 관할하는 식민지 다소에서 출생한 탓에, 미국에서 태어난 아이가 부모의 국적과 상관없이 미국 시민권을 얻는 것처럼, 로마 시민권을 갖고 있었다. 바울은 가말리엘의 문하생으로서 상당한 수준의 지식인이었다. 그가 어떤 계기로 당시 신흥 종교집단이라고 할 수 있는 기독교인들을 박해하는 데 앞장서게 되었는지에 대한 자세한 이야기는 알려지지 않았다. 그런 문제는 오늘 우리에게 별로 중요하지 않다. 우리에게 중요한 것은 바울에게 어떤 일이 일어났기에 그가 기독교 박해자에서 전도자가 된 것일까라는 질문이다. 이는 곧 바울이 무슨 근거로 부활하신 주를 보았다고 주장할 수 있었는가라는 질문이다.

여기서 바울의 부활 신학이나 부활에 관한 나의 개인적인 생각을 자세하게 말하지는 않겠다. 내 생각은 뒤에서 설명할 기회가 올 것이다. 우리는 일단 부활에 대한 오해를 극복해야 한다. 부활은 죽었던 사람이 다시 원래의 모습으로 돌아오는 것이 아니다. 죽은 사람은 다시 살지 못한다. 다시 살아났다면 그는 죽은 것이 아니다. 예수의 죽음은 확실한 사건이다. 따라서 예수는 죽기 전의 모습으로 살아난 것이 아니다. 당시 다른 사람들과 마찬가지로 부활을 전혀 예상하지 못했던 제자들은 예수가 십자가에서 처형되고 매장된 뒤에 자기가 살던 곳으로 뿔뿔이 흩어졌다. 그런데 어느 순간부터 그들은 죽었던 예수를 '살아 있는 자'로 경험하기 시작했다. 그런 기간이 당분간 지속한 뒤에 어느 순간부터 예수의 부활 현현은 사라졌다. 제자들은 그것을 승천이라고 묘사했으며, 예수가 승천하여 하나님 우편에 앉아 계시다가 마지막 생명이 완성될 때에 재림할 것이라고 표현했다. 핵심은 '살아 있는 자', 즉 생명 있는 자를 어떻게 이해하느냐에 달려 있다. 이것은 생명을 어떻게 이해하느냐에 따라서 달라진다. 세상에서 잘 먹고 잘사는 것을 생명이라고 여기는 사람들은 성서가 말하는 창조와 부활 생명을 이해하지 못한다. 종말에 일어날 절대 생명이 예수에게 선취의 방식으로 발생한 생명이 곧 부활이다. 여기서는 예수를 통한 궁극적인 생명의 경험이 핵심이다. 바울은 율법으로 하나님의 생명을 얻을 수 있을 것으로 생각했다가 예수를 알게 된 이후로는 그 생각을 버렸다. 예수만이 생명에 이르는 유일한 길이라는 사실을 확신하게 된 것이다. 그것이 어떤 뜻인지를 조금 더 자세하게 살펴보겠다. 모두 아는 이야기를 여기서 반복하는 이유는 바울의 확신이 바로 나의 확신이고, 바울의 구원 경험이 바로 나의 구원 경험이라고 생각하기 때문이다.

하나님의 영광

바울은 유대교에 능통한 사람이었다. 그는 구약에 반복해서 등장하는 하나님의 영광이 무엇을 가리키는지를 잘 알고 있었다. 히브리어 카보드와 그리스어 독사가 가리키는 핵심 의미는 하나님이 영광으로 자신을 드러내시는 분이라는 것이다. 하나님의 드러남이 바로 영광이다. 하나님은 창조주이시므로 하나님이 드러난다는 말은 곧 생명이 발현한다는 뜻이다. 생명은 단순히 지금 우리가 생각하는 방식으로 살아 있는 현상만을 가리키는 것이 아니다. 생명은 무생물까지 포함한 하나님의 창조 사건 전체를 아우르는 말이라고 보는 것이 옳다. 생명을 철학 개념으로 바꾸면 궁극적인 현실성이나 실재(reality)이고, 신학 개념으로 좁혀서 말하면 구원 사건이다. 바울에게는 하나님의 영광이 곧 구원이었다. 그래서 그는 고린도 교회에 보낸 편지에서 다음과 같은 유명한 말을 남겼다. "어두운 데에 빛이 비치라 말씀하셨던 그 하나님께서 예수 그리스도의 얼굴에 있는 하나님의 영광을 아는 빛을 우리 마음에 비추셨느니라"(고후 4:6). 바울이 부활하신 예수 그리스도를 만났다는 고백의 실질적인 내용이 바로 이 구절이다.

하나님의 영광이 예수 그리스도의 얼굴에 나타났다는 바울의 진술은 예수 그리스도에게서 하나님의 구원, 즉 하나님의 생명과 사랑이 나타났다는 뜻이다. 바울의 예수 경험은 곧 하나님 경험이다. 바울만이 아니라 신약성서에 거론되는 제자들과 지도자들 역시 예수를 하나님으로 받아들였다. 그래서 초기 기독교는 유대교로부터 비난받았다. 예수가 산헤드린으로부터 받은 평가는 신성모독자라는 것이다. 분명히 사람인 예수를 하나님으로 믿는다는 것은 누가 봐도 말이 안 된다. 제자들도 그 사실을 모르지 않았지만, 그들이 예수를 하나님의 아들로 믿은 데는 다 근거가 있다. 바울의 입장에서 말한다면 예수를 통해 율법으로부터 해방되어 복음의 자유를 누리게 되었다는 사실이 그 근거다. 즉 생명의 억압으로부터 생명의 해방을 찾은 것이다. 이 문제를 집중적으로 다룬 성서가 바로 로마서다.

로마서 6:11은 다음과 같다. "이와 같이 너희도 너희 자신을 죄에 대하여는 죽은 자요, 그리스도 예수 안에서 하나님께 대하여는 살아 있는 자로 여길지어다." 이는 그리스도 예수 안에서 생명을 얻는다는 뜻이다. 다음 구절은 로마서 6:23이다. "죄의 삯은 사망이요, 하나님의 은사는 그리스도 예수 우리 주 안에 있는 영생이니라." 바울은 우리 주이신 예수 '안'에 영생이 있다고 말한다. 영생의 경험이 바로 부활의 경험이고, 부활의 경험이 구원의 경험이다. 바울 신앙의 특징은 '예수 그리스도 안'이다. 그는 우리가 그리스도 예수 '안'에 있고, 그리스도 예수가 우리 '안'에 있다고 말한다. 우리는 예수 그리스도 안에 실제로 들어갈 수 없다. 바울은 예수의 운명과 하나 되는 것을 그렇게 표현한 것이다. 그러나 예수의 운명과 하나가 된다는 말은 여전히 관념적으로 들린다. 어떤 이들은 이런 말을 주술적이거나 마술적인 능력으로 생각할지도 모르겠다. 예수를 믿기만 하면 예수의 구원 능력이 저절로 우리에게 주어진다고 말이다.

바울은 예수를 관념적으로 생각하지 않았다. 그가 사용한 단어는 관념적일지 모르나, 그 안에 담은 내용은 실질적이었다. 바울은 '우리의 믿음'을 강조하지 않았다. 그에게는 '예수에 대한 믿음'이 중요했다. 예수가 생명의 궁극적인 실재(reality)이기 때문이다. 바울은 예수의 십자가와 부활에 근거해서 믿음으로 의로워진다는 사실을 확신할 수 있었다. 이것을 예배 의식문으로 바꾸면 '예수 안에서, 예수와 함께, 예수를 향하여!'라고 할 수 있다. 바울은 예수와의 관계에서 하나님이 주시는 생명의 구원을 선포했다. 예수의 십자가로 인해 우리는 더는 고독하게 죽지 않게 되었고, 예수의 부활로 인해 우리는 하늘의 영원한 생명을 희망하게 되었다. 다시 말하지만, 여기서 핵심은 예수와의 관계다. 이 관계의 결속력에 따라서 그리고 그 결속력의 성격에 따라서 구원의 내용도 결정된다.

오늘날 목사로 사는 우리는 예수와 어떤 관계에서 목회 업무를 감당하고 있는지를 진지하게 생각해야 한다. 우리가 실제로 예수 그리스도 안에서 생명을 얻은 사람들이라는 사실을 교회 밖의 사람들까지 포함해서 다른 사람들이 알아듣도록 설명할 수 있을까? 이런 질문에 딱 부러지는 대답을 할 수 있는 목사는 많지 않을 것이다. 그런 대답을 하는 목사는 다음 둘 중의 하나다. 그는 인간과 그 실존과 역사와 세계의 아득한 깊이에 대해 아는 것이 없고 관심도 없으면서 순전히 교회 중심적인 구원 메커니즘에 숙달된 목사이거나, 신학과 영성에서 고도의 경지에 이른 목사다. 나는 어중간한 상태에 있는 사람이다. 그러나 이것이 나의 한계이니 크게 부끄러워하지 않는다. 기껏 내가 실제로 알고 설명할 수 있는 것은 바닷가 모래사장의 모래 한 알에 불과하다. 그러니 그걸 자랑하듯이 떠벌릴 수는 없다. 다만 가능한 대로 정직하게 대답할 뿐이다. 여기서 더 중요한 것은 목사직을 내려놓을 때까지 나는 '예수 그리스도 안에 있는 생명'에 관한 질문을 영적인 화두로 삼겠다는 것이다. 『목사 구원』이라는 글쓰기도 이런 과정의 일부다.

요한의 하나님 경험

요한계시록은 신약성서만이 아니라 구약성서를 포함한 전체 성서에서 가장 특이한 방식으로 하나님 경험을 묘사한 책이다. 여기에는 각종 숫자, 동물의 형상, 지명, 인명, 이상한 자연 현상 등등이 나온다. 요한계시록은 2천 년 전 유대인들에게 익숙한 묵시문학에 속하는 성서다. 시는 시로, 동화는 동화로, 소설은 소설로, 신문 보도는 신문 보도로 읽어야 하는 것처럼 묵시문학은 그 장르의 특징에 근거해서 읽어야 한다. 여기서는 요한계시록의 전체 22장 가운데서 내가 구원의 지평을 폭넓게 느낄 수 있었던 대목 중 하나인 4장만 살피겠다. 그렇다고 요한계시록 4장만 중요하다는 말은 아니다. 4장에 나의 관심이 가는 진술이 나왔기에 그걸 짚을 뿐이다.

요한계시록 4장에는 하늘 보좌에 관한 이야기가 나온다. 곧 요한이 본 하늘 보좌의 모습이 아주 상세히 묘사되었다. 하늘에는 옛날 임금이 앉아 있을 법한 보좌에 어떤 이가 앉아 있다. 바로 하나님이다. 그 보좌와 그것의 주변은 온갖 기이하고 값지고 아름다운 것으로 장식되어 있다. 보좌 주변에는 이십사 장로들이 둘러앉아 있고, 보좌로부터 번개, 음성, 우렛소리가 난다. 이상한 네 생물이 보좌를 지킨다. 그들은 밤낮 가리지 않고 보좌에 앉은 이를 찬양한다.

거룩하다! 거룩하다! 거룩하다! 주 하나님 곧 전능하신 이여, 전에도 계셨고 이제도 계시고 장차 오실 이시라(계 4:8).

여기서 세 번에 걸친 '거룩하다'라는 표현은 이사야 6:3을 그대로 따온 것이다. '거룩하다'라는 말은 하나님께만 표현될 수 있다. 인간은 피조물이기에 도덕적으로 아무리 높은 경지에 올랐다고 하더라도 거룩하다는 말을 붙일 수 없다. 아주 특별한 경우에 "저 사람은 성자야"라고 말하지만, 그는 그저 다른 사람에 비해 조금 나은 사람일 뿐이다. 실제로 거룩한 사람은 없다. 나는 거룩하다는 사실의 깊이를 인식하는 정도만큼 우리가 하나님을 인식하고 경험할 수 있다고 생각한다. 우리는 저 하늘 높은 곳만이 아니라 땅의 낮은 곳까지, 거시 세계만이 아니라 미시 세계에서도 거룩하다는 찬양을 드릴 수 있는 어떤 순간을 포착할 수 있다. 만약 우리의 영적인 눈이 열리기만 한다면 장애아를 데리고 병원을 드나드는 젊은 엄마에게서도 거룩함을 경험하지 않겠는가? 이는 그 엄마의 모든 것이 거룩하다는 것이 아니라 그 순간의 그녀가 거룩하다는 뜻이다. 나는 눈을 감기 전에 온 세상을 거룩하게 볼 수 있는 눈이 열리기를 갈망한다.

하나님이 거룩하신 이유는 창조주로서 시간과 공간을 초월하시기 때문이다. 그래서 요한은 하나님을 "전에도 계셨고 이제도 계시고 장차 오실 이"라고 표현한 것이다. 요한계시록 1:4과 8절에서도 이 표현이 반복되었다. 우리는 철저하게 내재적이고 제한적인 존재이기에 이런 표현을 이해하기가 쉽지 않다. 초월적인 존재에게 결속되는 것이 우리에게는 유일한 구원의 길이다. 완벽하게 시간에 종속된 인간이 초월할 수 있는 유일한 길은 초월자이신 하나님께 결속되는 것이다. 하나님을 믿는 한평생은 바로 그런 길을 가는 순례의 과정이다.

　전능하신 하나님이 "전에도 계셨다"라는 말은 세상의 기원이 하나님이라는 뜻이다. 인간을 포함해서 오늘의 모든 것은 저절로 생긴 것이 아니라 과거에 기인한다. 그 과거를 거슬러 올라가면 현대 물리학에서 말하는 빅뱅에 이른다. 하나님은 그 빅뱅마저 초월하신다. 우리가 아직 모를 뿐이지 138억 년 전에 일어난 빅뱅 그 이전의 시간도 하나님께 속한다. 창세기는 "빛이여, 존재하라"는 하나님의 말씀을 전한다. 그것이 태초의 창조이고, 빅뱅의 순간이다. 빛으로 시작된 태초는 모든 것의 기원이다. 아득하고 먼 그 옛날부터 시작하여 지금 여기까지 이르는 과정은 수학으로 계산할 수 없는 신비 중의 신비다. 지구에서 벌어진 진화 과정만 보더라도 그렇다. 오늘 우리가 경험하는 세상의 생명 현상은 진화의 결과이기는 하지만 필연은 아니다. 다른 결과가 나타날 수도 있었다. 그것을 생물학에서는 우연이라고 하고, 신학에서는 하나님의 창조 능력 또는 창조의 신비라고 한다. 요한에게 하나님은 오늘 생명 현상의 궁극적인 토대이기에 "거룩하다! 거룩하다! 거룩하다!"라는 찬양을 바쳐야 할 유일한 대상이다. 나는 '전에도 계셨던' 하나님을 우주의 역사를 공부하면서 더 친밀하게 느낄 수 있었다. 이것이 하나님 경험이자 구원 경험이 아니겠는가!

　하나님이 전에도 계셨을 뿐만 아니라 "이제도 계신다"라는 요한의 표현은 어떤 이들에게는 막연하거나 상투적으로 들린다. 이런 문장은 아는 사람들에게는 삶의 능력으로 받아들여지겠지만, 모르는 사람에게는 아무 생각 없이 구구단을 외우는 것처럼 별 의미가 없다. 다른 가르침도 마찬가지다. '색즉시공공즉시색'이 무슨 뜻인지를 실제로 아는 사람은 이를 통해 세상과 자신의 삶을 한 단계 더 깊이 들여다볼 수 있지만, 모르는 사람에게 이 말은 말장난일 뿐이다. 인간에게는 이해와 인식과 경험이 기계적으로 일어나는 것이 아님이 분명해 보인다. 이는 궁극적으로 성령의 도움 없이는 불가능한 사건들이다. 우리가 모두 뛰어난 신학자나 철학자가 될 수는 없겠지만, 하나님을 믿는 사람이라면 더구나 구원을 선포하는 목사라면 성서의 진술을 실질적으로 알고 느끼며 삶의 힘으로 경험하는 노력을 수행의 차원에서 게을리하지 말아야 한다.

하나님이 지금 여기에 존재한다는 사실을 안다는 것은 그렇게 명백한 게 아니다. 우리가 경험하는 세상은 하나님이 존재하지 않는 듯이 뒤죽박죽으로 돌아갈 때가 많기 때문이다. 정의와 평화가 아니라 불의와 싸움이 우리의 일상을 지배한다. 자연재해나 병으로 수많은 사람이 고통을 당한다. 하나님을 믿는 사람들이 세상에서 잘된다는 보장도 없고, 하나님을 믿지 않는 사람들도 얼마든지 행복하게 산다. 이게 오늘 우리가 살아가는 현실이다. 하나님이 지금 여기에 존재한다는 요한의 진술은 설득력이 있을까? 목사가 요한의 진술에 영혼의 깊이에서 공명하지 못한 채로 혹은 그것을 오해한 채로 "하나님이 오늘도 살아서 역사하십니다"라고 큰소리만 친다고 해서 설교자로서의 카리스마가 확보되는 것은 아니다. 다른 사람의 생각은 접어두고, 내가 하나님이 지금 존재한다는 사실을 어떻게 생각하고 믿는지를 말하는 것이 좋겠다. 이 문제는 뒤에서 이야기할 '나의 하나님 경험'에 속하지만, 여기서 미리 한두 마디 맛보기로 말해도 괜찮을 것이다.

하나님은 태초의 창조주이면서 지금 그 창조를 보존하는 분이다. 창조의 핵심은 생명이다. 지금 여기서 하나님을 통해 생명을 충만하게 경험한다는 것이 나에게는 하나님이 지금 여기에 존재하신다는 증거다. 생명 충만은 돈이 많다고 느낄 수 있는 것이 아니다. 큰 교회의 담임목사라고 그것을 느낄 수 있는 것도 아니다. 작은 교회를 맡고 있어도, 사례비가 적어도, 자식들이 경쟁력 있게 자라지 못해도 얼마든지 그것을 느낄 수 있다. 즐겁게 설거지하고, 청소하고, 차를 마시고, 걷고, 야생화를 보고, 테니스장에 나가서 뛰고, 외로운 신자들의 친구가 되어줄 수 있다. 생명을 충만하게 경험할 수 있는 이런 순간들이 내 삶 주위에 지천으로 널려 있다. 나는 그것을 누리기만 하면 된다. 십자가에 달리셨으나 '살아 있는 자'로 제자들에게 나타나신 예수를 통해 나는 내 인생을 내 힘으로 완성해야 한다는 강박과 유혹에서 벗어났다. 따라서 나는 지금 여기서 하나님의 시원적인 창조 능력을 순전하게 받아들일 수 있게 되었다. 하나님 그리고 예수 그리스도는 나에게 "이제도 계시는…" 생명의 능력이다.

'장차 오실 이'는 종말에 세상을 심판하실 하나님을 가리킨다. 하나님의 심판은 생명의 완성을 가리킨다. 신약성서는 심판할 자를 예수 그리스도라고 보았다. "아버지께서 아무도 심판하지 아니하시고 심판을 다 아들에게 맡기셨으니"(요 5:22). "또 인자 됨으로 말미암아 심판하는 권한을 주셨느니라"(요 5:27). 예수는 십자가 처형 후에 죽었다가 부활하여 승천하셨고 하나님이 정하신 때가 되면 다시 오실 것이다. "거기로부터 살아 있는 자와 죽은 자를 심판하러 오십니다"(사도신경). 기독교 신앙의 중심에는 예수가 종말에 생명을 완성한다는 가르침이 자리한다. 그것이 바로 재림 신앙이다.

나는 '장차 오실 이'로 표현된 예수의 재림을 간절히 기다린다. 그 순간에 내 생명이 완성될 것이다. 지금 여기서 내가 아무리 많은 것을 실현했다고 해도 그것으로 내 생명이 완성되지는 않는다. 지금 여기서는 어떤 상황에서도 참되고 궁극적인 자유가 없고 참된 평화도 없으며 따라서 참된 안식도 없다. 거기에 가까이 가려고 애를 쓸 뿐이다. 나는 그것이 완성될 미래의 순간을 실제로 갈망한다. 그러나 나는 예수의 재림이 시작되는 종말에 완성될 절대적인 생명이 비밀스럽게 지금 여기에 선취(先取)의 방식으로 시작되었다는 사실을 믿는다. 지금과 미래는 하나님 안에서 하나이기 때문이다. 여기서 그 생명을 누리지 못하면 미래에서도 주어지지 않을 것이다. 그 생명이 미래에 약속되어 있다면 여기서도 그것을 누릴 수 있어야 한다. 나는 미래의 구원과 지금의 구원이 구분되기는 하나 분리되지는 않는다고 생각한다. 내가 지금 여기서 구원받는 길은 하늘의 보좌 주위에서 특별한 생물들이 쉬지 않고 찬송을 불렀듯이 "전에도 계셨고 이제도 계시고 장차 오실 이"에게 지금 최대한 가까이 가는 것이다. 이를 위해서라도 나는 목사로서 예배와 설교 준비를 철저하게 하고, 나의 영혼이 생명의 완성을 향해 민감해지도록 독서를 게을리하지 않으며, 시인의 마음으로 사물과 현상을 경험하는 일에 매진하고 있다. 전에도 계셨고 이제도 계시고 장차 오실 이, 전능하신 이, 주 하나님이여!

창조 영성

요한계시록 4장에서 '하늘 보좌에 앉으신 이' 자체에 대한 묘사는 직접적이지 않다. 그 주변에 대한 구체적인 묘사를 통해 보좌에 앉으신 이를 간접적으로 표현할 뿐이다. 하나님을 본 자는 죽는다는 구약성서의 관점이 여기서도 관통하는 것으로 보인다. 요한은 하늘 보좌에 앉으신 하나님을 경배해야 하는 이유가 그분이 창조주이시기 때문임을 장엄한 필치로 묘사했다. 이런 구절을 읽을 때마다 내 가슴도 뛴다. 이 세상의 모든 것이 하찮게 보일 정도로 하나님이 절대적인 존재로 경험되기 때문이다. 다음은 요한계시록 4:11이다.

우리 주 하나님이여, 영광과 존귀와 권능을 받으시는 것이 합당하오니 주께서 만물을 지으신지라. 만물이 주의 뜻대로 있었고 또 지으심을 받았나이다.

요한계시록 4장의 앞구절에서 하늘의 보좌, 벽옥, 홍보석, 이십사 보좌와 이십사 장로, 번개와 음성과 우렛소리, 그리고 등불과 수정 같은 유리 바다와 희귀 생물이 거론되는 이유도 모두 하나님의 창조 능력을 강조하려는 데에 있다. 주님이 만물을 지으셨기에 만물은 '주의 뜻'대로 존재할 수밖에 없다. 만물은 '지으심'을 받았다. 이는 만물의 피조성을 가리킨다. 나는 이것이 옳다고 생각한다. 다만 우리는 하나님이 창조주라는 사실을 상투적으로 받아들이지 않아야 한다. 우리가 이것을 실질적으로 인식해야만 설교의 중심을 잡을 수 있고, 세상을 정확하게 인식할 수 있으며, 자신의 운명이 나아갈 방향을 정확하게 포착할 수 있다. 여기에는 두 가지 관점이 필요하다. 하나는 스스로 창조주인 것처럼 행세하는 세상의 정치권력과의 투쟁이고, 다른 하나는 비약적으로 발전하고 있는 자연과학과의 싸움 또는 대화다. 이를 압축해서 말하면 정치와 과학에 대한 정확한 관점이 필요하다는 뜻이다.

사실 우리에게는 정치의 영역보다 과학의 영역이 더 어렵다. 정치는 2천 년 전이나 지금이나 비슷한 방식으로 작동하나 과학은 감당하기 어려울 정도로 빠르게 발전하고 있기 때문이다. 창조 신앙과 정치, 그리고 창조 신앙과 과학의 문제를 이 자리에서 본격적으로 다룰 필요는 없다. 그것을 감당할 능력도 내게는 없다. 다만 나는 여기서 창조주 하나님을 설교하는 사람이자 자기 구원을 수행의 차원에서 삶의 중심 문제로 삼는 목사로서 내가 알고 있는 상식적인 선에서 말하도록 하겠다. 이 두 가지 주제는 앞으로도 내가 살아 있는 동안 목회나 실제 삶에서 늘 관심의 대상으로 남아 있을 것이다. 나는 이 두 가지 주제야말로 하나님의 뜻이 이 땅에서 이루어지기를 기도하면서 살아야 할 기독교인의 삶에 실제로 큰 영향을 끼친다고 생각한다.

요한 시대의 로마 황제는 도미티아누스(기원후 51-96년)로 알려져 있다. 사실 도미티아누스만이 아니라 여러 로마 황제가 기독교를 박해했다. 이는 기독교인들이 황제숭배라는 로마 제국의 정치 이데올로기를 따르지 않았기 때문이다. 예수가 로마 총독인 빌라도에게 십자가형을 선고받았다는 데서 기독교와 로마 제국 간의 갈등을 이미 찾아볼 수 있다. 로마 제국이 기원후 4세기 말에 기독교를 국교로 지정한 이후에도 기독교인들은 주일 예배 때마다 "본디오 빌라도에게 고난을 받아 십자가에 못 박혀 죽으시고…"라는 문장을 신앙고백으로 바쳤다. 당시 예배에 참석한 로마 황제와 귀족들과 시민들이 이 구절에서 어떤 생각을 했을지 궁금하다. 나는 이에 관한 이야기를 들은 적이 없다. 어딘가 고대 문헌을 찾아보면 답을 찾을지도 모르겠다. 어쨌든 기독교가 로마로부터 박해받던 시기만이 아니라 로마와 밀월 관계를 유지하던 시기에도 로마 제국에 고분고분하지 않았다는 것은 분명하다. 콘스탄티누스 황제가 기독교를 공인한 이후 정교분리 원칙에 따라서 기독교가 복음의 본질을 잃었다고 보는 학자들도 있지만, 기독교가 실제로 어용 종교로 변질했다면 이 구절을 사도신경에서 아예 삭제하지 않았을까?

로마 제국의 이데올로기는 'Pax Romana'(로마의 평화)로 집약된다. 여기에 평화라는 단어가 들어가니 로마 제국이 실제로 평화를 구현한다는 의미처럼 들리겠지만 실제로는 반대다. 이것은 로마의 질서와 가치로 세상을 지배하겠다는 의지를 표현한 것이다. 이런 의지를 반대하는 집단을 향해서는 단호한 응징이 가해졌다. 이를 위해 로마는 막강한 군사력을 갖춰야 했다. 그리고 로마 황제가 되려는 사람은 큰 전쟁에서 승리를 거두어야 했다. 로마 제국을 대표하는 황제는 무소불위의 힘을 행사함으로써 창조주 자리에 올랐다. 기독교는 팍스 로마나에 저항하여 'Pax Christi'(그리스도의 평화)를 앞세웠다. 이는 황제 중심이 아니라 그리스도 중심의 세상을 지향한다는 것이다. 그러나 이것은 로마의 정치 이데올로기에 맞서는 또 다른 종교 이데올로기를 세우자는 것이 아니라 진정한 의미에서 평화 지향적인 인류 공동체를 희망한다는 것이다. 이것이 창조 영성의 길이 아니겠는가! 오늘 한국교회는 하나님의 창조를 입에 달고 살지만, 사회정치적인 차원에서의 창조 영성은 위축될 대로 위축되었다. 한국교회에 여러 모양으로 만연한 기복신앙은 창조 신앙과 상충하는 물신숭배로 로마의 황제숭배와 다르지 않다.

과학신학

오늘 자연과학의 첨단 시대를 사는 21세기 지성인 기독교인들은 하나님이 만물을 지으셨고 지금도 섭리하시며 결국 완성하실 것이라는 요한의 주장을 받아들이기가 쉽지 않다. 그들은 기독교 신앙을 자연과학과 대립하는 것으로 이해한다. 여기에는 먼저 교회 지도자들인 우리 목사들의 책임이 크다. 그동안 목사들이 기독교 신앙을 순전히 개인의 경건생활에 한정해서 가르쳐왔다. 자연과학은 교회에서 이방인 취급을 받는다. 이는 목사 자신이 자연과학에 대한 이해가 턱없이 부족하기에 벌어진 결과다. 목사들의 이런 성향은 한국교회의 주류라고 할 수 있는 유럽의 청교도 신앙과 미국의 부흥 운동에서 받은 영향이 크다. 그러나 기독교를 보편적 차원에서 변증해야 할 목사가 자연과학에 대해 이렇게 무지한 것은 무책임하고 불신앙적인 태도다. 물론 목사는 우선 목회 활동에 전념해야 하는 사람이니 자연과학의 전문가가 될 필요는 없다. 하지만 과학에 대해 최소한 상식적인 수준에서라도 알아야 한다. 내가 읽은 책 중에서 신학과 자연과학의 관계에 관해서는 다음의 책에서 도움을 받을 수 있다. 존 폴킹혼의 『과학으로 신학하기』, 판넨베르크의 『자연 신학』, 알리스터 맥그래스의 『과학신학』, 『우주, 하나님 지으신 모든 세계』, 몰트만의 『과학과 지혜』, 한스 페터 뒤르 외 4인의 『신 인간 과학』, 우종학의 『과학시대의 도전과 기독교의 응답』 등이 유익할 것이다.

소위 창조과학의 입장에서 쓴 책들도 있지만, 그런 책들은 신앙과 신학에 아무런 도움이 안 된다. 잘못된 설교를 반복해서 들으면 영혼이 왜곡되듯이 그런 책을 읽으면 생각마저 혼탁해지니 차라리 읽지 않는 게 낫다. 그런 책은 겉으로 그럴듯해 보일 뿐 진리와 상충하는 수준 이하의 책이다. 책을 분별하는 것도 영을 분별하는 능력처럼 은사가 아닐는지.

하나님이 창조하신 지구를 비롯하여 태양과 우주의 모든 것을 알아가는 작업이 자연과학이다. 우리는 과학자들 덕분에 하나님이 창조하신 세상이 얼마나 신비로운지를 비로소 깨닫게 된다. 코페르니쿠스와 갈릴레이 덕분에 지구가 우주의 중심이 아니라는 것이 알려졌다. 우리는 뉴턴을 통해 중력을 알게 되었고, 다윈을 통해 생명 진화의 신비를 맛보았으며, 닐스 보어와 하이젠베르크를 통해 양자역학의 오묘함을 느끼게 되었다. 우리의 사고방식을 뒤바꾼 자연과학의 발견은 헤아릴 수 없다. 그것은 지금도 계속되고 있다. 이렇게 자연과학의 발견이 일어나는 순간마다 하나님의 창조 능력과 신비는 더욱 빛난다. 이런 점에서 자연과학자들을 신학자라고 말해도 틀린 말이 아닐 것이다. 사실은 자연과학자만이 아니라 역사학자나 사회학자도 마찬가지다. 구약의 예언자들도 역사와 사회 그리고 세상에 대한 통찰이 뛰어난 사람들이었다.

    나는 자연과학에 관한 책이나 동영상을 접할 때마다 지적인 희열뿐만 아니라 영적인 스파크도 경험한다. 그런 경험은 나의 구원과도 직간접으로 관련된다. 하나님이 창조하신 세계를 정확하게 만나고 경험하는 것은 하나님을 만나고 경험하는 것과 같기 때문이다. 물론 자연과학자들의 설명을 내가 다 이해하는 것은 아니지만, 나는 저 멀리에 또는 여기 가까이에 어떤 비밀 가득한 힘들이 작동하고 있음을 어렴풋이나마 느낄 수 있다는 것만으로도 흥분된다. 이는 태아가 자궁 밖의 소리를 듣는 것과 같은 미묘하고 황홀한 느낌이다. 태아는 어머니의 자궁 안에 있기에 밖의 세계를 직접 알 수가 없지만, 다른 간접적인 것들을 통해 밖의 세계를 느낄 수 있다. 어머니의 손길, 어머니의 노래와 기도 소리, 어머니의 몸 전체가 던지는 메시지를 태아가 전달받는다. 그 메시지를 정확하게 현상적으로 분석하여 알려주는 사람들이 자연과학자들이니 내가 그들을 신학자라고 부르지 못할 이유가 어디 있겠는가!

    물론 자연과학을 몰라도 일상생활이나 신앙생활을 하는 데는 아무런 지장이 없다. 이는 루터와 칼뱅의 신학을 몰라도 교회 생활을 하는 데 큰 지장이 없는 것과 같다. 그러나 기독교 신앙에서 가장 중요한 창조 신앙의 깊이로 들어가려는 사람은 자연과학을 알아야 한다. 사도신경의 첫마디는 바로 그것을 가리킨다. "나는 전능하신 아버지 하나님, 천지의 창조주를 믿습니다." 초기 기독교인들은 세상이 저절로 만들어진 것이 아니라 하나님에 의해 창조되었다는 유대교 신앙을 그대로 받아들여 사도신경의 첫대목으로 삼았다. 여기서 믿는다는 말은 지적인 관심도 포함하는 것이다. 하늘과 땅을 지으신 하나님을 깊이 알려면 하늘과 땅에서 벌어지는 생명 현상도 가능한 한 많이 알아야 한다. 자연과학에 대한 몰이해는 창조 신앙의 왜곡을 불러오며, 이런 왜곡은 기독교 신앙과 삶 전반을 병들게 한다. 그렇게 되면 기독교 신앙이 미몽에 떨어지거나, 최선의 경우라고 할지라도 신앙의 개인주의를 벗어나지 못한다. 이는 한마디로 기독교 신앙의 퇴행이다.

창조과학

이런 퇴행의 한 모습이 소위 '창조과학'이다. 창조과학을 주장하는 창조과학회가 한국교회의 반(反)과학주의와 반(反)지성주의를 부추겼다. 과학계와 신학계에서 이렇다 할 발언권이 없는 창조과학회 소속 학자들이 교회 현장에서는 자신들의 전문성을 무기로 활동하고 있다. 그중 가장 극단적인 학자들은 젊은 지구론을 주장한다. 그들은 비주류 지구과학에 근거해서 지구의 나이가 6천 년 밖에 되지 않았다고 주장한다. 이는 신학적으로 아무런 근거가 없고 과학적으로는 더더욱 근거가 없는 주장이다. 그런데도 이들은 한국교회에서 오랫동안 주류로 활동했고, 아직도 상당한 세력을 유지하고 있다. 다만 이렇게 주장하는 이들의 숫자가 줄어든다는 것이 그나마 다행이라면 다행이다.

창조과학이 진화론을 부정하는 근거는 두 가지다. 하나는 생물학, 물리학, 화학, 지질학 등의 자연과학이고, 다른 하나는 신학, 정확히 말하면 성서학이다. 자연과학은 내가 잘 모르니 그만두고 성서학적인 관점만 짚겠다. 그들은 성서에 진술된 연수를 사실이라고 주장한다. 그들은 성서가 신문 보도도 아니고 과학 연구서도 아니라는 사실을 외면한다. 성서는 당시 고대인들의 자연관을 그대로 받아들인 상태에서 하나님의 뜻이 무엇인지를 전했을 뿐이다. 하나님의 우주 창조가 6일 만에 끝났다거나 지구 전체가 물로 범람했다는 노아의 홍수 이야기는 고대인들의 신화적인 자연관에 근거한 것이기에 그것을 오늘날의 자연과학의 잣대로 옳다 그르다를 따지는 것은 신학적으로 아무런 의미가 없다. 나는 교우들에게 성서를 자연과학이나 신문 보도가 아니라 시(詩)로 읽으라고 말한다. 창조과학의 근본적인 문제점은 성서를 읽을 때 문자주의에 매달리는 것이다. 창조과학의 논리를 교회에서 주입받은 신자들은 세상에 나가서 세계관의 혼란을 겪게 되며, 그 혼란을 피하려고 점점 더 현실을 외면하거나 왜곡하게 될 것이다. 이는 지성과 영성의 퇴행이다.

일전에 교회의 수요모임에서 이사야 공부를 하는 중에 부활 이야기가 나왔다. 이사야 26:19은 다음과 같다. "주의 죽은 자들은 살아나고 그들의 시체들은 일어나리이다. 티끌에 누운 자들아, 너희는 깨어 노래하라. 주의 이슬은 빛난 이슬이니, 땅이 죽은 자들을 내놓으리로다." 구약에는 부활 표상이 드물다. 유대인들은 생명을 실질적인 것으로 생각했기 때문에 죽음 이후의 생명을 생각하기 어려웠다. 부활 표상은 후기 유대교에서 싹트기 시작했다. 나는 그 모임에서 부활을 평소 신학적으로 설명하던 것과 달리 양자역학과 관련지어 설명했다. 이것이 말이 되는지 아닌지는 차치하고 나는 오늘 21세기에 기독교 신앙을 과학적으로 설명할 수 없으면 설득력이 없다고 생각하기 때문에 충분히 성숙한 생각은 아니지만 일단 설명을 시도했다.

양자(量子, quantum)역학의 패러다임은 고전물리학의 패러다임과 본질에서 다르다. 고전역학에서는 물리작용이 결정적이라고 한다면 양자역학에서는 그것이 열려 있다. 예를 들어 사람이 시속 4킬로미터로 걷는다고 할 때 10시간 동안 걸으면 40킬로미터를 갈 수 있다. 이게 고전물리학의 진리다. 그러나 핵과 전자의 운동으로 작동되는 원소의 세계에서는 더 빨라질 수도 더 늦어질 수도 있다. 매번 똑같은 결과가 나오지 않는다. 양자역학의 미래를 말하는 사람들은 이런 논리에 근거해서 공간 이동의 가능성을 내다본다. 그 논리는 다음과 같은 양자의 원리에서 나온다. 원소 안에서 전자는 회전 운동의 몇 가지 길을 마음대로 넘나든다고 한다. 길과 길 사이의 공간을 통과하지 않은 채로 넘나든다는 것이다. 그런 일이 고전역학에서는 가능하지 않다. 공간을 통과하지 않은 채로 전자가 이동하는 이유는 '양자 얽힘'에 있다고 한다. 이런 양자 얽힘의 원리를 이용하면 영천에 있던 내가 나를 원소로 스캔할 수 있는 기계를 통해서 단추를 누르는 순간 베를린에 나타날 수 있다.

전자의 단계에서는 이런 공간 이동의 실험이 성공했지만 큰 몸집의 물체까지 성공하려면 아직 갈 길이 멀다. 임계점을 넘지 못해서 불가능할 수도 있다. 만약 그것이 성공한다면 나는 공간 이동을 마음대로 할 수 있는 존재가 된다. 문이 닫힌 방 안에 부활의 예수가 순식간에 등장하거나, 그가 제자들과 길을 가다가 순식간에 사라졌다는 이야기가 양자역학으로는 일단 가능하다. 이런 주장이 신학적으로 가능한지는 확실하지 않지만, 나는 일단 이런 주제들이 구원과 관계없다고 생각하지 않는다.

이왕 말이 나온 김에 한 가지 주제만 더 말하겠다. 기독교의 천국 표상이다. 대다수 기독교인은 죽어서 천국에 가는 것을 신앙의 중요한 상수로 여긴다. 그것 자체가 잘못은 아니다. 문제는 천국 표상의 왜곡이다. 천국 표상의 왜곡은 단순히 죽음 이후만이 아니라 현재의 삶까지도 크게 훼손한다. 천국 표상이 왜곡되었는지 아닌지를 판단할 수 있는 관점 중 하나는 우주물리학이다. 만일 여전히 천동설에 근거해서 기독교 교리를 강조하는 목사가 있다면 아무도 그의 말에 귀를 기울이지 않을 것이다. 지구는 태양계에 속한 여러 행성 중 하나다. 태양은 은하계에 속한 천억 개의 별 중 하나다. 은하계는 가운데가 불룩하게 튀어나온 원반 모양이다. 그 안에서 천억 개의 별이 계속 움직이고 있다. 어떻게 보면 천동설이 완전히 틀린 주장은 아니다. 우주의 모든 것은 계속 움직이기 때문이다. 광속으로 은하계를 통과하는 데는 수만 년 또는 수십만 년이 걸린다고 한다. 정확한 숫자는 모르겠지만, 은하계의 크기가 엄청나다는 것만은 분명하다. 우주에는 이런 은하계의 숫자가 천억 개이상이다. 가장 가까운 은하계가 안드로메다다. 천문학자들은 언젠가 안드로메다와 우리 은하계가 충돌한다고 예측한다. 그들은 다른 은하계의 충돌 장면을 이미 확인하기도 했다. 은하계끼리의 충돌은 별을 결국 파멸시킨다.

더 중요한 대목은 우주의 암흑 물질과 암흑 에너지다. 이는 앞에서 아브라함의 하나님 경험에 관한 내용을 다룰 때 언급했다. 우리는 밤하늘의 별들을 보면서 아름답다고 느낀다. 멀리서는 그렇게 느낄 수 있다. 그러나 실제로 별들은 헬륨 등의 연소 작용이므로 객관적으로 말하면 아름답다기보다는 끔찍하다고 말해야 옳다. 우주는 급속도로 팽창하는 중이다. 우주를 팽창하게 하는 힘이 암흑 물질과 암흑 에너지다. 우주물리학자들의 설명에 따르면 우주는 암흑 물질과 암흑 에너지에 의해 지배당한다. 그것의 실체가 무엇인지는 과학자들도 모른다. 이에 가장 근사한 대답은 빛마저 빠져나올 수 없는 블랙홀에서 찾을 수 있다. 이런 우주의 현재와 미래 앞에서 기독교인들은 어떤 천국을 기대할 수 있을까? 나는 우주물리학 이야기를 들을 때마다 성서의 묵시문학이 연상된다. 요한계시록의 저자는 우주의 파멸을 미리 내다보았다. 몇 구절만 인용하겠다.

하늘은 두루마리가 말리는 것 같이 떠나가고 각 산과 섬이 제자리에서 옮겨지매(계 6:14).

넷째 천사가 나팔을 부니 해 삼분의 일과 달 삼분의 일과 별들의 삼분의 일이 타격을 받아 그 삼분의 일이 어두워지니 낮 삼분의 일은 비추임이 없고 밤도 그러하더라(계 8:12).

바다가 곧 죽은 자의 피 같이 되니 바다 가운데 모든 생물이 죽더라 (계 16:3b).

각 섬도 없어지고 산악도 간 데 없더라(계 16:20).

또 내가 새 하늘과 새 땅을 보니 처음 하늘과 처음 땅이 없어졌고 바다도 다시 있지 않더라(계 21:1).

묵시사상가들은 현대의 우주물리학자들보다 우주에 대한 지식이 턱없이 부족했다. 그들은 기껏해야 점성술만 알았겠지만, 사물과 하늘에 대한 그들의 직관력은 현대 우주물리학자들보다 더 뛰어나면 뛰어났지 결코 떨어지지 않는다고 나는 생각한다. 그들은 자신들이 사는 세상과 저 하늘이 절대 불변이라고 생각하지 않았다. 그들은 그것들이 피조물인 까닭에 생기기도 하고 없어질 수도 있다고 보았다. 그들은 모든 것이 잠정적이고 무상하다는 사실을 꿰뚫어보았다. 고대의 다른 민족들은 태양을 절대적인 대상으로 섬겼으나 유대의 예언자들은 그것마저 상대화했다. 그들은 절대적인 자연 현상 너머의 아득한 심연을 생각한 것이다. 그것이 곧 창조 신앙이다.

예수의 하나님 경험

나의 하나님 경험은 하늘에서 뚝 떨어진 것이 아니므로 나는 성서 시대 인물들의 하나님 경험을 배우려고 지금까지 오랫동안 노력했다. 그런 배움을 토대로 좀 더 깊은 하나님 경험으로 나아가기를 기대한다. 그 인물들의 수준 높은 하나님 경험을 내가 다 따라갈 수는 없지만, 그럼에도 불구하고 나의 하나님 경험이 그들의 하나님 경험보다 좀 더 현실적일 수 있다. 두 가지 점에서 그렇다. 하나는 내가 사는 시대가 21세기라는 사실이다. 성서 시대의 사람들에 비해 나는 하나님이 창조한 세상에 대해 더 많은 것을 알고 있다. 다른 하나는 나의 정신적인 자리가 아시아, 더 정확하게는 동북아라는 사실이다. 나는 성서의 인물들이 몰랐던 노자, 장자, 공자, 그리고 부처의 사상에 대해 어느 정도 안다. 그렇다고 내가 성서의 인물들보다 영적으로 더 성숙하다는 것은 아니다. 나는 죽었다가 깨도 그들의 수준에 이르지 못한다. 다만 21세기 한반도에서 기독교인으로 살아가는 사람들에게 하나님 경험을 해명하고 변증할 수 있는 조건이 성서의 인물들보다 상대적으로 나에게 유리하다는 의미다.

이제 마지막으로 예수의 하나님 경험을 말할 차례다. 그 이야기가 끝나면 나의 하나님 경험을 말해야 한다. 예수의 하나님 경험이라는 표현이 어떤 이들에게는 불경스럽게 들릴지도 모르겠다. 예수는 하나님의 아들로서 우리 믿음의 대상인데, 그를 우리와 똑같이 인간의 수준으로 끌어내리는 격이니 말이다. 예수를 믿으라는 말은 가능하지만, 예수의 하나님 경험에 대해 말하는 것은 자연스럽지 않다. 여기에 긴장이 있다. 예수는 하나님을 바르게 믿는 자인 동시에 우리가 믿어야 할 대상이기도 하다. 그는 사람이기도 하고, 하나님이기도 하기 때문이다. 이 문제는 조직신학이나 성서신학에서 복잡하게 논의되어야 하고 내 힘에도 벅찬 일이기에 여기서 더는 설명하지 않겠다. 다만 예수의 하나님 경험에 관한 이야기가 예수에 대한 우리의 신적 경험과 충돌하지 않는다는 점을 전제한다. 나는 예수의 하나님 경험과 관련해서 다음과 같이 네 가지 항목을 설명하려고 한다. 1) 아빠 아버지, 2) 탕자의 비유, 3) 무엇을 먹을까 염려하지 말라, 4) 엘리 엘리 라마 사박다니. 나는 여기에 나오는 이야기를 통해 하나님께 가까이 갈 수 있었다. 더 정확하게 말하면 하나님 표상이 더욱 명료해졌다.

1) 예수의 겟세마네 기도를 다루고 있는 공관복음서는 예수의 기도문을 한 구절로 정리한다. 이는 세 복음서가 똑같다. 마가복음 14:36을 보자. "아빠 아버지여, 아버지께는 모든 것이 가능하오니 이 잔을 내게서 옮기시옵소서. 그러나 나의 원대로 마시옵고 아버지의 원대로 하옵소서." 하나님을 향한 호칭이 마가복음에만 다르게 나온다. 마태와 누가는 복음서 언어인 그리스어 '파테르'라고 썼지만, 마가복음은 '파테르'에 아람어 '아빠'를 추가했다. 예수는 당연히 '아빠'라는 아람어를 사용했다. 마가는 예수의 언어를 그대로 살렸지만, 마태와 누가는 그리스어로 번역한 것이다.

아람어 '아빠'는 우리의 말 아빠와는 뉘앙스가 다르다. 우리말 아빠는 주로 어린아이가 아버지를 친근하게 부를 때 사용하는 단어다. 요즘은 성인이 되어서도 아빠라고 부르는 이들이 적지 않다. 오래전 초등학교에 다니던 딸들에게 용돈을 더 준다는 말로 나를 아버지라고 부르도록 시도했는데, 결국 실패했다. 아람어 아빠는 우리가 보통 아버지라고 부를 때처럼 친밀감을 전제하면서도 존경한다는 뜻까지 담고 있다. 예수 당시에 유대인들은 하나님을 아버지라고 부르는 예수의 행태를 못마땅하게 생각했다. 그들에게는 하나님이 너무 거룩하고 두려운 존재라서 이름을 붙일 수 없었다. 보통은 '주'라고 불렀다. 예수도 하나님께 이름을 붙인 것은 아니다. 다만 하나님 개념의 확장이자 심화가 일어난 것이다. 그것이 아버지 호칭이다. 예수는 아버지로서의 하나님께 자신의 운명을 맡길 수 있었기에 십자가 처형이라는 운명을 뚫고 나갈 수 있었던 것이 아니겠는가?

2) 아버지 개념이 가장 실감 나게 전달되는 비유는 누가복음 15:11-32이다. 소위 '탕자의 비유'다. 이 비유에서 주인공은 유산을 미리 받아내서 탕진한 둘째 아들이 아니라 그를 다시, 아니 여전히 받아들인 아버지다. 아버지는 앞으로 어떤 일이 일어날지를 예상했겠지만 둘째 아들의 자유로운 선택을 존중했다. 아버지는 아들이 돌아오는 순간을 이제나저제나 기다리고 있었다. 그는 아들이 돌아오자 책임을 추궁하지 않고 잔치를 열었다. 분노하고 징벌하는 아버지가 아니라 사랑으로 받아들이는 아버지로서의 모습이 바로 예수의 하나님 표상이다. 이에 근거해서 초기 기독교인들도 하나님과의 관계를 두려움이 아니라 기쁨과 자유의 차원에서 정립했다. "너희는 다시 무서워하는 종의 영을 받지 아니하고 양

자의 영을 받았으므로 우리가 아빠 아버지라고 부르짖느니라"(롬 8:15; 참조. 갈 4:6). 이는 곧 오늘 기독교인으로서 사는 우리의 실존이 기쁨과 자유로 충만해야 한다는 뜻이다. 우리가 하나님을 어떤 존재로 인식하고 경험하느냐에 따라서 실제 우리의 삶도 달라진다. 나는 예수의 아버지인 하나님을 신뢰하기에 내 삶과 목회가 실패하면 어쩌나 하고 걱정하지 않는다. 젊은 목사 시절에는 잠시 걱정한 적도 있었지만 곧 다시 벗어나곤 했다.

3) 예수는 의식주 문제를 염려하지 말라고 말씀하셨다(마 6:25). 그 이유는 두 가지다. 하나는 목숨이 음식보다 중요하고 몸이 옷보다 중요하기 때문이고, 다른 하나는 하늘 아버지께서 이런 필요를 다 아시기 때문이다. 예수는 공중의 새와 들의 백합화를 예로 들었다. 농사를 짓지도 않고 길쌈을 하지 않아도 하나님이 먹이고 입히신다. 가장 화려하게 살았던 솔로몬의 인생살이보다도 새와 백합화의 삶이 더 풍성하다. 세상 사람들은 제쳐두고 기독교인들도 예수의 이 말을 종교적 덕담 정도로 받아들이는 경향이 있다. 세상살이에 집착함으로써 영혼의 평화를 놓치지 말라는 뜻으로 말이다. 나는 예수의 이 발언을 종교적 덕담으로 여기지 않는다. 예수의 이 진술은 삶의 실체에 대한 정확한 진단이다. 가난하면 삶이 불행할 것이라는 두려움이야말로 우리의 삶을 불행하게 만든다. 가난한 사람은 오히려 작은 것에서 기쁨을 느낄 수 있다. 다른 이들이 버린 책장을 소중하게 느낄 수 있고, 한 끼의 식사를 하늘로부터 내려온 것으로 느낄 수도 있다. 이는 목회에서도 그대로 적용된다. 교인 숫자가 적은 교회의 목사는 모든 교인을 일일이 귀

하게 여긴다. 교회의 모든 활동을 소중하게 여긴다. 그런 영성이 확보된다면 그의 목회는 풍요로울 것이며, 최소한 먹고사는 문제로 아등바등하지 않게 될 것이다. 문제는 하나님을 향한 신뢰가 부족하다는 데 있다.

예수의 진술에서 정작 중요한 것은 예수의 하나님 경험이다. 예수는 하나님이 우리의 일상에서 매 순간 함께하신다는 사실을 알고 있었다. 관념으로가 아니라 현실에서 함께하는 하나님 말이다. 하나님은 우리에게 숨과 같아서 우리가 살아 있는 한 함께하신다. 문제는 그 사실을 외면함으로써 우리의 삶이 왜곡된다는 것이다. 매 순간이 삶에 대한 염려로 점철된다. 실제로 먹을 것이 없어서 굶거나, 큰 병에 걸려 고통당하는 사람들의 경우는 또 다른 문제다. 그것은 사회 복지 차원에서 해결해야 한다. 그런 문제를 해결하기 위해서라도 하나님을 매 순간 경험할 수 있는 영성이 우리 모두에게 요구된다. 그런 영적 시각을 얻기 원한다면 예수가 그랬듯이 새와 백합화를 눈여겨보는 습관을 체득해보는 게 어떨지.

임박한 하나님 나라

예수가 하나님을 아빠 아버지라고 부른 것, 잃었던 아들을 찾은 아버지의 기쁨에 관한 비유를 말씀하신 것, 그리고 의식주 문제를 걱정하지 말라고 말씀하신 것을 관통하는 한 가지 사실이 있다. 하나님 나라가 가까이 왔다는 사실이 바로 그것이다. "하나님 나라가 가까이 왔다"라는 명제가 예수의 운명을 결정지었다고 말해도 과언이 아니다. 마태복음에 따르면 세례 요한이 먼저 이 메시지를 들고 나왔다. "회개하라! 천국이 가까이 왔느니라"(마 3:2). 요한이 체포당했다는 소식을 들은 예수는 갈릴리로 몸을 피한 후에 요한과 똑같은 메시지를 선포하기 시작했다. "이때부터 예수께서 비로소 전파하여 이르시되 '회개하라! 천국이 가까이 왔느니라' 하시더라"(마 4:17). 여기서 천국으로 번역된 그리스어 '바실레이아 톤 우라논'과 다른 구절에서 하나님 나라로 번역된 그리스어 '바실레이아 투 테우'는 같은 의미다. 마가복음은 예수가 "때가 찼고 하나님의 나라가 가까이 왔으니 회개하고 복음을 믿으라"(막 1:15)라고 말씀하셨다고 보도한다.

요한과 예수의 메시지는 형식적으로는 같지만, 내용상으로는 다르다. 정확히 말하면, 하나님 나라가 가까이 왔다는 사실 앞에서 사람이 취해야 할 태도에서 차이가 난다. 요한에게는 하나님 나라를 맞을 준비를 철저하게 하는 것이 중요했지만, 예수에게는 하나님 나라를 받아들이는 것 자체가 핵심이었다. 요한의 메시지는 태풍을 앞둔 상태라고 한다면, 예수의 메시지는 태풍의 중심에 들어간 상태다. 요한은 하나님 나라 앞에서 취해야 할 윤리적·도덕적인 변화를 요구했다면, 예수는 그런 요구 없이 하나님 나라를 받아들이라고 격려했다. 요한의 회심은 행위의 변화라고 한다면, 예수의 회심은 존재의 변화다. 이 두 가지가 분리되는 것은 아니지만 구별되어야 한다. 요한의 하나님 나라는 여전히 좋은 뜻으로서의 율법에 머물러 있다면, 예수의 하나님 나라는 복음으로 전이되었다. 한국교회에서는 진정성 있고 여러모로 존경받는 설교자들

대부분이 세례 요한의 하나님 나라 범주에서 말씀을 선포한다. 하지만 그런 설교는 아무리 감동적이고 대중적인 지지를 받는다 하더라도 율법이지 복음은 아니다. 물론 세례 요한이 존경의 대상이긴 하지만, 우리가 믿는 믿음의 대상은 예수지 요한이 아니다.

여기서 중요한 것은 예수가 가까이 왔다고 선포한 하나님 나라는 무엇이며, 우리는 그것을 일상에서 어떻게 경험할 수 있는가다. 그것을 알아야 하나님 나라를 향한 메타노이아(회심)가 가능하기 때문이다. 목사도 예외가 아니다. 그 역시 하나님 나라를 일상에서 경험할 수 있어야 구원 설교를 할 수 있다. 문제는 하나님 나라가 공간이 아니라 통치이기에 우리는 그것을 손에 잡히는 방식으로 설명하거나 경험할 수 없다는 것이다. 쉽게 말하면 정의, 평화, 사랑, 기쁨, 자유, 안식, 희망이 하나님 나라다. 더 압축적인 단어를 찾는다면 생명 충만이다. 하나님은 그분의 방식과 능력으로 생명을 실현하실 것이다. 우리는 우주의 차원에서 실행되는 창조와 그것의 보존과 완성을 기다린다. 우리가 임박한 하나님 나라에 대해 좀 더 구체적으로 그리고 실존적으로 제기해야 할 질문은 우리의 일상에서 하나님 나라를 어떻게 경험하느냐 하는 것이다. 이는 다른 말로 하면 일상에서 하나님이 현존한다는 것을 어떻게 느낄 수 있느냐라는 질문이다.

하나님의 현존은 생명 사건에서 경험할 수 있다. 하나님 나라 또는 하나님의 현존은 우리가 생명을 느끼는 깊이만큼 우리에게 드러난다. 생명에 대한 우리의 인식과 느낌이 천박하면 하나님의 현존에 대한 인식 역시 천박할 수밖에 없다. 생명을 표면적으로만 경험하는 사람은 하나님의 현존도 그렇게밖에 경험하지 못한다. 쉽게 말해서 돈, 명예, 건강, 또는 자식들의 인생이 잘 풀리는 것을 생명(삶)으로 여기는 사람은 하나님의 현존을 그런 것에서만 경험하려고 할 것이다. 그러나 일상의 심연에서 생명을 경험하는 사람들이 있다. 이것은 우리의 일상에 창조의 빛이 들어 있다는 뜻이다. 이를 느낄 줄 아는 목사라면, 아이들이 엄마만 옆에 있으면 좁은 집에서 살든지 넓은 집에서 살든지 구애받지 않고 마냥 행복한 것처럼, 교회의 규모에 상관없이 행복하게 목회할 것이다. 이는 누구나 다 아는 이야기다. 그래도 이것을 의식하고 목회에 매진하는 것과 그러려니 하는 것과는 큰 차이가 있다. 나는 하나님 나라가 가까이 왔다는 예수의 선포를 통해 나의 일상에 깃든 하나님의 능력과 창조의 빛, 그리고 그분의 사랑과 자비를 수시로 경험한다. 이것은 나의 영성이 뛰어나서가 아니라 하나님의 은총이 크고 놀랍기 때문에 일어나는 것이다. 내 삶에 다른 것이 부족해도 아쉬울 게 하나도 없는 이유가 바로 여기에 있다.

하나님으로부터의 유기

4) 예수의 하나님 경험에서 마지막 대목은 하나님으로부터의 유기다. 마가복음이 전하는 예수의 공생애는 "하나님 나라가 가까이 왔다"(막 1:15)라는 말로 시작해서 "엘리 엘리 라마 사박다니"(막 15:34)라는 말로 끝난다. 하나님께 가장 가까이 갔던 사람이 하나님으로부터 버림받았다는 말을 마지막으로 토로했다. 아이러니도

이런 아이러니가 없다. 예수의 실존에서 벌어진 그 사태가 참으로 끔찍하다. 십자가에 달린 사람은 유대 전통이나 로마 전통에서 똑같이 저주받은 사람이었다(참조. 고전 1:23).

역설적이게도 하나님께 전적으로 의존해서 인생을 산 사람은 하나님으로부터 버림받았다는 느낌을 종종 경험한다. 버림받았다는 말은 하나님이 없을지도 모른다는 불안을 가리킨다. 이는 자기 신세를 한탄하는 게 아니다. 의로운 사람들이 고난을 겪고, 이유 없이 닥치는 재앙으로 고통당하는 이들이 많은 이 세상에서 우리는 이런 불안을 느끼지 않을 수 없다. 우리나라의 경우에 청소년들의 자살률이 유난히 높다. 어린이 암 병동에서 우리는 말을 잃는다. 심지어 수백 명의 청소년이 수학여행 중 배에 갇혀 떼죽음을 당하는 일이 백주에 일어나기도 했다. 이런 경우를 찾기 시작하면 끝이 없다. 하나님이 살아 계신지를 질문하지 않을 수 없다. 거꾸로 세상을 대충 대하는 사람들은 하나님으로부터의 유기도 경험하지 못한다. 믿음이 좋다는 한국교회 신자들에게서 이런 현상이 흔히 나타난다. 그들은 늘 찬송과 기도를 입에 달고 다니면서 하나님의 은총을 독차지한 듯이 살아가지만, 실제로는 인간 삶의 부조리에 대한 인식이 얄팍함을 금방 드러낸다. 부조리한 삶에 대한 고민도, 고통받는 사람들에 대한 연민도 없다. 곧 사랑이 없다. 하나님 없음 또는 하나님께 버림받음의 실존적 깊이를 전혀 알지 못하니 그들의 신앙 역시 경박해진 것이다.

나는 기독교인들이, 특히 목사들이 무신론을 무시하거나 피하지 말고 정면으로 대면하기를 바란다. 정당한 무신론은 기독교 신앙을 건강하게 한다. 포이에르바흐나 니체 같은 이들의 무신론이 그렇다. 니체는 이렇게 말했다. "신이 어디로 갔느냐고? 너희에게 그것을 말해주겠노라! 우리가 신을 죽였다. 너희와 내가! 우리가 모두 신을 죽인 살인자들이다." 이런 표현은 역설적이다. 당시 기독교의 하나님은 인간의 삶을 살리는 것이 아니라 위축시키는 신으로 왜곡되었다. 기독교의 이름으로 하나님을 반(反)생명적인 존재로 만든 것이다. 기독교 신앙이 자아의 투사로 나타나고, 오이디푸스 콤플렉스로 나타났다. 요즘 식으로 말하면 기독교 신앙이 기복주의와 반공주의 등으로 나타난 것이다. 이런 신은 선하게 세상을 창조한 신이 아니니, 더구나 십자가에 달린 예수를 죽은 자 가운데서 살리신 하나님이 아니니 결국 기독교 신앙이 신을 죽인 것 아닌가?

나는 하나님으로부터의 유기라는 예수의 하나님 경험이야말로 하나님 경험의 가장 심층적인 차원을 가리킨다고 생각한다. 하나님이 개입하지 않는 것과 같은 인간 실존에 대한 뼈저린 경험에서 실제로 하나님을 경험할 수 있기 때문이다. 이를 본회퍼의 표현을 빌려 말하면 "하나님 없이 하나님 앞에" 서는 것이다. 목회의 차원에서는 '긍정의 힘'이 아니라 '부정의 힘'을 붙드는 것이 오히려 올바른 태도다. 신자들에게 모든 게 잘된다는 말을 할 것이 아니라 안 될 수도 있다는 말을 해야 한다. 바울은 모든 것이 합력하여 선을 이룬다고 말했으나, 그것은 심리적인 차원에서 접근하는 긍정의 힘을 가리키는 것이 아니다. 그것은 자신의 운명과 실존에 개입되는 고난과 그림자를 통해 오히려 하나님을 경험하는 영적 통찰을 가리킨다. 나는 하나님으로부터 유기된 경험 없이는 부활 경험도 구원의 경험도 불가능하다고 생각한다. '엘리 엘리 라마 사박다니'라는 예수의 마지막 절규가 나에게는 오히려 절대적인 위로가 된다. 나의 영적 불안을 예수도 겪었다는 사실이 참으로 분명하니 말이다.

6. 구원과 예수 신앙

존재 신비

이제 나의 하나님 경험에 관해서 말할 순간이 되었다. 뜸을 너무 오래 들였는지 모르겠다. 이 경험이 문자로 전달되는 게 아니긴 하지만 다른 방법이 없으니 최대한 말로 진솔하게 설명해보겠다. 나의 하나님 경험은 구약과 신약에서 각각 세 가지 경우의 하나님 경험을 설명한 앞의 단락에서 이미 대략으로나마 드러났다. 졸저 『목사 공부』(2017년 발행, 새물결플러스) 후반부에 나오는 '하나님 경험과 산행'과 '하나님 경험과 시 경험'도 이에 관한 이야기다. 그것을 여기서 반복하지는 않겠다. 그것을 전제하고 나의 하나님 경험과 하나님 표상을 실질적으로(real) 말해보겠다. 그것을 알아듣게 말하지 못한다면 목사로서, 특히 구원을 선포해야 할 설교자로서 자격이 없다고 봐야 한다. 모든 설교의 바탕에는 설교자의 하나님 경험과 표상이 자리해야 하기 때문이다.

여기에 관련된 질문은 다음과 같다. 나에게 하나님은 누구인가? 나는 어떤 하나님을 어떻게 만났는가? 하나님 경험이 나의 삶을 실제로 어떻게 변화시켰나? 하나님 경험을 통한 구원의 확신이 실제로 있는가? 죄와 죽음으로부터 실제로 해방되었다고 말할 수 있는가? 그래서 매 순간 평화와 안식이 유지되는가? 욥과 같은 처지에 떨어진다고 해도 신세 한탄하지 않고 "내가 주께 대하여 귀로 듣기만 하였사오나 이제는 눈으로 주를 뵈옵나이다"(욥 42:5)라고 고백할 수 있나? 죽음에 대한 두려움에서 실제로 벗어났나? 이런 종류의 질문은 끝이 없다. 일일이 설명하기도 간단하지 않다. 모든 질문이 궁극적인 차원에 닿아 있기 때문이다. 모든 질문을 하나로 묶어서 다음과 같이 대답하겠다. 나에게 하나님은 '존재 신비' 혹은 '존재 능력'이다.

존재 신비라는 말이 어떤 이들에게는 애매하게 전달될 수도 있다. 하나님 경험이 명백하지 않으니까 저런 교언영색으로 말장난한다는 비판도 가능하다. 기도하는 중에 예수의 음성을 들었다거나 그의 모습을 환상으로 봤다거나, 그게 아니라면 거의 죽을 상황에 떨어졌다가 기도 응답을 받아서 살아난 경험 같은 이야기가 더 실감 날 수 있다. 최소한 목회 활동에서 경험했던 극적인 사건을 기대할지도 모르겠다. 하지만 나는 그런 기대를 채워줄 수 없다. 그런 것들이 목사 개인에게 진정성 있게 나타나고, 목회 현장에서 아무리 실용적인 효과를 나타낸다고 하더라도 나의 관심 사항은 아니기 때문이다. 그런 이야기들은 나에게 지루하다. 예언자들과 사도들을 통해 역사에 나타난 성서의 말씀을, 그리고 그것의 해석이자 시대와의 대화로 나타난 신학을 나름대로 평생 붙들었던 사람으로서 내가 경험한 하나님은 '존재 신비'이자 '존재 능력'이기에 나는 그것(만)을 말할 수밖에 없다. 이것이 나만의 생각은 아니다. 이미 수많은 영성가와 신학자 그리고 인문학자들이, 심지어 물리학자들까지도 존재 신비를 느꼈다. 각자의 전문 영역이 다르니 생각과 표현이 조금씩 다를 뿐이지, 그들은 성서, 신학, 인문학, 세상 경험에 근거해서 하나님을 존재 신비로 경험했다. 나의 인식과 경험의 수준이 높은 경지에 올라간 사람들에 비해 낮기는 하겠으나, 나도 이런 존재 신비의 경험이 무엇인지를 어느 정도 파악하고 있다. 한마디로 그 존재 신비에 참여하는 것이 나에게는 구원이다. 앞으로는 당분간 그에 대한 내 생각과 느낌과 경험을 설명해보겠다.

나는 지금 이 공간에서 살아 숨 쉬고 있다. 아직은 죽지 않고 살아 있지만, 나는 곧 죽을 것이고, 죽으면 내 몸을 구성하고 있던 모든 원소는 뿔뿔이 흩어질 것이다. 지구의 길고 긴 생명 현상 과정에 나는 지금 한순간에 아주 신비로운 방식으로 접속된 셈이다. 나는 사람의 생명이 단순히 원소들만의 집합에 한정된다고 생각하지는 않는다. 인간이 하나님의 형상(Imago Dei)으로 창조되었다는 성서의 진술을 나는 그대로 받아들인다. 그 하나님의 형상은 영이기도 하고 정신이기도 한 어떤 것이다. 존재이거나 기, 또는 힘이다. 질료와 형상이라는 아리스토텔레스의 개념으로는 형상(form) 곧 에이도스(eidos)이기도 하다. 이것은 보이는 나의 몸과 분리되지는 않으나 구분이 가능한 영적인 차원이다. 그런데도 원소로 구성된 현재의 내 몸이 나의 생명이라는 사실은 변치 않는다. 일단 몸이 없으면 생명도 없고 구원도 없다. 천사가 아무리 탁월한 존재라고 하더라도 나는 몸이 없는 천사가 되고 싶지는 않다.

내 몸의 구성 요소는 원소다. 전체 원소 숫자는 5천억 개이고, 종류는 13가지다. 산소 65퍼센트, 탄소 18퍼센트, 수소 10퍼센트, 질소 3퍼센트, 인 1퍼센트, 철 0.008퍼센트, 마그네슘 0.05퍼센트 등이다. 이 원소들은 모두 지구에서 얻을 수 있는 질료다. 이 원소들은 잠시 내 몸을 구성하다가 흩어지고, 그것이 다시 곤충이나 나무의 질료가 된다. 내가 죽기 전에 이미 천문학적 숫자의 원소가 내 몸에 들어왔다가 다시 떨어져 나가는 생리의 순환작용이 반복된다. 내 몸의 원소가 그대로 머물러 있으면 생명을 잃는다. 바위의 원소는 바위가 완전히 해체될 때까지 그대로 머물러 있기에 바위를 생명이라고 말하지 않는다. 여기서 핵심은 원소의 순환이다. 내 몸은 지구 안에서 일어나는 원소의 순환 운동에 잘 적응하는 생명체다. 흙에서 와서 흙으로 돌아간다는 성서의 가르침은 원자물리학에서 보더라도 옳다.

이런 이야기를 모르는 사람은 없다. 문제는 이 이야기를 얼마나 실질적으로 느끼고 받아들이느냐 하는 것이다. 이게 쉽지 않다. 우리가 경험하는 세상살이는 사람의 몸이 지구의 원소로 구성되어 있으며, 그 원소의 순환작용에 기대서만 인간이 존재할 수 있다는 사실을 가능한 한 외면하는 방식으로 작동되기 때문이다. 그 대신 인간 문명을 절대화한다. 교회도 마찬가지다. 신앙과 교리가 일종의 종교 이데올로기로 작동한다. 사람들은 자신의 믿음을 절대화하는 일에만 목을 맨다. 동성애자들과 이슬람교도들을 배척하고 부정하는 방식으로 자신들의 종교적 우월감을 돋보이게 한다. 사람이 지구에서 흔히 볼 수 있는 여러 원소의 결합이라는 사실을 진지하게 받아들인다면 자신과 다소간 다른 사람들의 삶이 새롭게 느껴지지 않겠는가? 모든 살아 있는 것에 연민을 느끼지 않겠는가?

나는 종종 내 손을 세심히 살펴본다. 피부, 손금, 핏줄, 손톱 등이 보이고, 손가락 뼈와 뼈마디를 느낄 수 있다. 손이 하는 일을 생각하면 놀랍다. 나는 지금 이 순간에 손가락을 놀려서 자판을 두드리고 있다. 아침마다 원두를 갈아서 커피를 내리는 일도 내 손의 몫이다. 아직 테니스를 즐길 수 있는 것도 다 내 손 덕분이다. 우리 집 마당에 심은 다섯 그루의 소나무 기둥과 솔잎을 손바닥으로 만질 때마다 내가 살아 있다는 사실을 생생하게 느낀다. 이런 말을 하기 시작하면 끝이 없다. 발도 마찬가지다. 내 몸의 모든 것이 생명 현상과 직결되어 있다. 한 부분이 약하면 다른 부분이 더 큰 역할을 한다. 원소는 이 모든 것의 가장 깊은 토대이지만 눈에 들어오지 않으니 실감은 나지 않는다.

소립자인 원소와 큰 물체인 내 몸 사이에는 가늠하기 어려운 비약이 자리한다. 내 몸을 구성하는 양만큼의 산소, 수소, 질소, 철, 나트륨 등을 큰 시험관에 넣고 열을 가한다고 해서 지금 나의 몸이 나올 수는 없다. 원소가 내 '몸' 자체는 아니라는 말이다. 어떤 모래 아티스트가 바닷가에서 모래로 미켈란젤로의 다윗상을 본뜬 상을 만들었다고 하자. 거기서 모래는 원소이고 다윗상은 몸이다.

예술가의 혼과 노력이 들어가지 않았다면 다윗상은 불가능하다. 그만한 양의 모래를 한군데 쌓아놓아도 바람에 의해 저절로 다윗상이 생기지는 않는다. 비가 내리거나 밀물이 들어오면 다윗상은 속절없이 무너져 자취를 감추고 모래 흔적만 남는다. 상투적인 비유이긴 하나 여기서 우리는 원소와 우리 몸 사이에 그 어떤 것으로도 대체될 수 없는 힘이 개입되었다는 것을 인정할 수 있다. 그 힘을 나는 신비라고 본다. 실증주의적 과학관에 묶여 있는 사람은 이를 인정하지 않을 것이다.

아직 나는 다윗상의 모습을 잃지 않고 있다. 여전히 살아서 숨을 쉰다. 몸을 지닌 내 삶은 여러 가지 점에서 제한적이다. 제한적이지만, 아니 제한적이라서 오히려 더 소중하다. 나는 내 몸과 세상의 관계에 집중하려고 노력한다. 숨을 잘 쉬고, 냄새를 더 깊고 풍부하게 맡으며, 사물의 촉감에 예민해지려고 노력한다. 이 세상에서 어떤 사물도 나에게는 사소하지 않다. 그것들이 바로 내가 몸으로서의 생명을 누릴 수 있는 통로이기 때문이다. 이것은 내가 평소에 자주 말했던 것이고 앞에서도 언급한 것이지만, 성찬식 경험이 너무 생생해서 여기서 다시 이야기하겠다.

나는 순서에 따라 성찬상 앞에 선다. 성찬상 위에는 성찬보로 덮인 세 개의 질그릇이 놓여 있다. 한 그릇에는 빵이, 다른 그릇에는 포도주가, 그리고 가장 작은 그릇에는 물티슈가 담겨 있다. 물티슈는 성찬식을 진행할 때 가장 먼저 사용되는 물품이다. 나는 회중이 볼 수 있는 위치에서 물티슈로 손을 닦는다. 어떤 목사들은 흰 목장갑을 손에 끼는데, 나는 별로 바람직하지 않다고 생각한다. 포도주가 담긴 질그릇에는 뚜껑이 있고, 그 뚜껑 위에 세 단으로 접은 흰색 천이 놓여 있다. 이 모든 것은 다 용도가 있다. 그 천을 펼쳐 포도주 그릇 아래에 받침으로 깐다. 포도주가 밖으로 흘러내리지 않게 하려는 것이다. 어느 날 성찬식을 진행하는데 그 천을 손으로 펼치는 순간 아주 특별한 느낌이 전달되었다. 장마 기간이라 주변의 모든 것이 끈적거렸지만, 이 천만은 뽀송뽀송했다. 성찬이 집행되는 순간이 아니었다면 나는 그 천을 좀 더 오래 만지고 싶었다. 그것은 촉감으로 느낄 수 있는 절정의 황홀감이었다.

성찬식을 집행할 때마다 이런 느낌이 자주 찾아온다. 느낌이 때에 따라 조금씩 다르다. 내가 빵을 직접 손으로 떼어 내 앞에 선 신자들의 손바닥에 올려놓는다. 나는 그 자리에 나온 신자들의 얼굴이 아니라 손만 본다. 사람들의 얼굴이 제각각인 것처럼 손도 그렇다. 빵을 손으로 잡고 떼어낼 때의 느낌이 특별하다. 빵은 무교병이 아니라 시중에서 살 수 있는 모닝빵인데, 유치원 어린이의 주먹 크기다. 무게는 가볍지만, 어느 정도 탄력이 있다. 그것을 보통은 네 조각으로 낸다. 내가 빵을 두 손으로 잡아 찢을 때 찢어지지 않으려고 빵이 버티는 걸 느낄 수 있다. 아마 쫄깃한 감촉을 주려고 업체에서 첨가제를 넣어 그렇게 만든 것으로 보이는데, 일정한 수준 이상의 힘이 가해지면 빵은 드디어 불규칙한 속살을 드러내면서 자신을 나에게 완전히 맡긴다. 마치 예수가 십자가에서 자기 몸을 내주듯이 말이다. 기껏해야 1초 동안 지속되는 그 느낌이 무척 황홀하다. "예수 그리스도의 몸입니다"라는 멘트와 함께 빵을 신자들의 손바닥 위에 올려놓는다. 신자들은 자신의 손바닥에 놓인 빵의 질감과 무게를 느낄 것이다. 그 빵을 포도주에 찍어 먹는다. 일련의 행위가 끝난 뒤에 나는 처음 순서와는 역으로 성찬상을 정리하면서 질그릇이 나의 손에 전달하는 촉감과 무게를 다시 느낀다. 마지막으로 물티슈로 손을 닦고 성찬보를 덮는다. 참으로 놀라운 경험이다. 내가 살아 있다는 실증이다. 성찬에 관계되는 모든 것, 즉 보이지 않는 것과 보이는 모든 것이 바로 존재 신비다. 여기서 나는 세상을 질료와 형상으로 창조하셨으며, 지금도 신비한 방식으로 보존하고 완성하시는 하나님을 경험한다. 시인들은 각양의 방식으로 이런 신비를 경험한다. 아래는 백무산 시인의 시집 『길은 광야의 것이다』에 나오는 시 "풀씨 하나"의 전문이다.

이렇게 작은 풀씨 하나가
내 손에 들려 있다
이 쬐그만 풀씨는 어디서 왔나

무성하던 잎을 비우고
환하던 꽃을 비우고

마침내 자신의 몸 하나
마저 비워버리고
이것은 씨앗이 아니라
작은 구멍이다

이 텅 빈 구멍 하나에서
어느날 빅뱅이 시작된다
150억년 전과 꼭같이
꽃은 스스로 비운 곳에서 핀다

이렇게 작은 구멍을 들여다본다
하늘이 비치고
수만리 굽이진 강물소리 들리고
내 손에 내가 들려 있다

생명을 총괄하는 능력으로서의 신비

존재 신비라고 할 때의 존재를 나는 생명을 총괄하는 시원적 능력이라고 생각한다. 이것은 좁게는 개별 생명 현상이고 크게는 지구를 포함한 우주다. 좁게는 보이는 것이고 크게는 보이지 않는 것을 포함한 모든 현상과 능력이다. 우리에게 익숙한 용어로는 하나님의 창조 능력이자 하나님 나라다. 철학과 물리학, 크게 말해 인문학과 자연과학은 창조세계와 하나님 나라에 대한 이해와 경험을 확장해주는 통로이기에 나는 기회가 주어지는 대로 철학과 자연과학을 젊은 시절부터 공부했고, 지금도 이에 관한 책을 읽는다. 플라톤, 아리스토텔레스, 하이데거, 사르트르, 노자, 장자, 그리고 불교 철학에서도 큰 도움을 얻었다.

 나는 분명히 이 세상 공간에서 지금 존재하고 있다. 이는 부정할 수 없으며, 부정한다면 지금의 시간과 공간 안에서 일어나는 모든 것이 성립되지 않는다. 문제는 내가 지금 여기서 존재한다고 해서 내일도 존재한다는 보장이 없다는 사실이다. 미래만이 아니라 과거로 돌아가도 비슷한 결론에 이른다. 5백 년 전의 시간과 공간에 나는 존재하지 않았다. 아마 씨앗으로 존재했다고 말할 수는 있을 것이다. 나는 5백 년 전에 존재하지 않았으나, 지금은 존재하고 있으며, 지금은 존재하고 있으나 내일, 넉넉히 잡아서 50년 후에는 존재하지 않는다. 도대체 '나'는 지금 실제로 존재하는가, 존재하지 않는가? 화이트헤드의 철학 개념에 따르면 나는 과정으로만 존재하는지 모른다. 바울은 자신이 그리스도 안에 존재한다고 말했다. 이는 종말에 확연하게 드러날 부활 사건 안에서 존재한다는 뜻이다. 어쨌든지 존재가 무엇인지에 대한 이야기는 동서양을 막론하고 수없이 제시되었고, 누구나 동의할 만한 대답은 나오지 않았다. 기독교적으로 말하면 우리는 존재가 환한 빛으로 나타날 순간을 기다린다. 그 순간이 다가오는 중이다. 그것을 기독교는 종말론적 계시라고 말한다. 그래서 나는 존재를 말할 때 신비라는 단어를 붙이지 않을 수 없다.

존재 신비라는 말에서 '신비'는 오해받기 쉬운 단어다. 특히 개신교회에서는 그런 오해가 잦다. 신비를 산신령에게 나타나는 속성쯤으로 여기는 것이다. 극단적으로는 마법 비슷한 것으로 여기기도 한다. 한국교회에서는 기도원 운동이 이렇게 정통 기독교 사상과는 구별되는 왜곡된 신비주의와 결탁했다. 방언, 입신, 축귀 등의 능력도 신비로 받아들여진다. 하지만 기독교 정통신학에서의 신비는 그런 것과 전혀 차원이 다르다. 나는 마이스터 에크하르트 같은 중세의 신비주의자에게서 기독교의 정통 신비주의가 무엇인지를 배웠다. 에크하르트는 그 누구보다도 논리적이고 합리적으로 생각하는 사람이었다. 여기서 신비주의는 유한 속에서 무한의 깊이를 논리와 합리의 차원에서 경험하는 것이다. 아래는 폴 틸리히의 설명이다.

> 기독교 신비주의는 개인이 신적인 것의 심연에서 사라지는 절대적, 또는 추상적 신비주의, 곧 동방적 신비주의나 신플라톤적 신비주의와 혼동되어서는 안 된다. 기독교 신비주의는 정통주의 프로테스탄트 신학자들조차도 그것을 '신비적 합일'(unio mystica)이라고 일컬었던 것으로, 지금 여기서 우리에게 현존하는 신과 직접적으로 하나되는 것을 의미한다. 정통주의 신학자들도 이를 인간이 참여할 수 있는 신 관계의 최고 형태라고 보았다(폴 틸리히, 『그리스도교 사상사』, 228).

합리적으로 생각할 줄 모르는 사람은 신비주의자가 될 수 없다. 왜냐하면 신비는 합리적인 사유를 통해 궁극적인 것을 만나는 경험이기 때문이다. 예를 들어 우주물리학과 양자역학을 알면 세상이 얼마나 다층적이고 심층적이며 불확정적인지를 내다볼 수 있다. 그것이 신비경험이다. 역사도 마찬가지다. 그 어떤 역사도 기계적으로 진행되지 않는다. 생물학적 진화의 돌연변이 현상은 역사에서도 일어난다. 개인의 실존에는 무한한 심연이 자리하고 있다. 이 모든 것의 궁극적인 원인이자 궁극적인 미래인 하나님 경험을 신비 외에 그 어떤 개념으로 설명할 수 있겠는가?

하나님을 존재 신비로 경험한다는 주장은 철학적이거나 자연주의적인 관점이지 예수 믿고 구원받는다는 기독교 신앙과는 별로 관련이 없는 것이 아니냐는 반론이 가능하다. 일리 있는 반론이다. 그리고 목회 현장에서 볼 때 현실적인 반론이기도 하다. 기독교인들은 세상살이에 관한 것만으로도 머리가 충분히 복잡해서 교회에 나와서까지 현학적인 것으로 오해될 수 있는 말에 귀를 기울이려고 하지 않는다. 사실 이것은 현학적인 것이 아니라 궁극적인 것인데도 말이다. 더구나 예수의 복음은 존재나 신비 같은 개념적인 용어들을 이해할 수 없는 사람들에게도 명확하게 전달되어야 하지 않겠는가? 그런 주장은 옳다. 설교자인 나 역시 교회를 찾아온 사람들에게 인문학이나 자연과학을 말하지 않고 예수 그리스도를 믿고 구원을 받으라는 한 가지 메시지만 전한다. 그러나 '나의 하나님 경험'을 말하는 이 자리에서 존재 신비를 언급하는 이유는 복음을 구호로만 다루지 말고 거기에 내용을 채우는 것이 중요하다고 생각하기 때문이다.

복음의 내용이 인문학과 자연과학의 토대 위에서, 즉 삶의 총체적 관점과 경험에서 채워지지 않는 상황이 반복된다면 교회는 종말론적 구원 공동체가 아니라 일부 사람들의 종교적 호기심만 자극하는 일종의 마켓으로 전락하게 될 것이다. 삶의 심연과 신비를 조금이나마 느끼는 사람이라면 한국교회에 나타나는 이런 조짐을 눈치채고 기회만 있으면 떠나려고 할 게 분명하다.

종말을 향해 열린 생명 신비

나에게 하나님이 존재 신비인 것처럼 예수도 존재 신비다. 예수가 그리스도라는 사실, 다시 말해 예수를 통해 일어난 구원 사건은 계산기를 통해 답을 얻을 수 있는 그런 차원의 문제가 아니다. 이것을 그냥 신비라고만 말해도 될 텐데, 굳이 존재 신비라고 내가 표현한 이유는 하나님과 예수로 인해 발생한 구원이 존재(being)의 차원이기 때문이다. 존재는 사람이 처리할 수 있는 사물이나 용건이 아니라 하나님에 의해서만 드러날 수 있는 사건이자 능력이다. 우리에게 익숙한 용어로 바꾸면 하나님의 계시다. 예수는 나에게 존재 신비 또는 계시 신비다. 이를 더 일반적인 용어로 바꾸면 생명의 신비다. 이와 연관된 기독교 교리 중에서 두 가지만 예로 들겠다.

첫째는 예수가 하나님의 아들이라는 교리다. 하나님의 아들이라는 표현은 예수에게 나타난 궁극적인 진리를 가리키는 메타포다. 초기 기독교인들은 예수를 인간이기는 하되 인간에 한정되지 않는, 그리고 신이기는 하되 신성에 고립되지 않는 특별한 인물로 경험했다. 그는 참된 신이면서 참된 인간이었다. 그런 존재를 가리키는 가장 적합한 개념이 구약에 근거를 둔 '하나님의 아들'이었다. 우리는 참된 신이면서 참된 인간이 어떤 존재인지를 아직 완전하게 알지 못한다. 두 속성이 한 인격체 안에서 혼합되지 않은 상태에서 구별되면서 하나를 이룬다는 것은 우리의 인식을 뛰어넘는다. 하지만 우리가 분명하게 알 수 있는 것은 하나님께만 가능한 구원이 예수의 운명에서 실행되었다는 점에 근거하여 제자들과 초기 기독교인들이 예수를 하나님의 아들로 규정했다는 것이다. 궁극적인 진리가 완전하게 드러나는 종말이 오면 그것의 실체적 진실을 알게 되겠지만, 아직까지는 신비로 남아 있다.

둘째는 영생이라는 교리다. 예수를 믿는 사람은 영원한 생명을 얻는다는 것이 요한복음의 핵심 주제다. "예수께서 이르시되 '나는 부활이요 생명이니 나를 믿는 자는 죽어도 살겠고 무릇 살아서 나를 믿는 자는 영원히 죽지 아니하리니 이것을 네가 믿느냐?'"(요 11:25-26) 우리는 영원 개념을 단어로만 알지 실제로는 모른다. 이는 우리가 영원을 경험해보지 못했기 때문이다. 영원한 생명이라는 표현도 말이나 개념으로만 알지 실제로는 모른다. 우리는 단순히 죽음이 없는 생명을 영생이라고 말하지 않는다. 죽음이 없으면 생명도 없기 때문이다. 바위에는 죽음이 없으니 생명도 없다. 성서가 말하는 영생(eternal life)은 끝이 없는(endless) 상태가 아니라 하나님의 생명에 참여하는 것이다. 그 하나님의 생명이 예수 그리스도에게 나타났다고 우리는 믿는다. 하지만 우리는 그것이 어떤 것인지를 모든 사람이 알아듣도록 설명할 준비가 아직 안 되었다. 그것은 종말로 열려 있다. 종말로 열린 영원한 생명은 오늘 우리에게 신비다.

위에서 예로 든 것만이 아니라 대부분의 교리가 종말로 열려 있다. 재림, 심판, 교회, 예배 등등이 다 그렇다. 종말로 열려 있다는 말은 막연하다는 의미가 아니다. 이 말은 실증적으로 인식할 수 없는 것에 대해서는 언급하지 말아야 한다는 불가지론에 떨어져도 된다는 의미는 더더욱 아니다. 성서도 하나님을 본 자는 죽는다고 말하지만, 죽지 않으면 하나님의 궁극적인 실체를 경험할 수 없다. 성서는 하나님에 대해 계속 말한다. 하나님은 간접적이고 부분적으로, 즉 종말론적으로 자신을 우리에게 알리시기에 우리는 그 범주 안에서 말할 수 있을 뿐이다. 우리가 태양을 직접 눈으로 볼 수 없는 것처럼 하나님을 직접 경험할 수는 없지만, 특수 제작된 선글라스를 끼고 태양을 관찰할 수 있는 것처럼 하나님을 간접적으로는 경험할 수 있다. 그런 경험은 어딘가 부족하니까 간접적이라고 말하는 것이 아니다. 이 경험은 전체에 속한 부분이기에 전체가 다 드러나기 전까지는 전체가 나타나기를 기다리면서 지금은 부분만 말할 수 있다는 뜻이다. 다시 말해서 종말 이전의 모든 것은 간접적이고 잠정적이다. 간접적인 방식으로 구원을 경험할 수 있고, 그 경험을 변증할 수 있다. 이는 세상에 던져진 인간의 근본적인 실존이다. 이런 점에서 우리는 순례자들이다. 우리는 예수를 통한 구원을 이미(already) 경험했지만 아직은 완성되지 않은(not yet) 길을 가는 중이다. 이런 순례로서의 신앙을 인정해야 한다. 그렇지 않으면 신학도 설교도 필요 없다. 지금부터는 내가 예수 그리스도와 어떤 관계를 맺고 있는지에 대해 좀 더 구체적으로 이야기하겠다.

예수는 하나님이다

나에게 예수는 실제로 그리스도, 즉 구원자시다. 나는 신약성서가 열거하는 예수에 대한 호칭을 모두 받아들인다. 그는 그리스도, 나의 주(主), 종말에 세상을 심판할 인자(人子)이고, 길과 진리와 생명이다. 그는 하나님의 아들이자 재림 주이고 다윗의 후손이며 임마누엘이다. 나는 예수를 통해 이미 구원받았다고, 궁극적으로는 종말에 구원받을 것이라고 믿는다. 예수는 서른 살에 하나님께 부르심을 받아 출가하여 하나님 나라를 선포하다가 몇 년 지나지 않아 산헤드린의 종교재판과 로마 총독인 빌라도의 정치재판에 넘겨져 십자가에서 처형당한 인물이다. 그는 소수의 제자에 의해 죽은 자들 가운데서 다시 살아난 분으로 선포되었다. 예수는 부처나 공자처럼 천수를 다 누리면서 자기 생각을 사람들에게 전하지 못했다. 그의 십자가 죽음은 모멸의 대명사다. 그의 부활은 객관적으로 인정받을 수 있는 사건이 아니었다. 예수의 십자가 처형은 로마 병정들을 비롯한 여러 사람이 모인 장소에서 공개적으로 집행된 것이지만, 그의 부활은 평소에 그를 추종하던 일부 사람들만이 경험한 것이기 때문이다. 예수를 하나님의 아들이요 인류를 구원할 그리스도로 믿는다는 것은 전혀 상식적이지 않다. 예수를 믿으니까 복을 받았다거나 마음이 평안해졌다거나 도덕적으로 반듯한 사람이 되었다는 것으로는 해명이 안 된다. 내가 여전히 예수를 믿음으로써 구원받았다고 믿는 근거는 무엇인가?

내가 아는 예수는 하나님을 가장 가까이 경험한 사람이다. 그는 자신이 하나님이라고 말할 수 있을 정도로 하나님과 일치되어 살았다. 예수는 생명 자체라고 말해도 좋을 정도로 생명에 가장 가까이 간 사람이다. 그것을 당신이 어떻게 확신하느냐고, 또는 예수 외에도 그에 못지않게 정신적으로 출중했던 인물들이 지난 역사에 많지 않았느냐고 묻지 않았으면 좋겠다. 지금 나의 처지는 독일의 유명한 성악가인 디트리히 피셔 디스카우가 슈베르트의 연가곡 〈겨울 나그네〉를 노래하는 장면과 비슷하다. 디스카우는 그 노래에 몰입해서 노래하는 것이지, 그 곡이 다른 곡에 비해 더 좋은 이유, 아니 비교할 수 없을 정도로 탁월한 이유를 사람들에게 이론적으로 해명하려는 것이 아니다. 청중은 그의 노래를 들으면서 〈겨울 나그네〉의 위대한 예술성을 경험할 것이다. 나는 종교학자로서 예수를 다른 위대한 종교 영웅들과 비교하는 것이 아니라 예수의 제자로서 예수 경험을 말(노래)하는 중이다. 예수는 나에게 절대적인 존재다. 그에게 가까이 갈수록 구원에 가까이 간다는 느낌과 인식이 주어진다. 즉 생명의 근원인 하나님께 가까이 간다는 확신과 신뢰의 경험을 하게 된다. 이것이 바로 구원의 경험 아니고 무엇이겠는가?

바울은 고린도후서 4:6에서 다음과 같이 진술했다. "어두운 데에 빛이 비치라 말씀하셨던 그 하나님께서 예수 그리스도의 얼굴에 있는 하나님의 영광을 아는 빛을 우리 마음에 비추셨느니라." 이 구절은 앞에서 '바울의 하나님 경험'을 다루면서 간단히 짚었다. 이 구절을 이해하려면 창조의 빛, 예수 그리스도의 인격과 운명, 하나님의 영광, 인식의 빛을 두루 살펴야 한다. 이를 더 요약하면 예수 그리스도의 인격과 운명에서 하나님의 영광을 경험한다는 것이다. 하나님의 영광은 하나님의 존재 방식이다. 하나님은 지구 밖의 어느 공간을 차지하는 분이 아니라 영광의 능력으로 존재하는 분이다. 예배 중에 나오는 "하나님께 영광을 바친다"라는 표현은 하나님을 하나님으로 높인다는 뜻이다. 하나님을 하나님으로 높인다는 것은 하나님의 창조와 구원 행위에 집중한다는 뜻이다. 하나님은 세상을 창조하셨다. 모든 생명은 하나님에게서 나왔다. 바울은 고린도전서 8:6에서 이렇게 진술했다. "우리에게는 한 하나님 곧 아버지가 계시니 만물이 그에게서 났고 우리도 그를 위하여 있고 또한 한 주 예수 그리스도께서 계시니 만물이 그로 말미암아 있느니라." 이 구절도 앞에서 인용한 구절과 같은 의미다. 바울은 예수 그리스도를 창조주 하나님과 같다고 말한다. 만물이 하나님에게서 난 것과 마찬가지로 만물은 예수 그리스도로 말미암는다. 이는 예수에게서 하나님의 영광을 가리키는 생명이 발생했다는 것이다. 그것이 곧 부활 경험이다. 예수는 죽은 자들 가운데서 생명체로 살아나셨다. 정확하게 표현하면, 창조주이신 하나님이 창조의 능력으로 예수를 '죽은 자' 가운데서 살리셨다.

    죽은 자는 육체적으로 죽은 자만이 아니라 영적으로 죽은 자도 가리킨다고 보는 게 옳다. 아직은 우리의 숨이 붙어 있으나 곧 숨이 끊길 것이다. 그것은 시간문제다. 시간도 상대적이니 숨이 끊기는 것도 상대적이다. 우리는 아직 살아 있으나 실은 죽은 자나 진배없다. 현재 표면적으로 살아 있다고 하더라도 실제로는 죄와 죽음 가운데 놓여 있을 수 있으니 말이다. 그런 삶에 매몰된 사람은 그 사실을 알지 못하고 인정하지 않을 것이다. 바울을 비롯하여 제자들과 초기 기독교인들은 예수가 살아 있는 자나 죽은 자를 막론하고 모든 사람에게 생명이 된다는 사실을 인식하고 경험했다. 그런 인식과 경험이 저절로 되는 것은 아니다. 창조와 생명의 빛이 그런 인식과 경험을 가능하게 한다. 이 사실을 바울은 "하나님의 영광을 아는 빛"이라고 묘사했다. 나는 그의 진술이 옳다고 생각한다. 성서가 말하는 창조의 빛을 아는 사람은 하나님의 영광, 즉 하나님의 생명이 예수의 운명에서 발현되었다는 사실을 인식할 수 있다.

창조 신앙은 내가 하나님의 구원에 가까이 가도록 두 가지 관점을 선물로 주었다. 첫째, 하나님은 세상을 무로부터 창조하셨기에(creatio ex nihilo) 나는 유와 무를, 즉 존재하는 것과 존재하지 않는 것을 구분은 하지만 분리해서 보지 않게 되었다. 세상은 우리를 존재하는 것에만 집중하게 만든다. 강, 산, 민들레, 고양이, 집, 학교, 연봉 등등에 말이다. 하나님이 창조한 모든 것은 우리가 오감을 통해 확인할 수 있는 방식으로 존재하는 것들이다. 하나님 신앙에서도 그런 것들은 아무리 강조해도 지나치지 않을 정도로 소중하다. 그러나 그런 것들이 절대적이지는 않다. 모든 것은 세상에 나와서 잠시 머물다가 때가 되면 없어진다. 따라서 지금 존재하지 않는 것들도 그에 못지않게 소중하다. 지금은 존재하지 않지만 앞으로 존재할 수 있는 것들이 있다. 우리는 그것에 관한 구체적인 시간표를 모르나, 그것이 하나님 안에서 실행되는 사건들이라는 것은 분명하다. 이미 오래전에 존재했으나 지금은 무로 돌아간 것들도 많다.

지금 존재하는 것들만 절대적인 것은 아니라는 뜻이다.

　창조 신앙으로 세상과 삶을 대하기란 쉽지 않다. 지금 존재하는 것들이 우리의 삶을 압도하기 때문이다. 고대 이집트나 잉카나 로마 문명은 태양을 신으로 섬겼다. 존재하는 것 중에서 가장 큰 능력을 행사하는 것이 태양이기 때문이다. 그러나 구약성서는 태양마저 피조물로 본다. 내가 얼마 후에 죽어서 무가 된다고 해도 걱정하지 않는다. 무(無)마저도 하나님의 창조 능력 안에 들어 있기 때문이다. 이런 창조 신앙으로 직접 죽음이 내 눈앞에 다가왔을 때도 두려워하지 않고 하나님의 거대한 창조 능력에 안기는 기쁨을 누릴 수 있을지는 두고 봐야겠다. 그분이 도와주시기를!

　둘째, 하나님이 창조하신 세계는 선하기에 나는 지금 악으로 보이는 것까지도 큰 틀에서 하나님의 선하심 안에 들어 있다고 생각한다. 하나님은 존재 자체가 선하신 분이다. 좋은 나무가 당연히 좋은 열매를 맺듯이 하나님의 창조 행위는 궁극적으로 선하다. 하지만 우리 앞에 있는 것들에는 악한 것들이 적지 않다. 실제로 악하고 파렴치한 것들도 많다. 그러나 악한 실재 앞에서도 하나님의 창조를 선하다고 말할 수 있는 우선적인 근거는 내게 선과 악을 분별하는 능력이 없음을 알기 때문이다. 이는 심한 감기에 걸린 아이의 상태와 비슷하다. 몸을 힘들게 하는 감기가 사실은 더 큰 병을 막기 위한 예방 증상인 것처럼 나는 내 앞에서 벌어지는 악마저도 하나님이 선하게 사용하실 것이라고 믿는다. 더 근본적으로 악한 실재는 아무리 막강한 듯이 보여도 하나님의 통치 아래 놓여 있다. 이것은 성서를 읽는 사람이라면 누구나 아는 내용이다.

이것을 관념적인 교리로만 보면 곤란하다. 실질적인 삶의 능력이 여기서 나온다. 나는 인생이 나락으로 떨어지는 경험이 얼마나 고통스러운지 안다. 장애를 안고 태어난 아이를 키우는 부모의 마음을 안다. 어린 시절 당한 성폭력의 트라우마로 평생 고통당하는 여성들이 그 고통에서 벗어나기란 쉽지 않다. 그런 고난과 재앙을 우리가 연대해서 극복할 수 있도록 최대한 노력해야 한다. 그렇지만 그런 것들로 인해 하나님의 창조가 지닌 선한 속성이 근본적으로 부정당하지 않는다는 사실만은 놓치지 말아야 한다. 우리의 영혼의 촉수가 예민해져서 그 선한 속성을 좀 더 많이 발견했으면 한다. 그리고 그런 속성이 개인과 사회 안에서 드러날 수 있도록 우리의 힘을 모아야 한다. 그것이 바로 창조 영성이자 창조 신앙으로 살아가는 우리 기독교인의 삶의 태도가 아니겠는가?

예수 그리스도의 얼굴

이 창조 신앙에 근거해서 나는 바울이 고린도후서 4:6에서 고백한 것처럼 '예수 그리스도의 얼굴'에, 즉 예수의 인격과 운명에 하나님의 영광이 나타났다는 사실을 정확히 이해하고 믿게 되었다. 그 하나님의 영광은 궁극적인 생명의 발현이다. 이를 깨닫게 해준 바울을 진심으로 고맙게 생각한다. 이것이 말이 될까? 나는 말이 된다고 생각하고 그렇게 믿는다. 말이 안 된다고 생각하는 사람들도 많다. 이 문제는 결국 생명이란 무엇인가 하는 질문과 직결된다. 앞에서 드문드문 언급했기에 생명 문제를 여기서는 다시 논하지 않겠다. 다음과 같이 정리하면 된다. 성서는 생명을 하나님의 선물로 보지만 현대인들은 자신이 생산할 수 있는 것으로 여긴다. 현대인들은 한 번뿐인 인생을 자기 주관대로 멋지게 살다가 죽는 게 최선이라고 생각하면서 평생 자신과 자신의 생산성에 주목한다. 21세기 문명이 제공하는 문명의 편리함을 이용하여 삶을 가장 화려하게 누리는 방식으로 인생을 산다. 어리석은 부자의 비유에 나오는 대사가 현대인의 주문(呪文)이다. "영혼아! 여러 해 쓸 물건을 많이 쌓아 두었으니 평안히 쉬고 먹고 마시고 즐거워하자"(눅 12:19). 그렇게 사는 사람을 많은 사람이 부러워한다. 자본주의 체제 아래서는 부러워할 만하다. 그러나 우리는 진지하게 질문해야 한다. 그런 방식으로 생명이 실제로 완성되는 것일까? 삶이 실제로 풍요로워질까? 실제로 행복할까? 현대인들에게는 그것이 최선이겠으나, 하나님을 믿는 나는 '아니오'라고 대답할 수밖에 없다. 이 문제는 구원을 선포해야 할 목사들이 피하면 안 되는 것이기에 좀 더 보충해서 설명하겠다.

오늘 우리가 살아가는 세상은 인간이 자연과의 경쟁에서 이미 승리를 거두었다고 확신하게 만든다. 아직 해결해야 할 숙제가 남아 있으나 모든 것은 시간문제일 뿐 문명의 승리는 명백해 보인다. 인간이 인공지능을 통해 신의 자리까지 넘보게 되었다. 신은 뒷방 늙은이 취급을 받는다. 사람들이 '만들어진 신'이라는 주장에 열광하는 데서도 이를 확인할 수 있다. 그들의 주장과 열광은 식을 기세가 아니다. 내가 보기에 문명이 고도화될수록 그 문명을 축적하는 인간의 영혼은 더 위축되거나 경박해진다. 겉으로는 화려하나 속으로는 찌든 모습이다. 이것이 바벨탑 사건과 다를 게 무엇인가? 한 가지 예를 들면, 인터넷과 스마트폰이 우리의 삶을 여러모로 변모시켰다. 긍정적인 면으로는 대형 신문사가 여론을 독점하지 못하게 되었다. SNS를 통해 여론의 민주화가 명실상부하게 일어났다고 해도 틀린 말이 아니다. 개인 스마트폰은 거의 무한정으로 정보 교환을 가능하게 했다. 정보 과잉이다. 몰라도 되는 비슷한 정보가 넘치고, 심하게는 가짜 뉴스가 힘을 발휘한다. 기술 문명의 반(反)작용이다. 온갖 정보가 범람하는 바람에 우리는 "인간이 누군가?"에 대한 근본적인 질문에서는 점점 멀어지고 있다.

요즘 나는 정치 사회 뉴스를 가능하면 안 보려고 한다. 스마트폰은 없고 대신 전화와 문자만 가능한 폴더폰을 사용하고 있는데, 서재의 컴퓨터를 통해 중요한 것만 선별해서 듣고 웬만한 것은 지나간다. 알아도 그만, 몰라도 그만인 것들을 듣느라 내 소중한 시간을 쓰기가 아깝기 때문이다. 어느 특정 정치인의 수다에 가까운 이야기를 내가 왜 들어야 하나? 딸에게 들은 이야기다. 스마트폰 화면에 매달려 오랜 시간을 보내는 자신이 나중에는 허무하게 느껴지더란다. 무의미한 일에 시간을 허투루 보내야 할 만큼 세상이 무료하다면 그곳이 바로 지옥 아닐까? 인간이 발전시킨 과학 문명에 오히려 인간이 지배당한다는 사실을 다 알지만 쉽게 벗어나지 못하는 것 같다. 인간은 인공지능에 의해 지옥을 지옥으로 느끼지 않는 종족으로 진화할지도 모른다. 그렇다면 과학 문명이 꿈꾸는 인간 구원의 미래는 영화 〈매트릭스〉(The Matrix, 1999)나 〈트루먼 쇼〉(The Truman Show, 1998)가 가리키는 가상공간으로 떨어지는 게 아닐는지.

　나는 반(反)문명을 예찬하지도 않고 추종하지도 않는다. 문명의 발전을 통해 우리가 여러 가지 불편한 삶에서 해방되었다는 사실을 무시할 수는 없다. 세탁기와 냉장고 같은 문명의 이기들은 집안일을 간편하게 처리하게 함으로써 고된 노동시간을 줄여주었다. 의료 기술의 발달로 건강이 증진되고 수명이 대폭 연장되었으며 장애인들의 삶도 좋게 바뀌었다. 앞으로 상상할 수 없을 정도로 삶의 형편이 좋아질 것이다. 이런 것을 다 인정하더라도 문명은 인간을 구원하지 못한다. 상투적인 표현이기는 하지만 문명이 화려하게 꽃핀 오늘날에도 죄와 죽음의 그림자는 여전히 사라지지도 줄어들지도 않았다. 분노, 적개심, 조롱, 혐오가 여전히 있다. 사람들은 자기만 손해를 보지 않을까 조바심을 낸다. 세상은 훨씬 편리해지고 풍요로워졌는데도 우리는 먹고살기 힘든 시절의 사람들과 마찬가지로 쫓기며 산다. 오죽했으면 『피로 사회』라는 책까지 나왔겠는가! 기독교인들도 예외가 아니니, 이런 현실에서 목사가 복음을 제대로 선포하기가 보통 어려운 게 아니다.

　신약성서를 기록한 이들은 생명의 원초적 능력을 십자가와 부활이라는 예수의 운명에서 인식하고 경험했다. 그들은 예수의 운명에서 하나님의 영광을 보았고 그의 운명에 참여함으로써 생명을 풍요롭게 누릴 수 있다고 믿었다. 나도 제자들과 기독교 전통에서 살았던 신앙의 선배들처럼 예수를 통해 생명을 얻는 길을 선택한 사람이다. 나는 십자가를 통해 죄가 용서되었으며 죽은 자로부터의 부활을 통해 생명을 얻었다는 사실을 삶의 중심으로 삼는다. 세상의 문명과 재물을 통해 인생을 확장해보려는 강요와 유혹에 넘어가지 않으려고 노력한다. 가난해도 예수 그리스도 안에 있으면 생명을 풍요롭게 누릴 수 있다고 믿는다. 이것이 쉽지 않고 시행착오가 반복되지만, 나는 무엇을 먹을까 마실까 입을까 하는 염려에서 벗어나서 하나님 나라와 그의 의를 추구하는 삶을 살아내려고 한다. 이런 삶은 자학이나 변명이나 자기 합리화도 아니고, 가난에 대한 미학이나 종교적 수사도 아니다. 이는 예수의 약속을 신뢰하는 영적 결기이자 선택이다. 이 책을 접하는 믿음의 동지들도 나와 같은 생각을 할 것이다. 복잡하게 생각할 것 없다. 생명은 하나님의 것이고 선하게 창조된 것이니 우리가 하나님을 믿는다면 당연히 어떤 상황에서도 인간적인 염려에서 벗어날 수 있을 것이다. 생명의 영이 우리를 도우시리라!

가난한 교회

가난하게 살아도 하나님만으로 또는 말씀만으로 삶이 풍요로울 수 있다는 말이 다른 이들에게도 얼마나 설득력 있게 들릴지 나도 잘 모르겠다. 불볕더위가 기승을 부리는 날씨에도 폐지를 손수레에 실어 나르면서 쪽방촌에서 선풍기 하나로 지내는 사람들에게 이런 말이 가당키나 할까? 나도 어린 시절에 찢어질 정도로 가난하게 산 적이 있었다. 그때는 생존에 모든 삶의 에너지가 소진되어서 몸과 마음이 무척이나 위축되었던 것 같다. 지금 생각하면 정말 끔찍한 환경이었지만 나는 내 나름의 방식으로 그럭저럭 일상을 버텨낼 수 있었다. 당시는 대한민국의 경제 수준이 바닥이었으니 다른 사람들의 삶도 힘들기는 마찬가지였다. 이처럼 절대적인 가난의 문제는 국가가 좀 더 책임을 져야 사회가 더욱 진보할 수 있다. 그런데 문제는 가난 자체보다 상대적 박탈감이다. 좋은 정치는 행복하게 살기 위해 부자가 되어야겠다는 사람의 욕망을 무한정 자극하는 것이 아니라 시민들이 상대적인 박탈감을 느끼지 않도록 그들의 공동체 정신을 불러일으키는 것이어야 한다. 오늘날 대한민국에서는 이런 정치가 아직은 요원해 보인다. 그런 노력을 하는 소수의 정치인이 있기는 하나 불행하게도 그들에게는 세상을 바꿀 실질적인 힘이 없다.

가난한 교회를 맡은 목사도 삶을 풍요롭게 꾸려갈 수 있을까? 하나님 말씀만으로 목사의 영혼이 자유로울 수 있을까? 영혼의 자유가 무엇인지를 경험해보지 않은 이들에게 이 질문은 애매하거나 낯설게 들린다. 가난한 교회의 목사들에게 닥치는 실질적인 어려움은 핵심적으로 두 가지다. 하나는 일반 사람들과 마찬가지로 먹고사는 문제로 삶이 힘든 것이고, 다른 하나는 다른 이들에게 성공한 목사로 인정받지 못해 불안한 것이다. 그 외에 크고 작은 다른 문제들도 있다. 목사가 목회의 매너리즘이나 패배감에 떨어질 수도 있고, 소명의식이 퇴색될 수도 있으며, 극단적으로는 신경증 증상을 보일 수도 있다. 목사에게 인격의 질적 저하와 영성의 빈곤 현상이 일어나는 것이다. 그러나 전체적으로 보면 앞에서 말한 두 가지 문제로 집중된다.

먹고사는 문제는 목사 자신이 현실적으로 대처해야 한다. 교회에서 받는 사례비로 살면 최선이고, 그것이 힘들다면 다른 돈벌이를 구하거나 부부가 맞벌이를 해야 한다. 목사도 생계의 문제를 일반 신자들과 똑같은 방식으로 해결해야 한다는 뜻이다. 아무리 노력해도 해결이 안 된다면 목사직을 포기하고 차라리 생활 전선에 뛰어드는 게 낫다. 이런 일이 일어나지 않도록 노회나 총회 차원에서 목사의 최저생활비 문제를 해결해주는 것이 원만한 방법일 것이다. 한편, 주변에서 능력 있는 목사로 인정받지 못해서 겪는 불안감이나 열등감은 목사의 무의식에 숨어 있어서 본인이 실제로 느끼지 못할 수도 있다. 목사의 그런 무의식이 신자들을 공격하는 방식으로 표출되는 경우도 허다하다. 물론 초심을 잃지 않고 목회를 훌륭하게 수행하면서 교회 안팎에서 존경을 받는 목사도 많겠지만, 오늘날 한국교회의 전반적인 상황을 놓고 본다면 목회자의 정체성은 생활고와 소명의식의 고갈로 인해 위기 상황에 봉착했다고 말하지 않을 수 없다.

다시 본론으로 돌아와서 가난한 교회의 목사도 행복할까? 구원받았을까? 그럴 수도 있고 아닐 수도 있다. 거꾸로 부자 교회의 목사는 불행할까? 그럴 수도 있고 아닐 수도 있다. 빈부 자체가 삶에서 결정적인 요인이 아니듯이 가난한 교회와 부자 교회라는 조건이 목사의 삶에서 결정적인 요인은 아니다. 하지만 그런 조건이 결정적인 요인이 아닌데도 불구하고 거기에 종속되는 것이 문제다. 지금은 구조적으로 그런 조건에 묶이지 않을 수 없는 상황이기도 하다. 이런 상황을 목사 개인이 뚫고 나가기는 어렵다. 현재 목사들 중에는 비정규직에서 정규직으로 전환되기를 바라는 심정으로 안정된 교회로 청빙 받기를 학수고대하는 이들이 많다. 이제는 그런 기대가 난망할 정도로 수요와 공급의 균형이 크게 무너졌다. 다른 길이 없다. 좋은 뜻으로 각자도생의 길을 찾을 수밖에 없다. 목사들이 구도 정진의 태도로 목회와 영성에 관한 생각 자체를 완전히 바꿔야 한다. 그것이 바로 성서가 가르치는 회개(메타노이아)다. 교인들에게 하나님 나라를 향해 돌아서라는 메타노이아를 설교하기 전에 우선 목사 자신이 메타노이아를 실제로 경험할 수 있어야 한다. 나 자신을 포함하여 설교 말씀대로 살려고 노력하는 가난한 교회의 목사는 복이 있으리라. 하늘나라가 그들의 것이기에!

대다수 목사는 삶을 하나님의 선물이라고 설교한다. 이는 내 삶이 내 것이 아니라는 말이다. 삶이 내 것이 아니니 내가 성취하려고 매달릴 필요가 없다. 내가 매달린다고 해서 내 삶이 완성되는 것도 아니다. 이 말은 책도 읽지 말고 돈도 포기하고 사람과의 관계도 무시한 채 자신이 살아 있다는 사실에만 집중하면 충분하다는 뜻이 아니다. 나는 세상에서 보통 사람처럼 그리고 보통 목사처럼 산다. 다만 삶이 하나님의 선물이라는 사실을 아는 사람으로서의 자세를 잃지 않으려고 최선을 다한다. 아마 다른 목사들도 마찬가지일 것이다. 기독교 영성의 초보에 관한 이야기를 이렇게 반복하는 것이 부끄럽지만 혹시라도 충분하게 느끼지 못하는 이들이 있다면 내 글이 그들에게 조금이라도 도움이 되기를 바라는 마음으로 체면 불고하고 계속 쓴다.

목사의 삶을 하나님의 선물로 받아들이는 것이야말로 죄로부터 해방되는 첫걸음이다. 하나님의 선물은 그것 자체로 가장 선하고 아름다워서 우리가 거기에 보충할 필요가 없다. 나의 노력으로 내 삶에 무엇인가를 더 보태야 한다는 염려가 바로 삶을 파괴하는 죄다. 따라서 죄로부터의 해방은 자신의 삶이 얼마나 아름답고 선한 하나님의 선물인지를 아는 데서 시작된다. 이것을 모르는 사람은 평생 자신의 삶을 자기 힘으로 보충해야 한다는 부담을 느끼며 산다. 그러다가 그렇게 보충해봐야 크게 달라지지 않는다는 사실을 확인하고는 더 불안해하며, 그 불안을 해소하려고 다시 자신의 남은 에너지를 쏟곤 한다. 그리고 결국 방전 상태로 죽는다. 죄가 우리를 생명의 근원인 하나님과 단절시킨다는 사실이 여기에 그대로 나타난다.

몇 년 전부터 살고 있는 우리 집에는 손바닥만 한 텃밭이 있다. 지금 그곳에서는 토마토, 고추, 오이, 호박, 깻잎, 가지, 열무가 자라고 있다. 코스모스, 해바라기, 감나무, 산딸나무, 대나무가 보이고, 그 뒤로 참나무와 소나무 숲이 보인다. 온갖 식물들의 형체와 색깔이 다 다르다. 나는 내가 무엇을 본다는 것 자체만으로도 내 삶이 아름답고 선하다고 생각한다. 여기에 더 보태야 할 것은 없다. 보는 것만이 아니라 소리를 듣고 촉감을 느끼는 것도, 중력을 받거나 시장기를 느끼는 것조차도 하나님의 귀한 선물이다. 내 앞에 나타났다가 사라지는 모든 풍경이 마치 마법의 나라에 들어간 것처럼 재미있다. 이럴 때는 배고픈 것도 잊는다. 이런 것에 영혼이 예민하게 반응한다면 다른 것은 부족해도 삶을 풍요롭게 경험할 수 있다. 가난해도 결정적으로 손해가 나는 일은 없으니 약간의 불편을 감수할 각오가 되어 있으면 안심하고 살아도 된다. 우리가 안심하지 못하는 이유는 생활이 불편한 것을 삶의 불행으로 착각한다는 데 있다. 더 근본적인 이유는 우리의 삶이 하나님의 선물이라는 사실을 믿지 못한다는 데 있다. 텃밭 가꾸듯이 목회를 대한다면 나는 가난한 교회에서도 목사의 영혼이 풍요로울 수 있다고 생각한다. 척박한 한국교회의 상황에서 이런 생각은 배부른 '공자 왈'에 불과한가?

선물로서의 삶

삶이 하나님의 선물이라는 말은 흔하디흔하다. 귀가 따갑게 들은 말이라 오히려 싫증이 날 정도다. 기독교인들만이 아니라 삶을 소중히 여기는 일반 사람들도 이와 비슷한 생각을 한다. 기독교인들은 명시적으로 그런 말을 하고 그런 생각을 하니까 선물로서의 삶을 훨씬 더 진지하게 받아들여야 하는데, 실제로는 그렇지 못한 경우가 많다. 삶을 선물로 받아들이지 못한다면 구원도 거리가 멀다. 물론 이 문제도 선이 확실하게 그어지는 것은 아니다. 삶의 어떤 대목에서는 삶을 선물로 받아들이지만 어떤 대목에서는 전혀 그렇지 못할 수 있다. 단적으로 표현하면 삶을 하나님의 선물로 받아들인다는 것은 내 소유를 내 것으로 여기지 않는 태도인데, 그렇다고 내가 당장 내 소유를 사용해서 다른 사람들의 물질적인 필요를 다 책임지는 방식으로 살아갈 수는 없다. 이것이 우리의 한계다. 하지만 최소한 그 방향성은 잃지 말아야 구원에 가까이 가는 삶의 자세가 아닐까?

목회 업무에 한정해서 생각해보자. 목사에게 주어진 목회의 기회는 하나님의 선물이다. 자신이 개척한 교회라고 해도 자기의 것이 아니라 선물이다. 모든 목사가 겉으로는 이런 말을 하겠지만, 실제로는 교회를 자기의 것으로 여긴다. 목사도 그렇고, 신자들도 그렇다. 교회 이름을 '우리 교회'라고 붙인 교회도 제법 된다. 이런 현상은 우리나라 교회 외에는 세계 어디를 가도 찾아보기 힘들다. 개인이 아니라 공동체성을 살린다는 의미라면 이해가 가지만 자신들의 소유를 강조하는 것이라면 동의하기 어려운 이름이다. 교회를 자기 소유로 여기는 생각에서 교회의 세습 문제도 불거지는 것이다. 그것을 실행한 교회의 입장에서도 할 말은 적지 않다. 세습에 연루된 목사들은 자신들이 원하는 것이 아니라 교회가 원하기에 어쩔 수 없다는 말을 하고, 그 교회의 신자들은 교회의 영적 지도력이 유지되려면 세습이 불가피하다고 말한다. 그 외에도 이유는 많다. 이 상황에서 작은 교회의 세습은 거의 이루어지지 않고 있다는 사실이 중요한 관전 포인트다. 이것은 가난은 세습하기 싫고 부는 세습해야 한다는 자본주의 이데올로기가 교회에도 그대로 적용된다는 증거다.

자신의 삶을 선물로 받아들이면서 살고 있는 어느 기독교인 부부의 이야기다. 그들에게는 장애 자녀가 있다. 장애인들에 대한 편견이 유독 심한 대한민국에서 앞으로 자식이 겪게 될 어려움을 생각하면 부모는 한숨으로 밤을 지새울 수밖에 없다. 하지만 그들은 전혀 다른 방식으로 이 상황을 받아들인다. 이 세상에는 장애인이 없을 수 없다. 그런 일이 우리 집만 피해갈 수는 없다. 그렇다면 다른 가정보다는 비교적 형편이 나은 우리 집에서 그 아이가 태어난 것이 오히려 잘된 일이라는 것이다. 이 부모는 장애아를 최선을 다해 키우고 있다. 현실에서는 앞으로 어려운 일을 많이 겪겠지만 그들의 내면은 점점 더 풍요로워질 것이다. 이것이 삶을 하나님의 선물로 누리는 사람들에게 나타나는 열매다.

삶을 하나님의 선물로 받아들인다는 말은 우리의 실존을 느슨하게 대하거나 허투루 대해도 좋다는 뜻이 아니다. '이 물건은 내가 돈 주고 산 게 아니라 선물로 받은 것이니까 대충 쓰다 버리면 된다'라는 식이면 곤란하다. "세월을 아끼라. 때가 악하니라"(엡 5:16)라는 바울의 권면은 삶이 하나님의 선물이라는 사실을 아는 사람에게 통하는 것이다. 그런 사람은 매 순간을 삶의 절정이라는 관점으로 바라본다. 삶의 절정에 서려면 바울의 권면처럼 공연한 일에 자기의 삶을 소비하지 않아야 한다. 그것이 세월을 아끼는 삶의 태도다. 이런 점에서 기독교인은 거룩한 이기주의자가 될 필요가 있다.

신자들에게 세월을 아끼라고 설교하는 목사가 정작 자신은 그렇게 살지 않는 경우가 흔하다. 그는 바쁘게 목회하는 것을 자랑스럽게 여긴다. 신자들도 바쁘게 목회하는 목사를 반긴다. 그들은 "다른 건 몰라도 우리 교회 목사님은 교회와 신자들을 위해서 정말 열심히 그리고 바쁘게 산다"라는 말을 칭찬 삼아 하는데, 이것은 실제로 욕이나 다름없다. 그런 칭찬에 부응하려다가 목사의 영적 에너지는 고갈된다. 신자들을 영적으로 돌보기 위해 열정적으로 불철주야 뛰는 목사들도 있겠지만, 그렇지 않은 일로 바쁜 목사도 많다. 교회 정치로 바쁜 목사들이다. 노회장이나 총회장 선거에 뛰어들어서 바쁘다. 각종 집회의 강사로 뛰느라고 바쁘다. 불행한 일이다. 목사의 삶은 기도와 말씀에 전적으로 묶여야 한다. 그것이 목사가 자기 삶을 허투루 보내지 않는 것이다. 기도와 말씀은 형식적인 기도와 말씀만을 가리키는 것이 아니다. 다양한 독서와 글쓰기, 특히 신학책을 읽는 것도 기도와 말씀에 포함된다.

일용할 양식

삶을 하나님의 선물로 받아들이는 사람이라고 해도, 여기에는 일반 신자와 목사가 다 포함되는데, 세상살이에서 신경을 쓸 수밖에 없는 한 가지 항목이 있다. 바로 일용할 양식이다. 예수는 제자들에게 일용할 양식을 구하라고 가르쳤다. 목사가 일용할 양식만을 구하고, 그것으로 만족할 줄 안다면 이미 구원받은 사람이다. 구원을 받았으면 우리 인생은 그것으로 충분하다. 더는 목회에 성공한 목사가 되려고 애쓰지 않아도 된다. 그러나 말이 쉽지 실제로 일용할 양식만을 구하고, 그것만으로 만족하기는 어렵다. 나 역시 그렇게 살지 못한다. 그래도 '일용할 양식'의 영성을 붙드는 수밖에 다른 길이 없다. 그럴 때 다른 것들로부터의 해방감을 경험할 것이다. 그 해방감으로부터 다시 일용할 양식의 영성이 더욱 깊어진다. 목사 자신만 해방되는 것이 아니라 다른 이들의 해방도 간접적으로 돕게 될 것이다. 예컨대 일용할 양식의 영성을 아는 목사라면 자신의 사례비를 챙기는 데만 급급하지 않고 가난한 교회를 담임하는 목사의 형편도 살피지 않겠는가? 목사 사례비의 빈익빈 부익부 현상이 실질적으로 개선되지 않는 한 한국교회가 추구하는 개혁 운동은 요식행위에 떨어질 것이다.

나는 일용할 양식의 영성을 여기서 길게 말하지 않겠다. 앞의 글만으로도 독자들은 내 글이 너무 늘어진다는 느낌을 지금쯤 받았을지 모른다. 조금만 더 참아주길 바란다. 일용할 양식의 영성은 대다수 목사가 다 아는 내용이기도 하니 내가 굳이 길게 말할 필요도 없다. 앞에서 언급한 성찬식의 빵과 포도주 이야기에 이미 그 실체가 들어 있다. 여기서는 내가 먹고 배설하는 행위를 통해 어떻게 일용할 양식의 영성을 경험하는지만 간략히 말해보겠다.

지금 나는 아내와 둘만 산다. 두 딸은 독립해서 나갔다. 아내가 나보다 훨씬 늦게 일어나기 때문에 아침은 늘 나 혼자 먹는다. 내가 먹고 서재로 들어가면 아내는 흐뭇한 기분으로 내가 준비해 놓은 것을 먹는다. 이것이 늙어가면서 내가 아내에게 해줄 수 있는 최상의 서비스다. 토스트를 굽고, 커피를 내리고, 과일을 씻어서 깎고, 달걀을 삶아놓는다. 내가 아침 식사 준비보다 먼저 하는 일은 길고양이에게 먹을거리를 주는 것이다. 매일 아침 두세 마리나 서너 마리 되는 길고양이 가족이 창문 앞에서 나를 기다린다. 나를 기다리는 게 아니라 먹을거리를 기다린다. 고양이에게도 일용할 양식이 필요한 것처럼 모든 생명 있는 것의 궁극적인 실존은 일용할 양식이다. 빵과 커피와 과일이 준비되는 과정은 신비로움의 극치다.

사과 깎는 행위만 생각해보자. 왼손으로 사과를 든다. 무게가

듬직하다. 내 손안의 사과가 지난여름 과수원에서 어떤 상황에 놓였을지를 상상하면 아득하고 황홀하다. 햇살, 탄소, 벌과 나비, 안개와 비와 바람이 사과의 친구들이다. 내가 사과를 들고 있는 이 순간 나에게 더 필요한 것은 없다. 이것으로 아주 배부르고 만족스럽다. 과일칼을 오른손으로 잡는다. 정기적으로 칼을 갈아서 날이 서 있다. 칼로 사과 껍질을 깎아내는 데는 고도의 숙련이 필요하다. 인간만의 능력이다. 침팬지가 훈련을 받아 사과 껍질을 깎았다는 말을 들어본 적이 없다. 앞으로도 그런 일은 일어나지 않을 것이다. 인공지능을 장착한 로봇이 이런 행위를 인간만큼 세련되게 해낼 날이 올 수 있을까? 기대하기 어렵다. 호모 에렉투스가 두 손의 자유를 얻으면서 오랜 세월에 걸쳐서 습득한 행위를 지금 내가 행하고 있다는 사실 앞에서 더할 나위 없는 만족감을 느낀다. '나는 사과를 깎는다. 그러므로 존재한다.' 일종의 구원 경험이다. 적당하게 구워진 토스트를 손에 들고 입으로 물어 씹는 느낌도 아는 사람은 다 안다. 우주가 내 입안에서 절정의 기쁨을 허락해주는 사건이다. 사과를 먹고 커피를 마시는 순간도 마찬가지다. 일용할 양식만으로 나는 더 이상 필요한 것이 없을 정도로 생명의 충만감을 느낀다. 이런 경험이 구원 경험 아니고 무엇인가? 나는 "사과나무를 감싸던 눈송이를 먹는다 / 사과 위를 지나던 벌레의 기억을 먹는다"는 함민복 시인의 시적 감수성에 공감한다. 일용할 양식의 충만감이다.

젊은 시절 해방신학과 민중신학에 관한 책을 읽을 때 예수의 하나님 나라 표상이 밥상 공동체라는 말을 자주 들었다. 늙어가면서 그 말을 더 절감한다. 밥상 앞에서는 오직 밥을 맛있게 먹는 게 최선이다. 밥을 먹지 않으면 인간이 죽는다는 엄중한 사실을 밥상 공동체에서 공유하는 것이다. 어떤 이가 먹을거리를 독차지한다면 밥상 공동체에 앉을 자격이 없다. 소외당하는 사람이 없어야 밥상 공동체 정신이 살아 있는 것이다. 이 밥상 공동체의 토대는 바로 일용할 양식을 구하고, 일용할 양식만으로 만족하는 삶의 태도다. 오늘날 대한민국 교회에서 일하는 목회자들 사이에 이런 밥상 공동체 영성이 살아 있다고 말하기는 어렵다. 이는 곧 구원 담론이 사라졌다는 증거다.

당신의 생각은 지나치게 형이상적이어서 현실적이지 않다고 충고하지 않기를 바란다. 하나님 나라도 형이상적이지 않은가? "우리가 주목하는 것은 보이는 것이 아니요 보이지 않는 것이니, 보이는 것은 잠깐이요 보이지 않는 것은 영원함이라"(고후 4:18). 형이상학적이고 관념적으로 들리지만, 우리 삶의 실재(reality)인 생명의 충만감을 향해 영적인 촉수가 예민하게 작동하지 않는다면 우리가 어떻게 하나님 말씀을 붙들고 사는 사람이라고 자처할 수 있겠는가? 거친 표현을 용서하길 바란다. 이 땅 위에서의 인생살이는 별거 없다. 목회 업적도 별거 아니다. 일용할 양식에 얽힌 생명의 심연을 들여다볼 줄 아는 영성에 비해서는!

일용할 양식을 말하면서 배설에 대해 한마디 하지 않을 수 없다. 사람은 먹으면 반드시 배설해야 한다. 그것이 몸으로서의 생명이 유지되는 절대 메커니즘이다. 우리 집 화장실에도 비데가 있지만 나는 볼일을 보고 주로 화장지로 닦아낸다. 매일 아침 변의 상태를 눈으로 직접 확인할 수 있다. 화장지로 닦을 때 항문의 괄약근이 저절로 마사지가 되어서 일거양득의 효과가 있다. 절집에 딸린 화장실은 근심을 푸는 곳이라는 뜻의 해우소(解憂所)라고 불린다. 배설만 잘해도 인생살이에서 벌어지는 근심의 반은 해결된다는 의미다. 일용할 양식으로 만족할 줄 알고 자기 연민이라는 죄에 떨어지지 않아야 배설을 잘할 수 있다는 사실은 의학적으로도 옳지 않은가?

지옥과 천국

지금 나는 목사로서 '나의 구원' 경험을 설명하고 고백하는 중이다. 앞에서 내 능력 안에서 솔직하게 말을 꺼내기는 했지만 잘된 설명인지는 확신이 서지 않는다. 설교 조로 들리지 않았기를 기대한다. 여기서 문제는 이런 궁극적인 사태를 말로 설명한다는 게 가능하지 않다는 것이다. 이것은 사랑을 말로 설명하려는 것과 비슷하다. 젊은 시절의 첫사랑을 돌아보면 된다. 자신의 절절한 마음을 편지에 담았다고 하자. 그 편지의 내용과 실제 사랑의 경험이 일치하는 것은 아니다. 때에 따라서는 과장되거나 미진하다. 글 전문가가 썼다고 해도 크게 다르지 않다. 불립문자! 글과 말은 궁극적인 것을 세울 수 없다. 하나님 경험, 구원 경험은 사람 사이에서 일어나는 사랑의 경험보다 더 근원적이라서 말과 글은 아무 소용이 없다. 침묵이 훨씬 낫다. 그래도 나는 가능한 한 글과 말로 표현했으며, 앞으로 할 이야기가 조금 더 남았다. 나의 구원 경험이 고도의 경지에 이르지 못했기에 자기 성찰이라는 의미에서라도 이런 작업은 필요하지 않겠는가?

나는 예수 믿고 구원받아 천국에 간다는 일반적인 구원관을 받아들이지 않는다. 지옥에 가고 싶지도 않지만, 천국에 가고 싶지도 않다. 다른 많은 사람이 여러 가지 이유로 지옥에 가는 상황에서 천국에 가는 일부의 사람이 되고 싶지 않다. 대다수가 아니라 일부라고 하더라도 사람들이 지옥에서 고통당하는 걸 천국에 들어간 사람들은 감당할 수 없다고 나는 생각한다. 만약 천국이 있다면 그곳에 들어간 사람은 지옥이 없기를 당연히 바랄 것이다. 그런 마음이 없으면 천국에 들어갈 자격이 없는 사람이다. 더 근본적으로 내가 성서를 통해 알고 있는 하나님의 본질에서 볼 때 지옥은 상상할 수 없다. 하나님은 절대적으로 선하면서 전능하신 존재이기에 생전에 교회를 다니지 않은 이들을 영원한 고통에 머물게 하지 않으시리라고 생각한다. 지옥이 없다면 당연히 천국도 없다. 천국과 지옥은 상대적인 개념이기 때문이다. 이 대목에서 나를 지옥과 천국 자체를 부정하는 사람이라고 여기고 책 읽기를 그만두지 않았으면 한다.

예수는 하나님 나라 또는 천국이 오늘 여기에 은폐의 방식으로 시작했다는 사실을 주로 말씀하셨지, 죽음 이후의 천국에 초점을 두고 말씀하지 않으셨다. 십자가 죽음 앞에서 "아버지께로 간다"라는 말씀이 있으나 그것이 곧 우리가 일반적으로 생각하는 죽음 이후의 지옥과 천국을 가리키는 것은 아니다. 예수의 '부자와 거지 나사로' 비유(눅 16:19-31)에는 분명히 지옥과 천국에 해당하는 표현이 나온다. 그러나 비유는 비유로 읽어야 한다. 그 비유는 부자의 상에서 떨어지는 것이나 먹고 살았던 거지 나사로에 대한 일말의 연민 없이 자신의 부와 쾌락에 매몰된 사람의 운명에 관한 가르침이지, 지옥과 천국을 직접 가리키는 이야기가 아니다. 예수의 눈에 비친 이 부자의 삶은 죽기 전에 이미 지옥이었다.

간혹 천국을 경험했다는 사람들의 이야기가 한국교회에서 이슈로 등장한다. 심지어 죽어서 천국과 지옥을 보고 다시 살아서 돌아왔다는 주장도 한다. 심리적인 작용으로 그와 비슷한 것을 경험할 수는 있지만 죽었다가 실제로 다시 살아날 수는 없다. 다시 살아났다는 것은 곧 죽지 않았다는 뜻이기 때문이다. 나는 그들의 경험이 아무리 확신에 찬 것이라고 하더라도 그런 이야기를 진리로 받아들이지 않을 뿐만 아니라 기독교 신앙이라고도 생각하지 않는다. 그들의 주장은 일종의 천동설 범주에서나 가능한 것이기에 코페르니쿠스 이후를 사는 나는 그것에 동의할 수 없다.

교회에 일반적으로 알려진 천국 표상은 성서의 근본에서 거리가 멀다. 일반적인 천국 풍경의 특징은 세 가지다. 하나는 생활 환경이 최고급이라는 것이고, 다른 하나는 세상에서 알던 사람을 다시 만난다는 것이고, 세 번째는 그곳에 들어간 사람들에게 주어지는 보상에 차이가 난다는 것이다. 이런 특징은 사람들이 세상에서 욕망하던 것들이다. 이런 것들이 죽음 이후에도 지속되기를 바라는 마음이 이런 특징으로 나타났다. 천국이 그야말로 하나님이 직접 통치하는 세상이라고 한다면 지금 우리가 세상에서 욕망하던 것들이 완전히 극복되어야 한다. 가족 이기주의가 완전히 극복되는 세상이어야 한다. 남녀가 구별되지 않는 세상이어야 한다. 빛이 가득한 세상에서 좋은 집은 무엇이고, 오막살이는 무엇이며, 황금 면류관은 무엇이며, 개털 모자는 무엇이란 말인가? 나는 죽음 이후에 하나님으로부터 어떤 보상을 받고 싶지 않다. 조금이라도 나에게 돌아올 상급이 있다면 그것마저 받지 못하는 사람에게 양보하겠다. 이미 하나님과 함께하는 사실 자체로 내 영혼이 충분히 만족할 수 있기 때문이다.

"당신은 그런 신앙으로 왜 예수를 믿으며, 목사 노릇은 왜 하는가?" 하는 질문이 가능하다. 일반적인 의미의 천국과 지옥을 믿지 않는다는 말은 궁극적인 의미의 지옥과 천국은 믿는다는 뜻이다. 바르트는 "하나님이 지옥을 만드셨으나 결국에는 비워두실 것이다"라고 말했고, 루터는 "그리스도가 지옥에 계신다면 나는 지옥을 택하겠다"라고 말했다. 지옥에 떨어질까 두려워서 예수를 믿는 사람이라면 하나님을 사랑하지 못하고 반대로 두려워하는 종이다. 우리는 아들이니 하나님을 아버지로 믿는다. 아들은 두려워하지 않는 사람이다. 좀 더 구체적으로 나를 변명하자면, 나는 사도신경의 신앙을 그대로 믿는다. 사도신경은 천국과 지옥에 대한 언급은 없고 "몸의 부활과 영생을 믿습니다"라는 언급이 있다. 나는 바울이 고린도전서 15:12에서 쓴 말도 믿는다. "그리스도께서 죽은 자 가운데서 다시 살아나셨다 전파되었거늘 너희 중에서 어떤 사람들은 어찌하여 죽은 자 가운데서 부활이 없다 하느냐?" 이 진술은 사람이 죽으면 육체는 썩지만, 영혼은 하나님 품에 안긴다는 기독교 영지주의 신앙에 대한 비판이다. 영과 육의 완전한 죽음이 전제되지 않으면 부활 신앙이 성립되지 않는다는 말이다. 바울은 영지주의자들에게 질문을 받는다. "죽은 자들이 어떻게 다시 살아나며 어떠한 몸으로 오느냐?"(고전 15:35) 바울에 의하면 장래의 형체는 아무도 모른다. 우리의 삶은 씨앗이고, 죽음은 씨앗을 뿌리는 것과 같아서 그 뒤로 어떤 형체로 나타날지는 우리의 예상을 뛰어넘는 영역이다. "하나님이 그 뜻대로" 행하실 것이다(고전 15:37-38).

나는 우리의 예상을 근본적으로 뛰어넘는, 그래서 비밀 가득하다고 말할 수밖에 없는 하나님의 생명에 참여하는 것이 곧 부활이라고 생각하고 그렇게 믿는다. 피조물인 우리의 최선은 세상을 창조하신 하나님에 의해서만 가능한 그 생명이 완성되는 순간을 기다리는 것이다. 그 기다림의 신앙이 바로 재림 신앙이다. 나는 예수의 재림을 갈망한다. "파수꾼이 아침을 기다림보다 내 영혼이 주를 더 기다리나니 참으로 파수꾼이 아침을 기다림보다 더하도다"(시 130:6).

재림 신앙

재림 신앙은 기독교 신앙의 요체다. 재림 신앙 없이 기독교 신앙은 성립이 안 된다. 바울은 고린도전서 11:26에서 성찬을 설명하면서 "너희가 이 떡을 먹으며 이 잔을 마실 때마다 주의 죽으심을 그가 오실 때까지 전하는 것이니라"라고 말했다(참조. 고전 15:23). 고린도전서 16:22은 다음과 같다. "만일 누구든지 주를 사랑하지 아니하면 저주를 받을지어다. 우리 주여, 오시옵소서." 마지막 문장인 "우리 주여, 오시옵소서"에는 아람어 '마라나타'가 각주로 달려 있다. 똑같은 문장이 요한계시록의 마지막 대목인 요한계시록 22:20에도 나온다. "이것들을 증언하신 이가 이르시되 '내가 진실로 속히 오리라' 하시거늘 아멘! 주 예수여, 오시옵소서." 재림 신앙은 세상과의 관계에서 이중적이다.

1) 재림 신앙은 세상의 근원적인 한계를 뚫어보는 관점이다. 세상의 모든 것은 아무리 가치가 높은 것이라고 해도 무상(無常)하다. 흔히 말하는 권력과 명예와 부는 순식간에 터져버리는 비눗방울에 불과하다. 금과 다이아몬드도 무상하다. 지구 자체가 무상하니 그 안의 모든 것의 운명이야 더 말해 무엇하랴. 전도서의 다음 진술은 아무도 부정할 수 없다. "전도자가 이르되 '헛되고 헛되며 헛되고 헛되니 모든 것이 헛되도다.'…내가 해 아래에서 행하는 모든 일을 보았노라. 보라, 모두 다 헛되어 바람을 잡으려는 것이로다"(전 1:2, 14). 이 구절은 삶의 허무를 말하는 것으로 보이지만 근본적으로는 만물의 근원적인 속성을 가리킨다. 삶이 헛되기에 오히려 소중하게 여겨야 한다는 말이 아니겠는가?

예수는 오병이어 사건 뒤에 자신을 찾아온 군중에게 "썩을 양식을 위하여 일하지 말라"(요 6:27)고 말씀하셨다. 여기서 썩을 양식은 사람이 먹지 않으면 죽을 수밖에 없는 먹을거리다. 예수는 고대 이스라엘 사람들이 자부심을 느끼고 있던 만나를 상대화했다. "너희 조상들은 광야에서 만나를 먹었어도 죽었거니와"(요 6:49). 예수에 의하면 이 세상에서 사람을 살릴 수 있는 양식은 없다. 실제의 먹을거리는 물론이고, 취미생활과 교양도 우리를 살리지 못한다. 예외는 없다. 남북이 통일국가를 이뤄냈다고 하자. 이것이 우리의 숙원이니 그런 세월이 빨리 오기를 기대하지 않는 사람은 없다. 그런 세월이 눈앞에 닥쳤다고 해도 우리에게 참된 만족은 가능하지 않다. 그런 것들은 우리가 먹고도 죽을 수밖에 없는 '썩을 양식'이기 때문이다. 그렇다고 해서 구체적인 삶이 무의미하다는 말은 아니다. 그것의 한 속성을 말한 것이다.

자신의 삶과 세상을 조금이라도 냉정하게 직관할 수 있는 사람이라면 삶과 세상이 무상하다는 사실을 다 안다. 그러나 안다고 해서 모두가 그것을 실감하는 것은 아니다. 더구나 그것을 자신의 실존에서 받아들이는 것은 더더욱 아니다. 그들이 아는 것은 막연한 것이다. 이렇게 된 데는 유사 종교 현상을 보이기까지 하는 현대 문명의 책임이 크다. 현대 문명, 특히 생산과 소비를 가장 높은 가치로 여기게 하는 자본주의의 영향이 가장 크다. 대형마트나 백화점에서 사람들은 유사 종교 체험을 한다. 그 건물 안에서 쇼핑하는 동안만은 자신의 행위와 업적이 무상하다는 사실을 잊을 수 있다. 그런 현상이 반복되어 고착되는 것이 우상숭배. 우상숭배는 사람이 만든 것을 통해 자신의 무상성을 외면하고 극복하려는 종교 행위가 아닌가!

자신의 무상성을 외면하는 현대인들에게 가장 눈에 띄는 점은 죽음 담론의 실종이다. 가족들이 실제로 죽음을 주제로 대화하는 경우는 드물다. 90세에 들어선 부모와 자녀들이 죽음에 관해 진솔하게 대화하는 풍경이 그림처럼 아름답지 않은가! 물론 늙었다고 해서 늘 죽음만을 생각하면서 살 수는 없다. 오히려 삶을 더 빛나게 누려야 할지 모른다. 그렇지만 삶의 무상성을 직접 알리는 죽음을 실존적으로 진지하게 대하는 사람이라면 가장 가까운 사람과 죽음에 관해 이야기하고 싶을 것이다. 내가 90세 가까이 될 때 (그때까지 살아 있다면) 내 아내와 딸들은 죽음에 대한 나의 진짜 이야기에 귀를 기울여줄까? 나는 이미 이와 비슷한 이야기를 젊은 시절부터 가족들에게 하긴 했다. 딸들은 아직 젊어서 내 말에 귀를 기울이지 않을 것이니, 아내와 이에 관한 대화를 좀 더 많이 나눠야겠다.

2) 세상에 대한 재림 신앙의 또 다른 관점은 피안적 세계관의 극복이다. 앞에서 나는 죽음 이후의 천국에 가고 싶지 않다고 말했다. 이 말은 천국을 부정한다는 뜻이 아니라 어떤 이들이 상투적으로 생각하는 천국 개념과 내 생각이 다르다는 뜻이다. 이런 내 생각은 성서와 신학에 근거한 것이다. 기독교 신앙의 압축인 사도신경의 두 번째 항목에 예수 그리스도는 "거기로부터 살아 있는 자와 죽은 자를 심판하러 오십니다"라는 문장이 나온다. 우리가 예수가 계신 하나님 우편으로 '가는' 것이 아니라 예수 그리스도가 그곳에서 이쪽으로 '오는' 것이다. 그가 이곳으로 온다는 것이 분명하다면 천국은 바로 세상의 피안에서가 아니라 세상의 차안(此岸)에서, 또는 세상의 심연에서 실현된다는 뜻이 아니겠는가? 피안과 차안 사이에 놓인 비밀은 나중에 언젠가는 밝혀지리라.

나는 예수가 이곳에 다시 온다는 말을 어떤 교파의 주장처럼 지구에 지상천국을 세운다는 뜻으로 받아들이지 않는다. 지구는 우리가 아는 우주의 행성 중에서 생명이 가장 풍요롭게 꽃필 수 있는 생태환경을 갖춘 행성이지만 영원하지는 않다. 고대인들은 전혀 몰랐겠지만, 우리는 지구의 나이가 대략 45억 년이며 앞으로 그런 정도의 세월이 흐르면 태양의 폭발과 함께 지구도 최후를 맞이한다는 사실을 알고 있다. 예수가 지구에 천국을 세우기 위해 온다는 말을 우리는 문자 그대로 받아들일 수 없다. 지구에 천국을 세우는 것이 아니라면 왜 예수가 다시 이곳에 오신다는 것인지에 대한 궁금증은 일단 묻어두고, 예수의 재림에 관한 사도신경의 진술을 좀 더 들여다보자.

예수는 "살아 있는 자와 죽은 자를 심판하러" 오신다고 했다. 이 문장에 따르면 죽은 자도 이 세상에 머물러 있어야 한다. 사람이 죽는 순간에 즉시 심판을 받아서 천국에 갈 사람과 지옥에 떨어질 사람이 분리되는 것인지 우리는 아직 정확하게 알지 못한다. 바울의 죽음 표상에 따르면 죽음은 일종의 잠이다. 예수 재림의 순간에 그들은 잠에서 깨어난다. 마지막 때 실행될 심판은 참생명과 사이비 생명을 분리하는 하나님의 배타적 사건이다. 이는 알곡과 가라지를 분리하는 것과 같다(마 13:24-30). 이는 곧 생명의 완성이다. 그 사건이 '저' 세상이 아니라 '이' 세상에서 하나님의 시간 안에서 발생할 것이다. 그것이 바로 재림 신앙의 요체다. 나는 사도신경의 역사에 참여하는 사람들과 함께 그 하나님의 시간을 기다린다. 그 시간에 나는 예수 그리스도에 의해 영생의 생명체로 변화될 것이다. 영생의 생명체는 곧 하나님의 고유한 통치에 받아들여진다는 뜻이다. 다시 말하면 하나님 안으로의 궁극적인 변화다.

하나님 안으로의 변화

우리가 하나님을 직접 아는 것이 아니기 때문에 하나님 안으로의 변화를 그림처럼 실증적으로 설명하기는 불가능하다. 다만 분명한 것은 하나님 안으로의 변화가 지금의 삶이 단순히 연장되는 것이 아니라는 사실이다. 이것을 두 가지 비유로 설명해보겠다. 이런 비유도 잘 알려진 것들이다. 절대적인 세계에 대한 인식과 설명은 비유가 최선이다. 그러나 비유라고 해서 확실성의 근거가 안 되는 것은 아니다. 비유의 재료들은 하나님의 창조 사건에 속하기에 그것을 도구로 삼아 하나님의 생명과 통치를 간접적으로 설명하는 것은 합리적이기 때문이다.

하나는 애벌레와 나비의 관계다. 애벌레는 기어 다니면서 배춧잎을 먹고 살아간다. 그의 세계는 평면이다. 그에게 넓이는 있지만 높이는 없다. 이에 반해 이 꽃에서 저 꽃으로 날아다니는 나비의 세계는 입체적인 공간이다. 나비는 중력에서 자유로운 방식으로 세상을 산다. 애벌레와 나비를 각각 따로 놓고 본다면 전혀 다른 생명체로 보인다. 삶의 방식이 전적으로 다르다. 애벌레에서 나비까지 그 사이에는 질적인 비약이 따른다. 땅만 보는 애벌레는 공중에서 내려다보는 나비를 이해하지 못한다. 애벌레였던 나는 하나님 안에서 나비가 되는 미래를 기다린다. 이것이 부활에 관한 메타포다.

다른 하나는 씨와 꽃의 관계다. 씨는 죽은 듯이 보인다. 씨를 칼로 자르면 그 안에서 꽃의 흔적을 발견할 수 없다. 씨는 모양이나 색깔에서 가능하면 자신을 감춘다. 씨앗의 모양과 색깔이 꽃처럼 화려하다면 새들에게 다 먹히고 말 것이다. 씨와 꽃을 각각 따로 놓고 본다면 관련성을 찾기 힘들다. 씨에서 꽃을 상상할 수 없다. 그런데 일정한 조건이 갖춰지면 씨에서 꽃이 핀다. 이것이 당연한 자연 현상처럼 보이겠으나 실제로는 기적적인 사건이다. 씨와 꽃 사이에는 질적인 비약이 개입된다는 말이다. 나는 현재 씨로 존재하나 언젠가 꽃으로 변화될 순간을 기다린다. 이것이 부활에 대한 두 번째 메타포다.

위의 비유가 하나님 안으로의 변화라는 기독교의 부활 신앙을 그대로 증명한다고 생각하지는 않는다. 이는 아주 소박하고 문학적인 비유다. 거꾸로 생각하는 것이 옳을지도 모른다. 나비였다가 애벌레로 변화된다든지, 꽃에서 씨앗으로 변화되는 것으로 말이다. 부활 생명을 무조건 화려한 것으로 보면 안 된다. 지금 우리가 볼 때 하찮아 보이는 것이 오히려 하나님의 생명 안에서는 귀한 것일 수 있다. 하나님 안에서는 보석보다는 발길에 차이는 돌멩이 하나가, 혹은 이슬방울 하나가 더 귀한 것일 수 있다. 하나님 안에서는 사람보다 나무 한 그루가, 혹은 바위 아래의 이끼 한 무더기가 더 귀한 것일 수 있다. 이런 시각을 갖춘 사람은 영혼의 자유를 얻는다. 생명의 미래에 관한 생각은 기독교인만이 하는 것이 아니라 모든 예술가와 시인들도 한다. 「창작과 비평」 2018년 겨울호에 실린 신경림의 시 "새떼" 전문을 읽겠다. 나는 이 시에서 우리 용어로는 부활에 관한, 그들의 개념으로는 새로운 생명에 관한 시인의 갈망을 읽을 수 있었다.

오랜 세월 내 몸에 들어와 둥지를 틀었던 것들이

둥지를 박차고 뛰쳐나갔다.

쏜살같이 하늘로 달려 올라간다.

새떼다.

나도 그것들을 좇아 내 몸에서 빠져나간다.

끼룩끼룩 꾸르르

새떼를 좇아 하늘로 날아오른다.

마을이 멀고 산이 까마득하다.

강도 바다도 먼 세상 꿈속 그림 같다.

머지않아 천둥 번개를 만날 것이다.

천길 낭떠러지로 곤두박질칠 것이다.

부리가 찢기고 날개가 부러져

어두운 골짜기 흙 속에 처박힐 것이다.

하지만 그중 몇은

훨훨 하늘로 날아오른다. 다시

새떼가 되어서.

수백 수천 마리 새떼가 되어서.

한때 제 거처였던 나를 까맣게 잊어버리고.

이제는 한점 이슬로 굴참나무 잎에 매달린 나를 멀리 바라보면서.

다 잊어서
아무것도 생각나는 것이 없어
찬란한 아침 햇살에 날개들이 더 빛난다.

나는 언젠가 때가 되면 하나님의 생명의 통치 안으로 받아들여질 것으로 믿는다. 그것을 천국이라고 표현한다면, 나는 천국 신앙에 동의할 수 있다. 거기서 배제되는 것을 지옥이라고 한다면 그것에 동의할 수 있다. 하나님의 통치에 궁극적으로 배제될 사람들이 있을지 없을지는 온전히 하나님의 전권에 속하기에 우리가 말하기 어렵다. 다만 다음과 같이 말할 수는 있다. 궁극적인 미래에 주어질 운명이 이미 지금 여기에 선취의 방식으로 주어진다는 사실을 붙드는 것이 기독교 영성의 핵심이다. '목사 구원'이라는 주제에 맞춰서 표현한다면, 궁극적인 미래의 구원은 이미 오늘 여기 목회 현장에서 발생한다고 말해도 된다. 여기서 구원이 없으면 미래의 구원도 없고, 미래의 구원이 담보되었다면 당연히 지금 여기서 구원을 경험하고 누릴 수 있다. 내가 목사로서 구원을 받았다면 당연히 지금 목회 현장에서 그 구원이 경험되어야 한다. 과연 나는 목회 현장에서 죄와 죽음으로부터의 해방을, 하나님 안으로의 생명의 변화를, 예수 그리스도로 인한 궁극적인 생명, 즉 영원한 생명을 경험하고 있을까? 그것을 다른 사람들도 알아듣게 해명할 수 있을까?

7. 구원과 목회

목회 현장과 생명 경험

나는 1980년 3월에 군목으로서 목사 안수를 받았다. 목사 타이틀로 산 연수가 대략 사십 년이다. 어느덧 담임목사직을 내려놓을 순간이 다가온다. 목사 이전의 전도사 생활을 포함하면 교회 울타리 안에서 소위 교역자로 생활한 세월은 훨씬 더 오래되었다. 실력은 변변치 못하면서 구력만 오래된 테니스 동호회원과 비슷한 모습이다. 나는 그동안 군목, 독일 유학, 협동목사, 부목사 시절을 거쳤지만 대부분 담임목사로 살았다. 서른세 살이던 1986년에 대구 인근인 현풍면에서 개척교회(성결교회)를 시작했다. 다른 목사들과 마찬가지로 새벽기도회, 주일 예배, 오후 예배, 수요 기도회, 금요일 구역 모임을 인도했고, 정기적·비정기적 심방과 상담, 주보 작성, 교회 행정, 수련회, 여름성경학교 행사를 계획하고 집행했다. 2003년 6월에 대구 샘터교회를 개척하여 지금까지 섬기고 있다.

지금의 내 목회 현장은 많은 부분이 슬림화되었고, 나는 주로 '주일 예배 공동체'로서의 목회를 지향하는 중이다.

목사는 자기가 맡은 교회 내부의 업무만이 아니라 외부 업무에도 관여해야 한다. 자신이 속한 교단의 공조직 모임이 대표적이다. 여기에 관심이 큰 목사들은 지방회장이나 노회장이 되고 총회장이 되기도 한다. 목사는 초교파적인 활동도 피할 수 없다. 나는 활동적인 사람이 아니라서 그동안 대외 업무는 많지 않았다. 지금도 가능한 한 최소한으로만 참여할 뿐이다. 지방 소재 신학대학교에서 오랫동안 시간 강사로 활동하기도 했지만, 목사로서의 내 삶에서 큰 비중을 차지한 것은 여러 종류의 글쓰기였다. 지금은 2001년 10월에 설립한 '대구 성서아카데미'의 원장으로도 활동하는 중이다. 대구 성서아카데미는 이름만 그럴듯할 뿐 직원도 없이 일인 출판사와 비슷한데, 나는 자칭 원장으로 이름을 올렸다. 이곳은 비정기적으로 설교 공부 모임을 이끌면서 주로 온라인 활동에 중점을 둔 연구소다.

나는 지난 시절 목사로서의 내 삶이 매 순간 구원의 깊이와 연결되었는지 확신이 서지 않는다. 크고 작은 시행착오가 많았다. 나는 목회 활동에서 매 순간 최선을 다하지 못했을 뿐만 아니라 순전하지도 못했다. 더구나 목회 성과는 내세울 것이 전혀 없다. 전체 목회 과정을 통해 내가 구원의 언저리에 조금이라도 가까이 다가간 것을 다행으로 생각할 뿐이다. 실제로 다가갔는지 아닌지는 그분만이 아시겠지만!

나의 목회는 전반부와 후반부로 나뉜다. 전반부는 위에서 말한 것처럼 1986년 6월에 개척한 현풍제일 성결교회에서의 목회고, 후반부는 2003년 6월에 개척한 대구 샘터교회(독립교회)에서의 목회다. 전반부는 교단에 속한 목사로서, 후반부는 교단에서 독립한 목사로서 활동했다. 솔직히 전반부 목회는 그야말로 흉내 내는 목회였다. 무엇을 해야 하는지 잘 모른 채로 기존의 목회 패러다임을 그대로 따랐다. 내가 알고 있는 복음의 본질을 목회에 정착시키려고 내 나름대로 몸부림을 쳤지만, 지나놓고 보니 목사로서의 내공을 제대로 갖추지 못했던 것 같다. 내공도 여러 가지가 있지만 지금 내가 중요하게 생각하는 것은 기독교 자체에 대한 이해 문제다. 특히 나는 전업 목사인데도 목회 전반에 대한 정확한 이해가 크게 부족했다. 물론 부족한 것이 한두 가지가 아니었으나, 한 가지 예만 들면 세례 집례가 문제였다. 교단에서 나온 세례 예식서가 있으니 목사가 그것을 그대로 따라가면 크게 문제 될 것도 없다. 그러나 문제는 내가 세례를 하나의 종교 형식이 아닌 생명과 구원의 실재(reality)로서 충분히 이해하거나 경험하지 못한 채로 세례 과정을 진행했다는 것이다. 예수와 함께 죽고 예수와 함께 산다는 가르침을 이해하려면 생명 자체에 대한 인식이 깊어야 한다. 이런 인식이 깊어지려면 실재가 과정이라는 사실도 이해해야 하고, 기독교가 말하는 생명의 완성이 왜 종말론적이라고 말하는지도 정확하게 알아야 한다. 생명은 개인의 생명에 제한받지 않고 인류라는 종의 차원에도 해당한다는 사실을 단순히 말로가 아니라 영혼으로 깨달아야 한다. 이런 준비가 안 된 상태에서 영혼 구원이라는 거시 담론을 붙들고 살려니까 젊은 목사인 나에게는 크게 부담이 되었다. 한마디로 나는 생명의 경험이 턱없이 부족한 목사였다.

내 후반부 목회는 소위 지천명의 나이에 시작되었다. 그때는 목사로서의 내공이 충분히 갖춰졌느냐고 누군가 묻는다면 자신 있게 대답할 수 없지만, 삼십 대나 사십 대와는 분명 달랐다고 말할 수는 있다. 목회 실천의 모든 것을 통해 생명에 가까이 가겠다는 목회 철학의 방향만은 분명했다. 이 목회 철학은 생명 중심의 목회, 구도적이고 수행적인 목회, 하나님 나라를 지향하는 목회 등으로 규정될 수 있다. 나는 목회 활동에서 본질적이지 않은 것들은 과감하게 축소하거나 폐기했다. 그것이 무엇인지에 대해 여기서 일일이 구체적으로 설명하지는 않겠다. 그런 것들은 개별 목사가 처한 실존에 따라서 다르게 판단될 것들이니 내 판단을 여기서 내세울 필요는 없다. 정작 중요한 것은 목사가 자신의 목회 활동에서 하나님의 생명을 실제로 경험하느냐 하는 것이다. 교회를 성장시켰다고 해서 하나님의 생명을 얻은 것이 아니라는 것은 모두가 안다. 이는 대한민국에서 초일류 기업을 키운 사람이라고 해서 행복이 보장된 것이 아닌 것과 같다. 이제 목회 현장이 어떻게 나의 구원 경험, 생명 경험의 장이 되었는지에 대해 실질적인 이야기를 해야겠다. 수다스럽거나 허풍스럽게 말하지 않도록 절제의 영이 도와주시기를!

예배 영성

목사의 삶에서 가장 중요한 것은 일반 신자들과 마찬가지로 당연히 예배다. 예배를 통해 목사가 구원을 경험하지 못한다면 불행한 삶이고, 구원을 경험한다면 행복한 삶이라고 말해도 된다. 지금도 목사로서 내 삶의 대부분은 예배와 관련된다. 이는 예배를 자주 오래 드린다는 것이 아니라 주일 공동예배에 내 삶의 초점이 맞춰졌다는 뜻이다. 대다수 교회가 그렇겠지만 대구 샘터교회는 '예배 공동체'로서의 정체성을 기본으로 한다. 물론 교회의 기능에 속하는 교육, 봉사, 친교 등을 가볍게 여기지는 않지만, 교회의 궁극적인 존재 이유를 예배에서 찾는다. 나는 이와 다른 의견도 존중한다. 그러나 교회는 여러 가지 여건상 교육을 세련되게 진행하지 못할지라도 예배를 영과 진리로 드려야 하며, 봉사에 손이 미치지 못하더라도 예배만큼은 전심전력으로 수행해야 한다. 나는 교육, 봉사, 친교 역시 전적으로 예배를 지향해야 한다고 생각한다.

한 주간 내 삶의 리듬도 주일 공동예배에 맞춰진다. 다른 목사들도 마찬가지일 것이다. 수요일은 성경공부 모임 준비와 실행으로 보낸다. 나머지 요일은 돌아오는 주일 예배를 준비하면서 보낸다. 이를 위해 어떤 준비를 하는지에 대해서는 길게 말할 필요가 없다. 어떻게 보면 나는 돌아오는 주일을 준비한다기보다 한 달간의 예배를 미리 준비한다. 새로운 달이 시작되기 전에 미리 다음 달의 네 주일이나 다섯 주일에 해당하는 성서일과(lectionary)에 따라 설교 본문을 정하고, 예배에서 부를 찬송가도 최소한 세 곡을 미리 선정한다. 그중의 하나는 국악 찬송이다. 찬송가 선정이 예상 외로 까다롭다. 우리나라 찬송가에는 예배에 적합한 찬송가가 많지 않기 때문이다. 매주 목요일에는 주보를 작성한다. 대구 샘터교회에는 부교역자가 없기도 하지만, 부교역자가 있다고 하더라도 주보는 내가 직접 작성할 것이다. 왜냐하면 주보에 들어가는 내용에 목사인 나의 신학적인 영성이 포함되기 때문이다. 매 주일 작성하는 기도문도 여러 편이다. 예배의 부름, 공동기도, 사죄기도, 사죄 선포, 설교 전 기도, 설교 후 기도, 위탁의 말씀이 그것이다. 알리는 말씀도 가능한 한 교우들이 관심을 두고 읽을 수 있도록 산문 형식으로 기록한다. 주보는 전체가 열두 쪽이다. 뒤편의 다섯 쪽은 내가 성서 본문을 묵상한 글이 실린다. 요즘은 '예수 어록'이라는 제목으로 요한복음을 해설하는 중이다. 그것도 물론 내가 일일이 작성한다. 이것은 내가 주보를 예배의 순서로만 생각하지 않고 교우들의 일상적인 경건 생활에 도움이 될 수 있는 문건으로 생각하기 때문이다.

다 아는 대로 오늘 한국교회의 위기는 예배의 위기다. 주일 공동예배를 대수롭지 않게 생각하는 신자들이 느는 추세다. 그 이유도 가지각색이다. 가장 큰 이유는 현대의 지성적인 기독교인들이 예배를 드려야 한다는 당위성은 인정하지만, 예배의 필요성은 실감하지 못하기 때문이다. 그들의 처지가 이해는 간다. 현대인들은 누구나 할 것 없이 정말 바쁘게 산다. 밥벌이로 바쁘기도 하지만 인생을 즐기기 위한 일로도 바쁘다. 그들은 자신의 삶을 밀도 있게 살려고 애를 쓰느라 허튼 일에는 시간을 내지 않는다. 그런 사람들이 일주일에 한 번 교회에 나와서 예배에 참석한다는 것은 쉬운 일이 아니다. 이런 현상은 앞으로 가속도가 붙을 것이다. 이런 이들을 우리가 억지로 붙들 수는 없다. 붙들면 붙들수록 반발이 더 심해질 것이다. 그런 이들은 자신들의 생활 형편에 맞는 템포로 예배에 참석하도록 여유를 주는 게 낫다. 우리가 정작 심각하게 생각해야 할 문제는 예배를 준비하고 진행하는 우리 자신에게 있다. 무슨 말인가? 예배에 참석하고 싶은 이들이 발걸음을 돌리는 이유는 예배가 예배답게 드려지지 않는다는 데 있다는 뜻이다.

오래전 교회를 맡고 있지 않던 몇 달간 여러 교회를 순회하면서 예배에 참석한 적이 있었다. 대구 시내에 있는 교회에 가기도 했고, 경북 지역에 있는 교회를 찾아가기도 했다. 당시는 그야말로 일반 신자로서 예배에 참여했다. 그런데 예배를 예배답게 드린 기억이 많지 않다. "당신이 은혜받을 준비가 되어 있지 못했기 때문이다"라고 말하면 할 말이 없다. 그것을 전제하고 내가 받은 느낌만 간략히 전하겠다. 하나님께 영광을 돌린다기보다는 자기 교회를 드러내는 일에만 관심이 집중되는 예배가 대부분이었다. 장로들의 대표기도는 개인의 넋두리나 훈계에 떨어지는 경우가 많았다. 이런 기도를 예배 시간에 듣는다는 것은 고역 중의 고역이다. 설교도 크게 다르지 않았다. 심지어 광고 시간도 지루하기 짝이 없었다. 시골 초등학교 교장이 학교 자랑하듯이 교회 자랑을 늘어지게 하는 경우가 많았다. 주일 공동예배가 일종의 종교 동호인들의 모임처럼 보였다. 한마디로 예배에서 하나님의 현존이 느껴지지 않았다. 지금도 그런 현상은 마찬가지가 아닐까 생각한다.

나는 지난날이나 지금이나 하나님의 존재 신비를 암시적으로 나 상징적으로 드러내는 예배를 경험하고 싶다. 내 영혼이 예배를 통해 거룩한 두려움에 휩싸이고 싶다. 그것이 나에게는 구원의 경험이기 때문이다. 하나님에 대한 경험은 미숙하거나 냉소적이면서 자신과 교회의 업적에 관해서만 과도한 열망에 사로잡힌 교회의 예배에 어찌 다시 참여하고 싶은 마음이 들겠는가? 어느 나라 교회보다 예배를 더 자주 더 열정적으로 드린다고 알려진 한국교회의 예배 영성이 실제로는 빈곤하기 짝이 없다고 말해도 크게 틀린 말은 아닐 것이다. 이는 곧 한국교회의 예배를 이끄는 목사들의 영적인 위기이기도 하다.

최근에 유튜브를 통해 분당에 있는 모 교회 목사의 설교를 접했다. 그의 인격이 고스란히 녹아 있는 설교였다. 하지만 많은 이들에게 감동적으로 들렸을 그의 설교가 나에게는 작위적으로 보였다. 가끔 듣는 거야 괜찮겠지만 매 주일 그런 설교를 들어야 한다면 나는 그 교회의 예배 참석을 기꺼이 사양할 것이다. 그런 설교에는 성서의 깊고 어두운, 그리고 새롭고 놀라워서 신비롭다고 말할 수밖에 없는 세계가 열리는 것이 아니라 가장 건전하고 모범적이며 존경받을 만한 삶의 표준들만이 나열되기 때문이다. 예컨대 세상 사람들은 부동산 투기를 하지만 우리는 하지 말아야 한다거나, 세상 사람들은 원수 갚는 방식으로 살지만 우리는 오히려 사랑하는 방식으로 살아야 한다는 등등, 모범이 될 만한 기독교적인 삶의 방식에 대한 강조 말이다. 그는 때에 따라서는 성 소수자에 대한 비판도 마다하지 않았다. 전반적으로 건전한 그의 설교

자체를 여기서 더 언급하지는 않겠다. 그가 청교도적인 설교와 목회로 교회를 크게 키웠으니 나름 한국교회에 공헌한 것이다. 그런데 나는 설교 후에 이어진 퍼포먼스도 꺼림칙했다. 한쪽에서는 전문 찬양사역자들이 회중의 감성을 자극하는 찬송을 이끌었고, 목사는 찬송가 가사를 간절하게 외쳤다. 이런 분위기에서 신자들은 눈물을 흘리기도 했고 은혜를 받아 감격한 듯 보이기도 했다.

물론 이 장면에서 매 주일 설교를 통해 신자들의 삶을 변화시켜야겠다는 목사의 절박한 심정이 읽히기도 했지만, 다른 한편으로는 자신의 설교에 대한 불안감이 나타나는 것으로 보였다. 자신의 설교가 하나님의 말씀을 바르게 선포하는 것이라는 확신이 있다면 설교에 이어 '경배와 찬양' 유의 퍼포먼스를 끌어들일 필요는 없을 것이다. 비유적으로 말하면 어느 지휘자가 KBS 교향악단과 함께 베토벤 교향곡 9번을 연주하는데, 청중의 반응을 끌어들이기 위해 두 손을 위로 올려서 리듬에 맞춰 흔들도록 유도한다면 그는 자신의 음악 경험과 해석에 자신이 없는 것이다. 지휘자가 연주를 충실하게 실행하면 청중은 그것 자체로 감동하게 되어 있다. 설교자인 목사는 은혜를 반드시 끼쳐야 하고, 신자들은 반드시 은혜를 받아야 한다는 강박감이 목사와 청중을 유아적인 종교 행태에 떨어지게 한다. 그런 방식이라고 하더라도 은혜만 받으면 됐지 무슨 문제냐고 반문할지 모르겠다. 하지만 그것은 은혜처럼 보일 뿐 사실은 감상적인 나르시시즘의 한 심리 현상에 가깝다. 그런 방식의 예배에서 일정한 심리적 힐링은 가능하겠으나 기독교 영성의 중심으로 들어가는 일은 요원하다. 영혼의 눈이 밝은 기독교인들은 이런 분위기에서 소외될 수밖에 없다.

　신자들이 최대한 참석하고 싶은 마음이 드는 예배는 하나님의 임재 경험을 통해 영혼의 안식이 공유되는 예배다. 안식은 곧 예배의 본질과도 관계된다. 하나님께만 영광을 돌리는 예배를 통해 하나님의 구원의 신비를 맛볼 때 사람은 영혼의 안식을 경험하기 때문이다. 영혼의 안식을 경험하는 신자들은 예배에 오지 말라고 해도 오고 싶어 할 것이다. 오늘날 한국교회의 예배는 하나님의 영광을 생명과 구원의 신비로 접근하기보다는 주로 회중의 종교적 심리와 감수성으로 접근하기에 신자들이 영혼의 안식을 경험하기가 어렵다. 물론 반론이 가능하다. 지금 당장 삶에 지쳐 있는 사람들에게는 심리와 감정의 차원에서 위로하는 예배가 옳다는 주장이 그것이다. 한국교회에 일종의 힐링 예배가 만연한 이유가 여기에 있다. 이에 관한 논란에 대해 여기서 다시 시시비비하려는 것은 아니다. 하지만 교회의 예배가 일반 티브이 연예 오락 프로그램에서 실행되는 '힐링 캠프'와 다를 게 없다면 곤란하다.

　한국교회에서 예배의 갱신은 쉽지 않다. 생명의 근본에 대해 생각해보지 않은 신자들이 예배에 참석했다고 해서 갑자기 생명의 신비를 느끼는 것도 아니다. 빅뱅의 아득한 차원에 관해 평소에 생각하지 않던 사람은 교회에 나와서 창조에 관한 설교를 들어도 영혼의 공명이 일어나지 않는다. 다른 길이 없다. 목마른 사슴처럼 주를 찾기에 갈급한(시 42:1) 목사 자신이 예배의 중심 안으로 들어가는 것이 예배 갱신의 첫걸음이다. 그것이 신자들을 위한 길이기도 하고, 목사 자신이 구원에 이르는 길이기도 하다.

안식일

나는 예배와 관련해서 십계명의 한 대목인 "안식일을 기억하여 거룩하게 지키라"라는 명제를 중요하게 생각한다. 고대 유대인들은 일주일에 한 번 돌아오는 안식일에 모든 일상을 멈추어야 했다. 그들은 안식일에는 불을 사용하지 못하기 때문에 빵을 새로 굽지 못하며, 밭일을 나가도 안 된다. 여행도 가지 못하고 운동도 하지 못한다. 말 그대로 모든 일상을 단절해야 한다. 여기에는 예외가 없다. 나그네, 종, 그리고 짐승들도 포함된다. 예수가 안식일에 장애인을 고친 사건은 유대인들의 눈에 비정상이다. 예수는 안식일 자체를 부정한 것이 아니라 그 본질을 각성시킨 것이지만 말이다. 안식일의 본질은 참된 쉼을 통해 인간의 생명을 풍요롭게 하는 것이다. 그것이 오늘날 기독교의 예배가 아니겠는가? 오늘 목사들은 예배를 통해 참된 안식을 경험하는지, 세상을 향해 안식일을 지키라고 과감하게 선포할 수 있는지 부단히 질문하고 이를 자기 성찰의 계기로 삼아야겠다. 이런 말이 그렇고 그런 뻔한 소리로 들리지 않았으면 한다.

현대인들에게 나타나는 삶의 특징은 일상의 과잉이다. 목사에게는 목회 과잉이 이에 해당한다. 일상은 어떤 경우에도 상대화될 수 없을 정도로 소중하지만, 그것의 과잉은 오히려 일상을 훼손한다. 일상이 실제 생명으로 심화하고 풍요로워지려면 일상이 곧바로 또는 언젠가는 끝난다는 사실을 실질적으로 직면해야 한다. 하지만 일상의 과잉은 현대인들이 그 사실을 외면하게 만든다. 이는 카지노에 마음을 송두리째 빼앗긴 사람이 가족을 현실로 느끼지 못하는 경우와 같다. 일상의 과잉에 노출된 사람이라고 하더라도 죽음 자체를 모르는 것은 아니지만, 안다고 해서 그것을 현실로 받아들이는 것은 아니다. 죽음은 그들에게 알아도 그만이고 몰라도 그만인 정보일 뿐이다. 그들에게 죽음이란 다른 사람의 일이고 막연한 미래에 속한 일이므로 그들은 그것에 영향을 받지 않는다. 그들의 일상은 지금 여기서 벌어지는 절대적인 사건이므로 거기에 매몰될 수밖에 없다. 이는 발등에 떨어진 불처럼 그 사람의 영혼까지도 마비시키는 블랙홀이다. 이것은 그 사람의 성품이나 인격 혹은 지성, 더 나아가서 신앙과도 관계없이 벌어지는 현상이다. 일상과의 단절을 통해 일상을 생명 충만하게 누리며, 더 나아가서 훼손된 일상을 회복시켜야 한다는 것은 아무리 강조해도 지나치지 않다.

　안식일 전통은 구약성서의 가장 중요한 두 가지 사건을 기원으로 한다. 하나는 창조고, 다른 하나는 출애굽이다. 이 두 가지 기원이 주일을 지키는 기독교 신앙의 핵심인 예수의 부활에서 발현되었다. 이것을 창조와 해방 영성이 예수에게서 성육신(incarnation) 했다고 표현해도 된다. 이런 점에서 오늘 우리가 드리는 주일 공동예배는 창조와 출애굽과 부활 신앙을 예전(liturgy)의 형식으로 나타내는 종교의식이다. 이 종교의식을 통해 우리는 일상의 생명 충만과 훼손된 일상의 회복을 경험한다. 창조와 출애굽과 부활이야말로 시원적이고 종말론적인 안식을 제공하기 때문이다. 여기서 시원과 종말은 서로 통하는 개념이다. 나는 목사에게 주어진 가장 중요한 업무가 교인들이 하나님의 종말론적 안식을 경험하도록 안내하는 일이라고 생각한다. 그들에게 바른길을 안내하려면 내가 우선 그것을 알고 경험해야 한다.

나는 앞에서 짚은 대로 죽음 이후에 문자적인 의미에서 지옥과 천국을 믿지 않지만, 하나님 안에서 영원히 안식할 것이라는 사실은 믿는다. 만약 그런 안식이 없는 곳을 지옥이라고 하고, 안식이 주어지는 곳을 천국이라고 한다면 나는 지옥과 천국을 믿는다. 오늘 우리의 목회 과정이 실제로 종말론적인 안식에 근거하고 있으며, 그 안식을 지향하고 있을까? 예수는 수고하고 무거운 짐을 진 사람들을 향해 "내가 너희를 쉬게 하리라"(마 11:28)고 말씀하셨는데, 우리는 오히려 신자들의 영혼을 충성과 봉사라는 말로 닦달하고 있는 것은 아닐까? 아니 정작 목사인 우리 자신이 종말론적인 안식을 알지도 경험하지도 못한 채로 목회 업적에 쫓기고 있는 것은 아닐까? 예배 행위가 오히려 안식을 가로막는 것은 아닐까? 내가 잘못 보았다면 용서하기 바란다.

아무리 좋게 보려고 해도 한국교회 신자들의 신앙생활과 영성은 종말론적인 안식과는 거리가 멀다. 교회에 어느 정도 마음을 붙이고 살려는 신자들은 자신들이 소비된다는 느낌을 받을 수밖에 없는 실정이다. 신앙생활의 연륜이 깊어질수록 영혼의 안식을 느끼기보다는 영혼이 피폐해지는 것을 느낄 것이다. 그들은 교회에서 어떤 갈등이 생겼을 때 자신의 믿음이 부족한 탓이라고 자책하면서 무조건 충성스럽게 봉사하고 순종하는 것이 최선이라고 생각한다. 교회에서 그렇게 교육받았고 그런 방식으로 자신을 합리화해왔다. 더 정확하게 표현하면 그들은 그렇게 길들었다. 다른 길이 없으니 어쩔 수 없다. 삶의 에너지를 교회에 쏟으면서도 영적으로 자유롭고 풍성하게 종말론적인 안식을 경험하면서 신앙생활을 하는 분들도 없지는 않겠으나, 내가 보기에 그런 분들은 소수다. 교회의 예배와 설교가 악의 없는 잔소리 수준에 머물러 있기 때문에, 다시 말해 창조와 출애굽과 부활의 시원적이고 종말론적인 깊이로 들어가지 못하고 문자로서의 교리와 종교적 감수성에 머물러 있기 때문에, 신자들은 모범적인 신앙생활과는 별개로 영혼의 안식과는 거리가 먼 수준에 머물러 있는 셈이다.

종말론적 안식

종말론적인 안식에 대해 일일이 설명하려면 책 한 권으로도 부족할 것이다. 안식의 핵심이 무엇인지, 현대 문명은 왜 안식을 허락하지 못하는지, 오늘의 교회는 안식을 어떤 형식과 내용으로 담아내는지, 살아 있는 한 궁극적인 안식을 경험할 수 없는 인간의 실존을 우리가 어떻게 버텨내야 하는지, 종말론적 안식을 오늘 여기서 우리가 어떻게 누릴 수 있는지, 그것이 실제로 가능한지, 하나님의 창조와 종말론적 안식은 어떻게 관련되는지, 더 나아가서 예수 그리스도의 부활은 왜 종말론적 안식의 근원인지, 성령과 안식의 관계는 어떤지 등등, 이런 여러 관점에 대한 성서적이고 교의학적이며 인문학적 근거를 제시해야 하기 때문이다. 나는 이 중에 두 대목만 간략하게 다루겠다. 첫째, 안식은 왜 종말론적인가? 둘째,

종말론적 안식이 예배에서 어떻게 나타나는가? 이 두 질문의 바탕에는 오늘날 예배 공동체에 속한 기독교인들이 실제로 종말론적 안식을 경험하면서 살아가는지 아닌지에 대한, 더 근본적으로 오늘날 목회에 쫓기는 목사들이 예배를 인도하면서 종말론적인 안식을 실제로 경험하는지 아닌지에 대한 문제 제기가 놓여 있다. 정직하게 질문하고 대답해보자. 그럴 때라야 해결의 길도 찾을 수 있다.

안식은 쉼이다. 쉼은 자유로부터 주어진다. 노예들은 자유가 보장되지 않으니 쉼이 없고, 쉼이 없으니 안식도 없다. 두 발을 땅에 딛고 살아가는 한 우리는 모두 땅의 조건에 노예처럼 묶인다. 이런 조건은 한둘이 아니다. 우리는 먹고살기 위해 돈벌이에 나서야 한다. 평생 먹고 살 만큼 돈이 있는 사람이라 하더라도 돈을 더 쓰기 위해 돈벌이에 또 신경을 써야 한다. 사람들과의 관계가 마음먹은 대로 작동되는 것도 아니다. 심지어 가족 관계 역시 땅의 조건이다. 서로 사랑하는 부부라고 하더라도 완전히 자유로운 관계를 통해 안식을 누리기는 어렵다. 물론 개인에 따라서 차이가 있긴 하다. 부부가 친구처럼 재미있게 지낼 수는 있지만, 사람의 영혼은 그것으로 만족하지 못한다. 오늘의 문명은 안식을 파괴하는 힘으로 작동하기에 21세기를 살아가는 대다수 사람의 삶은 안식과는 거리가 멀다. 최선의 경우라고 하더라도 단순한 재미를 안식으로 착각할 뿐이다. 이렇듯 현대인들이 안식을 모르니, 불나방이 불 속으로 뛰어들듯이 삶의 재미에만 빠져드는 것은 아닐까?

궁극적인 안식의 원초적 형태는 에덴동산 설화에서 찾아볼 수 있다. "아담과 그의 아내 두 사람이 벌거벗었으나 부끄러워하지 아니하니라"(창 2:25). 에덴동산에는 남자와 여자라는 의식도 없었고, 지위 고하에 대한 의식도 물론 없었다. 그곳은 새로 태어난 유아처럼 생명의 가장 시원적인 자유가 보장된 곳이었다. 우리가 알고 있는 한 이보다 더 좋은 안식은 없다. 그러나 이 안식은 깨졌다. 하나님은 생명나무의 열매를 비롯한 모든 나무의 열매는 먹어도 되지만 선악을 분별하게 하는 나무의 열매는 금하셨다. 하나님은 그것을 먹으면 "죽으리라"고 말씀하셨다. 뱀은 하와에게 그것을 먹어도 죽지 않을 뿐만 아니라 눈이 밝아져서 하나님처럼 된다고 말했다. 결국 처음 인간인 아담과 하와는 하나님의 말씀보다는 뱀의 유혹에 마음이 기울어진 탓에 그 나무의 열매를 먹고는 눈이 밝아져 자신들이 벌거벗은 것을 부끄러워했다. 그들은 에덴동산에서 추방당했다. 실낙원(失樂園, Paradise Lost)이 아담과 하와의 운명인 동시에 보편 인류의 운명이다. 이는 참된 안식이 없는 인간 실존에 대한 정확한 진단이다.

　선악과 이야기에서 주목할 점은 선악을 알게 하는 나무를 먹으면 눈이 밝아진다는 사실이다. 눈이 밝아져서 선과 악을 구분할 수 있는 능력이야말로 인간의 존엄성에서 가장 중요한 요소라고 생각할 수 있으나 선악과 이야기는 인간의 더 근원적인 실존을 다룬다. 인간은 선과 악을 분별하게 되면 선을 선택하지 않는다. 더 깊은 차원에서 본다면 선과 악의 분별심 자체가 죄다. 죄의 결과는 죽음이니 분별심은 곧 죽음이다. 우리의 일상에서는 착한 사람도 이 분별심에 떨어진다. 분별심이 없는 사람은 주체가 형성되기 전의 유아나 정신 이상자들이다. 인간은 주체나 자아가 형성되면서 죽을 때까지 선과 악을 분별하고, 자신과 남을 분별하며, 아군과 적군을 분별하고, 가치 있는 것과 없는 것을 분별하며, 성공과 실패를 분별하고, 문명인과 미개인을 구분하며, 모범생과 열등생을 구별하고, 더 나아가서 기독교인과 타 종교인을 구별한다. 땅에서는 이것 말고 다른 방식으로 살아갈 수가 없다. 여기서 분별한다는 말은 서로 다르다는 사실을 확인한다는 의미만이 아니라 이런 방식으로 자신을 확인하고 성취함으로써 "너를 대상화한다"라는 의미다. 남과의 비교를 통해 자신이 우월하다는 생각에 떨어진다. 이 현실에서는 참된 안식이 불가능하다.

그렇다면 이 땅에서 참된 안식은 영원히 불가능한가? 원칙적으로 말하면 참된 안식은 실낙원 이후의 이 현실이 끝나는 종말이 와야 가능하다. 유럽 사람들이 묘비에 '영원한 안식'이라는 문구를 새기는 이유가 여기에 있다. 살아 있는 동안 안식에 가까이 이르는 최선의 길은 선악을 알게 하는 나무의 열매를 먹음으로써 발생한 분별심을 줄이는 것이다. 분별심의 축소, 지양, 극복, 이탈! 이것이 종말론적인 안식에 이르는 길이다.

분별심으로 작동하는 21세기 문명권에서 이런 삶이 쉽지는 않겠지만, 그렇다고 불가능한 것도 아니다. 이 대목에서 기독교인들에게는 그야말로 회심(메타노이아)이 필요하다. 삶에 대한 새로운 관점, 즉 하나님의 관점으로 돌아서는 태도가 바로 회심이다. 기독교의 초보 교리가 이를 분명하게 지시하는데, 예수와 함께 우리가 이미 죽었다는 사실이 그것이다. 죽은 자는 안식을 방해하는 세력에게서 벗어난다. 죽음은 개인에게 종말이다. 예수와 함께 이미 죽었다는 말은 종말론적 안식을 여기서 누릴 수 있게 되었다는 의미다. 예수와 함께 죽는다는 것은 살아야 한다는 우리의 본성에 역행하기에 우리는 이를 알기는 알아도 뜬구름 잡는 이야기로 생각하곤 한다.

다시 안식일 영성으로 돌아가자. 성서와 기독교 신앙을 단숨에 소화할 수는 없다. 꾸준히 구도 수행의 태도로 공부해야 한다. 나는 앞에서 안식일의 중심이 창조와 출애굽(해방)이라고 말했다. 그 창조와 해방이 주일을 지키는 기독교의 부활 신앙 안으로 수렴되었다는 것도 말했다. 우리가 종말론적인 안식을 원한다면 창조와 해방과 부활 신앙을 고지식하다는 말을 들을 정도로 붙들어야 한다. 그것이 곧 안식의 원천인 하나님 경험이다. 아우구스티누스는 다음과 같이 기도했다.

주님은 우리가 주님을 향해서 살도록 창조하셨으므로
내 마음이 주님 안에서 안식할 때까지는
편안하지 않습니다.

죽음이 손에 닿을 정도의 나이가 되면 대다수 사람이 아우구스티누스의 기도문이 담고 있는 세계를 깨달을 것이다. 개중에는 죽는 순간까지 전혀 깨달음이 없는 사람들도 있다. 젊었을 때 이를 깨닫는다면 그는 더욱 행복한 사람이다.

종말론적 안식으로서의 예배

앞에서 말한 것처럼 나는 목사로서 회중이 하나님의 종말론적 안식을 예배에서 경험하게끔 하는 것을 목사의 가장 중요한 업무로 여긴다. 사실상 그것 외에 내가 할 일은 별로 없다. 비유하자면 나는 베토벤이나 스트라빈스키의 작품을 교향악단과 함께 연주하는 지휘자 혹은 고흐나 조선 화가 정선 등의 그림을 해설하는 미술 평론가와 비슷하다. 지휘자는 회중이 아니라 악보가 가리키는 음악의 세계에 충실해야 한다. 이는 회중을 위한 연주가 아니라 작곡자의 작품을 위한 연주를 해야 한다는 말이다. 이와 다른 입장도 가능하다. 작품보다는 그것을 감상하는 독자들의 눈높이에 맞추는 것이 더 중요하다는 태도 말이다. 물론 예술에서는 그런 관점이 어느 정도 필요할지 몰라도 예배에서는 그런 관점이 오히려 배제되어야 한다. 예배에서는 인간이 누려야 할 은혜보다 하나님께 돌려야 할 영광이 존재론적으로 앞서기 때문이다. 이는 은혜를 받기 위해 예배를 드리는 것이 아니라 하나님께 영광을 돌리기 위해 예배를 드린다는 뜻이다. 하나님의 영광이 드러나는 곳에서는 은혜도 자연스럽게 나타난다.

    기독교인들이 예배에 참여하는 동기는 다 다르다. 사람마다 동기가 진지할 수도, 그렇지 않을 수도 있다. 습관적으로 예배에 참여하는 사람들도 있고, 예배에서 하나님을 실제로 갈망하는 사람들도 있다. 한국교회에는 기복적인 태도로 예배에 참석하는 이들도 제법 많다. 전체적으로 볼 때 회중은 예배에서 여러 종류의 가벼운 위로를 얻고 싶어 한다. 이것은 어쩔 수 없다. 그들은 세상살이에 시달린 영혼이기에 위로를 받으려 하는 것이다. 목사가 그들의 종교적 요구에 부응하는 방식은 간단하다. 종교적인 엔터테인먼트를 반복해서 제공해주면 된다. 세상에서 연예 오락에 길든 교인들에게는 예배도 그런 개념으로 접근해야 호소력 있게 전달될 것이다. 혹자는 이런 방식으로라도 인격적이고 양심적으로 예배를 인도하면 현대의 시대 상황에서 최선이라고 할지 모르겠지만, 나는 다르게 생각한다. 시대정신과 회중의 사고방식이 종교적 여흥에 기울어져 있다고 하더라도 목사만은 하나님께 영광을 돌린다는 사실에 몰입해야 한다.

'하나님께 영광'을 돌리는 예배의 본질에 천착하려면 목사는 일단 청중으로부터 소외되는 고독감을 두려워하지 말아야 한다. 이를 거룩한 고독이라고 칭해도 좋으리라. 왜냐하면 세상과 사람으로부터는 멀어지겠지만, 하나님과는 더 밀착되기 때문이다. 오해가 없기를 바란다. 이는 목사가 예배에 참석한 교인들과의 영적인 공명을 전혀 고려하지 않고 일방적으로 예배를 이끌어도 된다는 말이 아니다. 예배에 모인 교인들에게 진정한 의미에서 영혼의 힐링이 가능하고 위로가 되는 예배를 드리려면 목사가 대중 추수주의(포퓰리즘)에 떨어지지 않고 하나님의 종말론적 통치에 영적인 주파수를 맞춰야 한다는 뜻이다. 목사 개인이 이런 영적인 내공을 갖추기가 어렵기 때문에 가능하면 지난 기독교 역사에서 검증된 예전예배의 형식을 따르는 것이 좋다. 예전예배는 그 형식 자체가 '하나님께 영광'이라는 예배의 본질을 담보한다. 우리나라 개신교회 신자들은 예전예배를 로마 가톨릭교회의 형식주의나 엄숙주의로 몰아붙인다. 게다가 예배가 목사의 개인기에 의존되다 보니 종교적 여흥 수준으로 떨어지는 경우가 많다. 안식은커녕 목사도 지치고 회중도 지친다.

한마디만 더 하자. 하나님께 영광을 돌린다는 말은 칼 바르트 버전으로 말해 '하나님은 하나님이다'(Gott ist Gott)라는 명제를 드러내는 것이다. 하나님을 하나님으로 인정하는 것, 하나님의 하나님 되심을 놀라워하는 것, 피조물의 한계를 직시하는 것, 생명의 주인이 하나님이라는 사실을 실질적으로 인정하는 것, 인간은 곧 죽는다는 사실을 고백하는 것, 하나님이 누군지에 대한 인식이 깊어지는 것, 창조와 종말의 아득한 깊이 앞에서 거룩한 두려움을 경험하는 것 등등이 다 여기에 포함된다. 예배에서 이런 일들이 일어나고 경험되고 고백될 때 하나님께 '영광을 돌린다'라고 말하는 것이다. 하나님의 영광의 힘에 사로잡히면 그의 영혼은 새장을 벗어난 새처럼 자유를 얻게 되고 당연히 안식을 선물로 받는다.

예배와 혐오 설교

나는 예배를 주관하는 입장에서 교인들 대다수가 영혼의 깊은 곳에서 하나님의 종말론적 안식을 갈망한다는 것을 어느 정도는 안다. 아직 그런 준비가 덜 된 교인들도 그 내면에는 안식에 대한 갈망이 숨어 있다. 그런 거룩한 갈망 자체가 사실은 은총이다. 은총 없이는 갈망도 없다. 그런 마음을 읽을 수 있기에 나는 그들이 영적인 안식을 경험하도록 예배에서 최선을 다한다. 우선 예배 참석만 해도 그렇다. 일 년 열두 달 주일마다 예배에 한 번도 빠지지 않고 참석하는 이들이 있다. 이것은 보통의 열정으로는 불가능하다. 습관적으로 나오는 이들도 있겠으나 그런 습관마저 중심에는 영혼의 갈망이 담겨 있다. 나는 이들의 영적인 갈망을 생각할 때마다 목사로서 무거운 책임감을 느낀다. 한 달에 한 번 정도 빠지는 신자들도 대단한 사람들이다. 영혼의 갈망이 강렬하지 않으면 이런 정도로 예배에 참석하기 어렵다. 그들과의 영적인 연대감이 느껴진다. 한 달에 두 번 정도 예배에 참석하는 이들도 있다. 정말 바쁘게 돌아가는 한국 사회에서 최선을 다하는 모습이다. 귀한 시간을 낸 분들이니 하나님 안에서의 안식이 더 필요하지 않겠는가? 한 달에 한 번 정도 나오거나 그것보다 더 뜸한 이들도 없지는 않다. 예배를 완전히 망각하지 않았다는 것만으로도 그들은 인정받아야 한다. 이렇게나마 예배와의 끈을 이어가는 것은 영혼의 안식이 필요하다는 증거다. 예배 참석의 기회가 상대적으로 적은 사람들이니 그들에게 목사의 역할은 더욱 크다. 나는 예배에 참석한 모든 회중을 똑같은 크기에서 소중하게 생각한다. 예배에 자주 참석하는 분들은 자주 참석하기에 소중하고, 이따금 참석하는 분들은 자주 만나지 못하기에 소중하다. 나는 좌고우면하지 않고 그들이 예배에서 하나님의 종말론적 안식을 느낄 수 있도록 도와야 한다. 내가 먼저 예배에 온전하게 집중하는 것이 그들에게도 도움이 된다. 이것이 구원 지향적인 목사에게서 나타나야 할 가장 중요한 열매라고 나는 생각한다.

예배를 통해 회중을 궁극적이고 종말론적인 안식으로 안내하지 못하는 경우를 종종 본다. 생명 현상의 가장 깊은 차원에 속하는 영혼이 안식은커녕 오히려 소란스러워지고 거칠어지는 것이다. 표면적으로는 열광적인 모습으로 나타나기에 은혜가 넘친다고 쉽게 말하지만 실제로는 영혼이 위축되는 것이다. 일단 설교에 한정해서 말하겠다. 설교 시간에 정치적으로 상식적이지 않은 발언을 쏟아내고, 객쩍은 우스갯소리를 남발하거나 과학적으로 기본이 안 되는 이야기를 서슴없이 내뱉는 목사들도 있다. 잔소리꾼처럼 설교하거나 침이 마르도록 가족 자랑에 열을 올리는 목사도 있다. 어느 정도 생각할 줄 아는 교인들은 목사가 기독교의 진리를 제대로 선포하고 있는지, 복음을 복음답게 제대로 이해하고 있는지, 아니면 포장만 그럴듯하지 실제로는 종교 장사꾼에 불과한지, 겉으로 내색하지 않아도 꿰뚫어본다. 다만 알면서도 모른 척해줄 뿐이다. 이런 사태를 눈치채지 못하는 목사는 자신에게 도취해서 되는 소리, 안 되는 소리를 배설하듯이 쏟아낸다. 그런 방식으로 교회의 영적 수준은 밑바닥으로 떨어지는 중이다. 그럼에도 불구하고 그런 설교에 은혜를 받는 신자들이 한국교회에 적지 않은 이유는 다음 둘 중 하나다. 신자들의 영 분별력이 형편없거나, 하나님의 긍휼하심이 우리에게 지나치거나!

회중의 영혼을 가장 크게 병들게 하는 설교는 혐오감을 부추기는 설교다. 하나님의 구원을 선포해야 할 설교 시간에 일정한 대상을 향해 마녀사냥 하듯이 발언하는 목사들이 적지 않다. 노골적인 혐오 발언은 아니지만 그 바탕에 혐오감이 숨어 있는 설교도 제법 많다. 그런 설교에 반복적으로 노출되는 회중의 영혼이 얼마나 혼탁해질지는 충분히 예상할 수 있다. 오늘날 한국 사회가 기독교를, 특히 개신교회를 강하게 불신하는 사회 현상에서 이를 확인할 수 있다.

혐오를 부추기는 설교가 한국교회 강단에서 심심치 않게 선포되는 이유는 복합적이다. 설교자의 신학적인 몰이해, 회중의 왜곡된 세계관과 대중적인 스타 목사를 향한 의존성, 사회 전반의 미숙성과 야만성 등등이 복합적으로 어우러져서 이런 현상을 부른다. 비단 이런 현상이 한국교회에서만 나타나는 것은 아니지만, 특히 한국교회에서 두드러진다. 지금까지 이런 방식으로 한국교회가 일정한 저력을 보였지만 앞으로는 세상으로부터 배척당하는 결과를 부를 것이다. 내 생각에 하나님의 구원을 경험한 목사(또는 일반 신자)는 이런 혐오 발언을 하지 않을 뿐만 아니라 그런 생각 자체를 하지 않는다. 혐오 발언의 대상은 셋이다. 첫째는 타 종교, 둘째는 동성애, 셋째는 좌파다.

타 종교 혐오

그때가 1985년도였다고 생각한다. 당시 나는 독일에서 잠시 신학을 공부하는 중이었다. 한국에서 온 선배 목사가 유럽 선교여행 중에 독일에 들러 후배 목사들을 격려하는 모임이 있었다. 그는 당시 내가 속한 성결교회(기성)의 대표적인 인물이었다. 역사가 가장 오래된 교회의 담임목사이자 잘 나가는 부흥사였다. 다른 직함도 여럿이었을 것이다. 그의 발언 중에서 기억에 남는 것은 딱 한 가지다. 승려 흉내를 우스꽝스럽게 재연하면서 기독교가 왜 불교보다 우월한지를 강조한 것이었다. 한마디로 불교를 희화화하고 비하하는 내용이었다. 이런 일들은 우리나라 교회에서 흔하게 나타난다. 심지어 사찰에 불을 내거나 부처상을 훼손하는 일도 벌어지곤 한다. 기독교인들은 탁발하러 온 승려에게 "우리는 교회에 다닙니다"라는 말로 거절한다. 얼마 전부터는 이슬람교에 대한 혐오 발언이 주를 이룬다. 혐오를 넘어 공포 분위기까지 조성한다. 이슬람교가 한국을 이슬람국가로 바꾸기 위해 전략적으로 음모를 꾸민다는 식이다. 제주도에 온 예멘 난민도 그런 시각으로 보는 이들이 적지 않다. 이와 관련된 가짜 뉴스가 신자들 사이에 유통된다. 영혼이 천박해질 수밖에 없다.

    로마 가톨릭교회보다 개신교회가 이렇게 훨씬 더 적극적으로 타 종교를 배척하는 이유에 대한 교회사적이고 사회과학적인 분석이 이미 나올 만큼 나왔으니 내가 여기서 보탤 필요는 없다. 성서가 말하는 하나님 경험을 통해 구원의 빛에 가까이 간 사람에게 타 종교가 어떻게 느껴지는지에 대한 내 관점만 설명하면 된다. 한마디로 말해서 나는 타 종교에 관심이 없다. 관심이 없어도 알 만큼은 안다. 내가 타 종교에 관심이 없다고 말하는 이유는 지금 성서와 기독교 전통에서 말하는 하나님을 알아가는 일만으로도 내 시간이 너무 짧아서 타 종교에 관심을 둘 여유가 없기 때문이다. 비유적으로 나는 지금 어머니가 차려준 밥상에서 음식 먹는 행위의 절정을 향해 나아가는 중이다. 밥, 된장찌개, 김치, 각종 나물, 쌈, 불고기 등등, 먹으면 먹을수록 맛의 깊이가 더해진다. 옆집에서는 주로 빵과 스테이크 등의 양식을 먹는다. 나는 옆집 음식과 우리 집 음식을 비교할 생각이 없다. 이미 우리 집에서 충분한 맛을 경험했기 때문이다. 더러 그쪽 집의 음식에 관한 소문을 듣거나 초청받아 맛본 경험이 있으나 내 입맛을 빼앗을 정도는 아니었다. 성서와 기독교 전통이 말하는 하나님을 경험한 사람은 타 종교를 부러워하지 않을 뿐만 아니라 무시하지도 않으며 혐오는 더더욱 하지 않는다. 타자를 혐오한다는 것은 아직 하나님을 경험하지 못했다는 증거다. 자신의 영혼이 자유와 안식을 누리지 못하니 대신 타 종교를 비난함으로써 상대적인 만족감을 얻으려는 것이 아니겠는가?

 한국교회에서 벌어지는 타 종교 혐오의 가장 큰 동기는 내가 보기에 목회 전략적인 차원에 자리한다. 본인들이 의도하지 않았을지 몰라도 실제로는 그렇다. 한국교회의 전반적인 목회 성격은 흔히 전략적이다. 해외선교사 파송을 경쟁적으로 펼친다거나 무리수를 쓰면서도 교회당을 건축함으로써 회중의 관심을 한쪽으로 몰고 가는 것이다. 이런 전략의 극단이 타 종교의 악마화다. 일정한 대상의 악마화는 기독교 역사에서 이미 마녀사냥으로 나타난 적이 있다. 목회의 구심력을 강화하는 데는 이보다 더 효과적인 것이 없다. 이슬람에 의해 한국의 기독교가 큰 위기를 맞을 것이라는 두려움이 교인들의 마음을 사로잡으면 교회 내부에서의 다른 문제 제기는 잦아든다. 이슬람권의 사람들에게 전도하거나 최소한 그들의 공격을 막아내기 위해 헌금을 더 많이 해야 한다는 목소리가 힘을 얻는다. 목회가 의식적으로나 무의식적으로 전략의 차원으로 떨어진다는 것은 목사의 영혼이 병들어간다는 조짐이다. 본인들은 복음 전파의 열정이라고 강변하겠지만 말이다.

동성애 혐오

동성애 문제는 앞에서 간략하게나마 언급되었다. 한국교회에서 이 문제만큼 풀기 어려운 주제도 없다. 신학적으로 상당히 열려 있다고 자타가 인정하는 장로회신학대학교도 이 문제에서는 완고하다. 국제 성 소수자 혐오 반대의 날을 맞아 성 소수자의 저항을 상징하는 무지개색 옷을 입고 예배에 참석하고 그 후에 무지개기를 들고 사진을 찍은 신대원 학생들에게 대학교 측은 정학 등의 징계 처분을 내렸다. 그들이 동성애자이거나 동성애를 지지한 것이 아니라 단지 그들을 향한 혐오를 거부한 것인데도 그런 처분을 내렸다. 장로회신학대학교보다 더 보수적인 신학대학교의 입장이야 두말할 필요도 없다. 일반대학교 중에서 기독교 정체성이 비교적 강한 숭실대학교와 한동대학교는 동성애 문제에서 매우 폐쇄적인 태도를 보인다. 이 대학교들은 국가인권위원회의 성 소수자 차별 금지 권고를 수용하지 않았다. 이 대학교들에 소속된 교수들이 실제로 동성애를 부정하거나 혐오하는 것인지, 아니면 교수들의 인사권을 행사하는 이사들의 눈치를 보는 것인지는 잘 모르겠다. 오늘날 교회 안에서 동성애 문제는 아예 말을 꺼내지도 못하는 상황이다. 동성애 단체 집회에서 설교했다는 이유로 타 교단에 속한 목사를 종교 재판에 부치는 웃지 못할 일들도 벌어진다. 지동설과 진화론이

제기되었을 때 유럽 기독교가 크게 당황한 것처럼 오늘날 한국교회는 동성애 문제로 몹시 당황하고 있다. 그동안 전개된 과정에 대해서는 일일이 설명하지 않겠다. 성서와 기독교의 가르침을 통해 하나님의 구원을 경험한 목사에게는 동성애 혐오가 불가능하다는 나의 입장만 간략히 전하겠다.

동성애에 대한 혐오나 편견은 다음과 같은 근거에서 나온다. 첫째, 성서가 동성애를 죄로 규정한다. 둘째, 동성애는 출산을 불가능하게 한다. 셋째, 동성애는 성적인 변태로 나타난다. 넷째, 동성애는 일종의 질환이니까 치료를 받으면 고칠 수 있다. 다섯째, 동성애로 인해 에이즈가 퍼진다. 이런 항목도 각각 다르게 받아들여진다. 한국 기독교계에서 존경받는 한 목사는 설교 시간에 에이즈를 동성애에 대한 하나님의 심판이라고 역설했다. 의학적인 근거가 빈약한 주장을 이렇게 대놓고 펼치는 이유는 일단 동성애를 혐오하기 때문이다. 이는 마치 마녀를 제거하기 위해 없는 이야기까지 만들어내는 것과 비슷하다. 여기서 다섯 항목을 일일이 나눠서 말하지 않고 개괄적으로 내 생각을 전하려고 한다.

내가 목회하는 교회에 동성애자가 있다면 나는 그를 엄격한 채식주의자처럼 대할 것이다. 채식주의자와 함께 생활하려면 불편한 일이 많을 것이다. 예를 들어 식당에 가더라도 메뉴를 선정할 때 그를 배려해야 할 테니까 말이다. 그렇지만 나는 그를 무시하지 않고, 구별하지도 않으며, 혐오는 더더욱 하지 않는다. 나는 근본적으로 채식주의와 동성애가 크게 다르지 않은 삶의 태도라고 생각한다. 물론 더 진지하게 살펴봐야 할 차이점도 많다. 채식주의는 자신이 선택할 수 있으나 동성애는 선택의 범주에서 벗어난다. 어쨌든지 먹는 행위와 성행위는 다른 짐승들과 마찬가지로 지구에서 생존해야 할 인간에게 주어진 본능적인 요소다. 이것이 없으면 삶이 불가능하다. 성행위가 없다고 해서 당장 죽지는 않지만, 성욕은 인간의 삶 전체를 놓고 볼 때 식욕 못지않게 중요한 요소다. 이성애자들이나 동성애자들이나 이런 생명 본능에 충실하다는 사실에는 차이가 없다. 다만 성적 경향이 다른 것뿐이다. 동성애자들이 이성애자들을 배척하면 곤란한 것처럼 거꾸로도 마찬가지다. 삼겹살 맛도 모르면서 어떻게 인생을 말할 수 있느냐 하는 식으로 채식주의자를 비난할 수 없듯이 이성애자들이 자신의 성적 경향성에 근거해서 동성애자를 비난할 수는 없다.

동성애자들에게 성적 변태 행위가 많다는 비난도 마찬가지다. 그런 행위는 동성애자이기 때문이 아니라 일정한 성 패턴에 고착된 동물과 달리 인간이기 때문에 나타나는 것이다. 일반적으로 말하는 변태는 이성애자들에게도 똑같이 일어난다. 이슬람 난민들로 인해 성폭력이 많이 일어난다는 억측과 마찬가지로 동성애자들에게 변태적 행태가 많다는 것도 억측이다. 실제로 그런 행태가 좀 많다고 해도 그것이 무슨 대수겠는가?

다른 것은 접어두고 성서가 동성애를 죄로 규정한다는 사실만은 분명하다고 강변하는 사람들이 있다. 바울은 로마서에서 동성애를 명시적으로 비판한다. "이 때문에 하나님께서 그들을 부끄러운 욕심에 내버려 두셨으니 곧 그들의 여자들도 순리대로 쓸 것을 바꾸어 역리로 쓰며 그와 같이 남자들도 순리대로 여자 쓰기를 버리고 서로 향하여 음욕이 불 일듯 하매 남자가 남자와 더불어 부끄러운 일을 행하여 그들의 그릇됨에 상당한 보응을 그들 자신이 받았느니라"(롬 1:26-27). 하지만 바울의 동성애 비판을 지금의 상황에 직접 대입해서 판단할 수는 없다. 그가 살던 시대의 세계관이 오늘의 세계관과 다르기 때문이다. 예컨대 바울은 여자들이 교회에서 가르치는 일을 할 수 없다고 말한 적이 있다. "만일 무엇을 배우려거든 집에서 자기 남편에게 물을지니 여자가 교회에서 말하는 것은 부끄러운 것이라"(고전 14:35). 그뿐만이 아니다. 바울은 남자의 머리는 그리스도이며 여자의 머리는 남자이고 그리스도의 머리는 하나님이라고 말하면서 여자들은 교회에서 머리를 천으로 가려야 한다고 주장했다(고전 11장). 이런 주장은 2천 년 전이라는 시대적 상황에서만 정당하다.

'플라토닉 러브'라는 단어에서 보듯이 헬라인들은 자식을 낳기 위한 부부 사이의 성관계보다는 동성끼리의 성관계를 더 이상적인 사랑이라고 생각했다. 세월이 흐르면서 로마 시대에 동성애가 왜곡되기 시작했다. 세네카는 정욕에서 나온 동성애의 관습이 사치와 도덕적 방탕과 연관된다고 보았으며, 플루타르코스는 그것을 인간에 의한 인간의 착취라고 보았다. 바울은 당시의 동성애 현상을 죄로 말하지 않을 수 없었을 것이다. 이 대목에서 더 중요한 것은 바울이 동성애만을 비판한 것이 아니라 이방인들의 우상숭배와 유대인들의 율법주의까지 싸잡아 비판했다는 사실이다. 여기서 그가 주목하는 것은 인간이 총체적으로 죄의 지배 아래에 놓여 있다는 사실이다. 동성애도 그중 하나였다. 이런 시대적인 배경과 신학적인 관점을 빼버리고 바울의 동성애 비판을 문자적으로 오늘의 삶에 적용하는 것은 옳지 않다. 나는 개인적으로 동성애자들의 성적 지향성에 전혀 공감하지 못한다. 거칠게 표현하면 그들의 행위에 역겨운 느낌도 든다. 아마 그들도 나의 성적 지향성에 공감하지 못할 것이다. 나는 이것이 차이의 문제이지 옳고 그름의 문제가 아니라고 생각하기 때문에 성서의 몇몇 구절을 근거로 그들을 매도할 생각이 전혀 없다.

나는 복음을 전하는 목사로서 동성애자들에게 복음이 무엇인지를 진지하게 고민한다. 이성애자들이 이성애를 통해 삶의 한 부분에서 희열을 느낀다면 동성애자들은 동성애로 삶의 한 부분에서 희열, 즉 살아 있음의 기쁨을 경험할 수 있어야 하지 않겠는가? 그것이 복음이다. 유럽과 미국 교회에서는 이미 동성애를 수용하는 것이 대세로 자리를 잡았다. 동성애자라고 해서 목사 자리에서 물러나거나 성공회 신부 자리를 박탈당하지 않는다. 동성애자 주교도 이미 출현했다는 소식을 들었다. 교단에 따라서 차이가 있긴 하다. 이런 추세는 앞으로 확대될 것이다. 다른 부분에서는 한국 교회가 전반적으로 미국 교회를 따라가면서도 동성애 부분에서는 다른 반응을 보이는 것이 무엇을 의미하는지는 좀 더 고민해봐야겠다. 끝으로 예수가 이런 상황에 대해 어떻게 말씀하실지를 상상해보라. 동성애자—성 소수자로 부르는 것이 더 적합하다—를 설교 강단에서 혐오하는 목사들을 향해 "너나 잘해라"라고 하시지 않겠는가? 동성애자들을 향해서는 이렇게 말씀하실 것이다. "믿음이 당신을 구원했으니, 가시오."

좌파 혐오

타 종교나 동성애 문제보다도 좌파 혐오 문제가 한국교회 안에 훨씬 더 광범위하게 퍼져 있는 현상이다. 앞의 두 문제는 최근에 불거진 것이지만 좌파 문제는 남북 분단과 함께 시작된 현상이다. 여기에는 여러 요인이 개입되었다. 한국교회의 양적 성장에는 북한에서 공산당의 박해를 받아 월남한 기독교인들의 역할이 컸다. 큰 정도가 아니라 절대적이었다. 이들의 눈에 공산주의는 적그리스도다. 북한과의 관계를 적극적으로 풀어가려는 집단 역시 그들에게는 적그리스도나 마찬가지다. 한국 사회가 지난 군사 독재체제 아래서 반공을 국시로 여긴 것처럼 한국교회 역시 반공을 자기 존재의 근거로 여긴다. 한국교회는 아주 오랜 세월 그렇게 살아왔다. 어른이 되었는데도 아이 옷을 입고 잘난 척하는 형국이다.

나는 지인에게서 이를 확인할 수 있었다. 그는 평생 교직에 몸담았고 교회에서도 성실한 장로다. 학교나 교회에서 존경받을 만한 인격과 신앙이 있는 사람이다. 그는 교회 개혁에도 나름의 안목이 있는 기독교인인데, 다만 북한 문제에서만은 완고한 입장을 보인다. 젊었을 때나 나이가 든 지금이나 한결같다. 내가 언젠가 통일을 위해서라도 지금부터 남북 대화의 기회를 늘리는 것이 필요하다고 말하자 그는 남한과 북한과의 대화 자체가 불가능할 뿐만 아니라 불필요하다고 목소리를 높였다. 그 이유는 남북 대화를 해봤자 우리가 북한 공산당의 계략에 넘어가기 때문이라고 한다. 그는 평화 통일이라는 말도 깎아내렸다. 그가 이렇게 북한을 불신하는 이유는 본인이 직접 북한을 경험했다는 확신에 근거한다. "나는 직접 그들을 경험했지만 너는 경험 못했지 않느냐?"라는 식이다. 그는 육이오 참전 용사다. 나는 육이오 전쟁터에서 겪은 그의 경험과 심리가 70년 가까이 지난 지금까지도 지속한다는 것이 신기할 따름이다. 그는 이렇게까지 말한다. "북한군이 남한에 내려오면 가장 먼저 목사를 처단할 것이다." 그런데 이와 비슷한 뉘앙스의 발언을 교회 강단에서도 흔히 들을 수 있다. 특히 남북 대화를 강조하는 정권이 집권할 때 그런 발언이 더욱 기세를 떨친다. 적개심으로 가득한 이런 발언을 들을 때마다 내 영혼의 안식은 여지없이 깨지고 만다.

일정한 대상을 향한 혐오 현상은 공포심에 연유한다. 한국기독교는 위에서 거론한 타 종교와 동성애 그리고 좌파에 대한 공포심이 극심하다. 이는 악마에게서 느끼는 공포심과 같다. 타 종교를 인정하면 기독교의 구원론이 붕괴한다는 공포심, 동성애를 인정하면 성서의 창조 원리가 부정당한다는 공포심, 좌파를 용납하면 교회가 공산당에게 먹힐 것이라는 공포심이 크다. 교회 지도자들은 회중을 향해 그런 공포심을 자극함으로써 목회의 성과를 올리기도 한다. 이런 공포심은 기독교 신앙과 아무런 상관이 없다. 만약 교회에서 공포심이 나타난다면 성령이 아니라 악령이 지배하는 교회다. 기독교 신앙은 대상이 설령 악마라고 하더라도 연민을 느낄지언정 공포심을 느끼지는 않는다. 기독교인들은 악마가 이미 극복되었다고 믿기 때문이다. 그런데 교회에 이렇게 공포심이 가득하다면 무슨 영혼의 안식이 가능하겠는가?

영혼의 안식은 예수 그리스도를 통한 구원의 빛으로부터 온다. 그 빛이 너무 강하기에 직접 쳐다보았다가는 눈을 버릴지도 모른다. 우리는 그 빛이 우리를 감싸기만을 조용히 기다려야 한다. 예수 그리스도를 통한 구원의 빛은 기독교인에게만이 아니라 세상 모든 사람에게 영향을 끼친다. 기독교인들은 "그의 십자가의 피로 화평을 이루사 만물 곧 땅에 있는 것들이나 하늘에 있는 것들이 그로 말미암아 자기와 화목하게 되기를 기뻐하심이라"(골 1:20)라는 '그리스도 찬가'를 신앙의 중심으로 삼고, 예수의 우주론적 구원의 능력을 사랑과 열정으로 세상에 선포하는 사람들이다. 이 사실을 아는 기독교인은 그 누구도 혐오나 공포의 대상으로 여기지 않는다. 칼 바르트의 아래와 같은 진술이 이를 의미한다.

모든 인간에게 해당하는 예수 그리스도의 거대한 희망 안으로 능동적으로 수용된다는 것은 쉽게 이해되는 것이 아니다. 그것은 매일 아침 우리에게 새롭게 제기되는 질문에 대답해야 하는 것과 같다. 그것은 그리스도교적 교회가 전하는 소식이며, 내가 그 소식을 들을 때 그것은 나의 고유한 과제가 된다. 한 그리스도인인 나에게 그 소식이 전해질 때 나는 그 소식의 전달자가 된다. 그때 나는 나의 관점에서 인간들, 곧 모든 인간을 이전과는 전혀 다르게 바라보아야 하는 상황에 부닥치게 된다. 이제 내게는 모든 인간을 위해 최선의 것을 희망하는 것 외에 다른 가능성은 없다(칼 바르트, 『교의학 개요』, 221).

마지막 문장에 "모든 인간을 위해 최선의 것을 희망하는 것"이라는 표현이 나온다. 지금 한국교회가 혐오의 대상으로 여기는 이들이 바로 '모든 인간'이다. 그들에게 '최선의 것'을 찾아내는 수고가 바로 우리 복음 선포자들에게 요청된다.

예배의 매너리즘

앞에서 나는 목사로서 "하나님의 종말론적 안식을 회중이 예배에서 경험할 수 있게 하는 것을 가장 중요한 업무로 여긴다"라고 말했다. 그 이유는 그것이 구원을 향해 수행의 차원에서 발걸음을 내딛는 목사가 감당해야 할 지상명령이라고 생각하기 때문이다. 종말론적 안식을 방해하는 요인이 설교 행위에서 혐오 발언으로 자주 그리고 결정적으로 나타난다는 사실도 앞서 간략히 짚었다. 물론 이런 문제점을 알고 교정한다고 해서, 즉 상처를 치료한다고 해서 예배를 통한 영혼의 종말론적 안식이 저절로 보장되는 것은 아니다. 예배의 매너리즘이 또 하나의 영적인 함정이다. 예배의 매너리즘은 일상의 삶에 있어서도 문제지만 목사의 구원에 치명타다. 이것은 목사만이 아니라 예배에 참여하는 일반 신자들에게도 마찬가지다.

예배의 매너리즘을 극복하기 위한 가장 바른길은 하나님께 영광을 돌리는 예배의 본질에 근거하여 각각의 예배 순서에 집중하는 것이다. 이것은 쉽지 않기에 훈련이 필요하다. 일단 예배를 이끄는 목사가 예배에 집중하는 것이 중요하다. 신자들은 목사가 당연히 예배에 집중하리라고 짐작하거나 기대하지만 실제로는 그렇지 못한 경우가 많다. 인격과 믿음이 좋은 목사들도 예외가 아니다. 목사가 예배 자체에 집중하려고 나름대로 치열하게 자기와 투쟁하지만, 이것이 쉽지 않다. 예배를 인도하는 목사는 예배의 네 요소인 찬송, 기도, 말씀, 성찬이 진행되는 순간 오직 그것에만 마음을 두어야 한다.

예를 들어 찬송만 해도 그렇다. 예배에 참석한 사람들은 찬송가의 가사와 가락에 집중해야 한다. 어떤 교회에서는 한 사람이 앞에 나와서 마이크를 잡고 큰 목소리로 회중의 찬송가 부르기를 이끌기도 한다. 평소에 찬송가의 가사와 멜로디에 마음을 두지 않고 분위기에 휩싸여 찬송가를 부르는 사람에게는 이런 상황이 좋게 받아들여질지 모르겠지만, 내가 보기에 이것은 바람직하지 않다. 두 가지 이유에서 그렇다. 하나는 회중이 앞에서 찬송가를 인도하는 사람에게 신경을 쓰게 되기 때문이고, 다른 하나는 스피커로 흘러나오는 그 소리에 회중의 찬송가 소리가 묻히기 때문이다.

이것은 예배가 동적이면 안 되고 가능한 한 정적이어야 한다는 말이 아니다. 무조건 엄숙하게 진행되어야 한다는 말도 아니다. 회중이 은혜를 맛보게 하려고 작위적인 방식에 떨어지지 않는 것이 좋다는 뜻이다. 목사가 예배할 준비가 제대로 되지도 않은 회중을 상대로 모든 작위적인 방식을 배제하고 그들이 순전한 예배 행위에만 집중하도록 만드는 일은 쉽지 않다. 하지만 목사는 그런 상황을 견뎌내야 한다. 여기에는 일종의 영적인 맷집이 필요하다. 목사가 바라보는 방향이 분명하면 회중도 결국 그 방향을 바라보게 되어 있다. 문제는 목사 자신이 영적으로 산만하여 예배에 집중하지 못한다는 것이다. 목사가 표면적으로는 열광적이고 진지하게 은혜가 넘치는 예배를 이끌어간다고 교인들에게 큰소리칠지 몰라도 자신의 비어 있는 모습을 계속해서 완벽하게 숨길 수는 없다. 이것은 목사 자신이 가장 잘 느낄 것이다. 다른 목사와 마찬가지로 매 주일 예배를 인도하는 나는 예배의 매너리즘에 빠지지 않았다고 자신 있게 말할 수 있는가? 그분만이 아실 것이다.

목사가 다행히 예배의 역동성을 경험한다고 해도 회중이 따로 놀면 무슨 소용이 있고, 그 책임은 누가 지는가? 목사가 모든 신자의 영혼을 책임질 수는 없다. 그것은 성령의 몫이다. 목사의 가장 중요한 관심사는 자신의 영혼 구원이다. 구원의 분량만큼 예배의 깊이로 들어갈 수 있으니, 자신을 검증해보시길 바란다. 목사 자신이 예배에 온전히 집중할 수 있다면 그것으로 이미 충분하고, 그것이 결국에는 예배에 참석한 교인들에게도 선한 영향력을 직간접적으로 미친다. 그것이 성령이 예배 공동체를 돕는 방법이다.

찬송가 부르기

내가 예배에 어떻게 집중하고 있는지를 담임목사로 시무하는 '대구 샘터교회' 예배를 예로 들어 구체적으로 설명해야겠다. 나보다 영적인 내공이 탄탄한 목사들은 이미 다 알고 있는 내용이다. 너무 시시한 이야기라서 실망할 분들도 있겠지만, 혹시 조금이라도 도움이 될지 몰라서 허심탄회하게 말하겠다. 예배의 시작부터 마지막까지의 모든 순서를 일일이 설명하고 싶긴 하지만 여기서는 찬송가 부르기만 말하겠다.

대구 샘터교회의 예배 순서에서 회중이 찬송가를 부르는 것은 총 여덟 번이다. 개회예전에서 부르는 예배 찬송, 공동기도 후에 부르는 거룩 찬송, 침묵기도와 사죄 선포 후에 부르는 영광 찬송, 국악 찬송, '셋째 말씀' 후에 부르는 응답 찬송, 설교 후 찬송, 헌금 찬송, 마침 찬송이다. 성찬식이 있는 주일에는 성찬 찬송과 감사 찬송까지 부르니 전체적으로 열 번이다. 나는 가능한 대로 다양한 찬송가를 선곡하려고 신경을 쓴다. 가족을 위해 영양가 있고 맛 좋은 식단을 다양하게 갖추려는 어머니의 심정으로 그런 노력을 기울인다. 하지만 한국교회 찬송가만으로는 재료가 크게 부족한 편이다. 특히 예배 찬송이 부족하다. 예배에서 부르는 8-10곡의 찬송 중에는 3, 4절에 이르는 찬송가 전체를 부르는 곡도 있고, 한두 절 정도로 간략히 부르는 곡도 있다. 국악 찬송이나 세계 여러 나라 교회의 새로운 찬송도 있다.

나는 찬송가를 부를 때 일단 가사를 생각한다. 다른 이들도 그럴 것이다. 요즘 부르는 '거룩 찬송'은 김의작 작곡의 '거룩송'이다. 이 곡은 『새로운 예배찬송』 475장인데, 가사가 간단하다. "거룩하시고 전능하신 주 자비를 베푸소서." 되돌이표가 있어서 한 번 되풀이해서 부르는 데 25초가 소요된다. 나는 거룩, 전능, 자비라는 단어에 집중한다. 짧은 시간에 많은 내용을 생각할 수는 없으나 그럼에도 나는 단어 하나하나에 마음을 집중하려고 노력한다. 거룩하고 전능하신 분만이 나에게 자비를 베풀 수 있기에 그 외의 대상에게 자비를 구하지 않는다고 말이다. 평소에 이 단어들의 신학적인 개념을 알고 있으면 집중도가 좀 더 높아진다. 찬송가를 똑바로 부르기 위해서라도 신학 공부는 필요하다. 오직 우리가 주님이라고 부르는 그분이 거룩하고 전능하신 존재다. 따라서 우리는 어디서 거룩하심과 전능을 경험할 수 있는지를 알아야 한다. 21세기 현대인들의 마음을 사로잡고 있는 자본이 아니라, 우리에게 자비를 베풀어주시는 그분이 바로 거룩하고 전능하신 존재다. 지금 세상 사람들이 우러러보는 것들은 아무리 그럴듯해 보여도 우리에게 자비를 베풀 능력이 없다. 자비는 여러 가지로 불안하고 불완전한 우리를 '있는 그대로' 인정한다는 의미를 담고 있다. 우리가 죄인임에도 불구하고 우리를 의롭다고 인정하는 속성이 곧 자비다. 이 거룩 찬송이 불리는 25초 동안 나는 하나님의 거룩하심과 전능하심, 그리고 그분의 자비에 내 영혼이 끌리도록 최선을 다한다. 성령의 도우심으로 그런 마음이 나에게 주어졌다면 다른 교인들에게도 똑같은 마음이 주어지지 않겠는가? 그것이 예배에 참석한 이들에게 주어지는 영혼의 공명이리라!

    찬송가를 부를 때는 가능한 한 악보를 정확하게 따라가는 것이 좋다. 찬송가를 은혜롭게 부르면 충분하지 악보대로 부르는 것이 뭐 중요하냐고 생각할 수도 있다. 집에서 혼자 부르는 경우라면 자유롭게 불러도 좋으나 교회에서 회중 찬송으로 부를 때는 악보에 충실해야 한다. 두 가지 이유에서 그렇다. 하나는 찬송가를 작곡한 사람의 음악적인 영감에 호응하는 것이 찬송가를 찬송가답게 부르는 최선의 길이기 때문이고, 다른 하나는 악보에 충실해야

'함께 드리는 예배'의 본질이 훼손되지 않기 때문이다. 자기 혼자 흥에 겨워서 찬송 중에 즉흥적으로 아멘과 할렐루야를 연발한다거나 어떤 음을 길게 끌면서 소리를 내는 것은 예배를 드리는 온당한 자세가 아니다. 물론 흑인들의 예배에서는 즉흥성이 많다는 말을 듣기는 했다.

내가 회중 찬송을 부를 때 가장 중요하게 생각하는 대목의 하나는 공간 안에서 일어나는 소리의 울림이다. 예배당 안에 80명 내외의 회중이 모여 찬송가를 부른다. 이는 꿈이나 상상 속에서 일어나는 일이 아니라 예배당이라는 실질적인 공간에 소리를 내는 사람들이 모였기에 가능한 현상이다. 이 모임에는 남자와 여자, 노인과 젊은이, 건강한 사람과 약한 사람, 부자와 가난한 자, 감성이 풍부한 사람과 부족한 사람, 목소리가 기름진 사람과 거친 사람들 등등, 서로 다른 사람들이 참여한다. 그들은 예배 순서에 따라서 입을 열어 찬송가를 부른다. 찬송가를 부르기 위해서는 적당히 성대를 열고 알맞게 호흡해야 한다. 그럴 때 그 자리에서 정말 놀라운 일이 벌어진다.

나는 예배를 드리면서 혹은 회중과 함께 찬송가를 부르면서 종종 이상한 경험을 한다. 그것을 기시감이라고 해도 좋고, 황홀경이라고 해도 좋다. 예배를 드리는 그 순간이 이미 과거에 있었던 일처럼 느껴진다. 예배를 드리는 그 모습이 마치 오래전에 본 영화의 한 장면처럼 내게 다가온다. 초기 기독교인들이 2천 년 전의 로마 카타콤에 들어간 것과 같은 느낌이라고 할까? 그 자리에는 아마도 베드로가 있었을지도 모른다. 이렇게 생각해보자. 예배를 드리는 그 자리에 손님으로 방문한 사람의 입장에서 우리의 예배가 어떻게 느껴질지를 말이다. 그에게는 우리의 예배가 자신이 평소에 드렸던 예배와 여러 가지로 다르기에 한편으로는 낯설지만, 다른 한편으로 그가 영혼의 깊이를 아는 사람이라면 궁극적인 차원에서는 친숙할 것이다.

몇 년 전 독일 여행 중에 방문한 독일 교회에서의 풍경이 나에게는 이런 것이었다. 그 공간 안에서 벌어지는 모든 사건이 이국적이면서도 동시에 옛 친구를 오랜만에 만난 듯이 친근했다. 나는 매 주일의 예배를 그런 정화된 영혼으로 드릴 수 있기를 바란다. 나는 신자들에게 고정된 자리에만 앉지 말고 이따금 자리를 바꿔서 앉아보라고 제안한다. 그것만으로도 예배가 새롭게 다가올 수 있기 때문이다. 나는 한 공간에서 믿음의 도반들과 함께 찬송가를 부르는 것 자체만으로 전혀 새로운 세상으로 시간 여행을 온 듯한 경험이 가능하다고 믿고, 실제로 그런 경험을 종종 한다.

물론 찬송가 부르기의 집중력이 늘 유지되지는 않는다. 찬송가만이 아니라 예배의 다른 순서도 마찬가지다. 입을 열고 소리를 내지만 마음은 다른 데로 치우치는 순간이 있다. 일반 신자들도 나와 비슷한 경험이 있을 것이다. 집안에 걱정거리가 있거나 예배 후 급한 용건이 있을 때, 또는 신경전을 벌이는 교우가 옆자리에 앉았을 때 예배에 집중하기가 어렵다. 심야 영화를 보느라 잠을 못 잤거나 부부 싸움을 한 날은 예배에 집중하는 일이 더 어려울 것이다. 우리가 세속사회에서 살아가는 한 이런 한계에서 완전히 벗어나기는 힘들다. 근본적으로는, 개인마다 차이가 있겠으나, 현대인들의 영혼이 전반적으로 산만해서 예배 사건에 몰입하기가 어렵다. 현대인들은 한 송이의 야생화가 눈에 들어오지 않고, 아이들의 웃음소리가 들리지 않으며, 계절과 날씨에 따라서 다르게 다가오는 바람과 구름이 자신들의 삶에 들어올 수 없을 정도로 일상에 쫓긴다. 먹고사는 문제가 어느 정도 해결된 사람들도 마찬가지다. 일상의 과부하 현상이다. 하나님께 영광을 돌리는 예배는 이런 일상과 단절될 때만 가능하기에, 현대인들이 진정한 의미에서의 예배를 드린다는 것이 불가능한 일로 생각될 때도 있다.

찬송가 부르기에 한정해서 다음의 두 가지 방법을 해결책으로 제안해본다. 하나는 파이프 오르간이 회중의 찬송가를 압도적으로 이끄는 것이다. 회중이 파이프 오르간의 웅장한 소리를 들으면 그에 맞춰 찬송가를 집중해서 부르고 싶은 마음이 든다. 유럽 교회는 아무리 규모가 작아도 파이프 오르간이 비치되어 있다. 우리의 형편에서는 사치로 보일 수 있으나, 나는 예배의 본질을 회복한다는 관점에서 그것이 필요한 악기라고 생각한다. 다른 하나는 회중이 찬송가를 화음으로 부르는 것이다. 베이스나 테너를 맡아 찬송가를 부르는 사람은 틀리지 않기 위해서라도 악보에 충실하면서 열심히 부를 것이다. 화음으로 울리는 찬송가가 예배당 안에 가득하면 귀가 솔깃해지면서 회중도 저절로 찬송가에 몰입하지 않겠는가? 신학대학교의 학부와 대학원 채플 시간이 그리워진다.

약간 특이한 방법 하나를 제안해도 좋으리라. 아예 악기 없이 예배를 드리는 것이다. 대구 샘터교회에서도 초창기에 한 달에 한 번은 악기 반주 없이 예배를 드렸다. 내 기억으로는 느낌과 분위기가 괜찮았다. 그것을 계속 시도하지 않은 이유는 예배 참석자들의 숫자가 늘게 되자 예배를 인도하는 내가 찬송가의 첫 음을 정확하게 잡는 일이 부담스러워졌기 때문이다. 예배에서 사회자를 따로 두기 시작한 뒤부터 악기 없는 예배는 시도할 수 없었다.

이번 글을 계기로 나는 목사이기 전에 예배자로서 '예배의 부름'부터 시작해서 마지막 '축복 기도'와 '후주'까지 예배 전체를 한 호흡으로 느낄 수 있도록 영혼을 예배에 더 집중시켜볼 생각이다. 이것도 다 나의 구원과 관계된다. 예배의 내공이 깊어지면 삶 전체와 예배가 하나 되는 경험을 하게 된다. 그렇다. 내 삶은 궁극적으로 예배 자체다.

슈베르트의 〈미완성 교향곡〉

위에서 찬송가를 예로 들었지만 내 관심은 예배 전체다. 나는 예배를 예배답게 드리는 것이야말로 종말론적 안식에 이르는 최선의 길이라고 생각한다. 진보적인 색깔을 보이면서 교회 개혁을 말하는 목사들은 예배만이 아니라 세상을 섬기는 일도 똑같이 중요하다고 주장할 것이다. 예배 과잉이라는 현상에 떨어진 한국교회의 실상을 보면 그런 주장에도 일리가 있다. 한국교회에서는 주일 공동예배만이 아니라 수요 기도회, 여러 종류의 금요 모임, 그리고 새벽기도회에 매일 참석하는 것이 신앙의 기준으로 제시된다. 교회 중심의 신앙생활에 투자되는 시간의 양이 어마어마하다. 헌금도 이에 못지않다. 한국에서 교회와 예배를 향한 기독교인들의 열정은 그 무엇과도 비교될 수 없을 정도로 막강하다. 교회의 크기가 클수록 이런 신자들의 비율도 높다. 하지만 어처구니없게도 그런 한국교회가 세상을 변혁하는 일에서는 무기력하다. 더구나 교회가 세상이 변혁되는 데 있어 거침돌이 되기까지 한다. 한국교회가 예배에만 매달릴 뿐 세상과의 관계에서는 날이 갈수록 퇴행적인 태도를 보인다는 점에서 예배 못지않게 세상에서의 봉사도 중요하다는 주장은 설득력이 있다.

그렇지만 나는 그들의 주장에 원칙적으로는 동의하지 않는다. 이렇게 세상과의 관계가 형편없이 위축되는 것이 바로 예배를 예배답게 드리지 못하는 데서 벌어지는 현상이라고 보기 때문이다. 참된 의미에서 세상에 봉사하기 위해서라도 우리는 예배에 더 집중해야 한다. 교회가 창조와 출애굽과 부활이 중심에 자리한 예배를 예배답게 드린다면 세상일에 무관심할 수가 없다. 이는 예배도 예배답게 잘 드리고 세상에서의 봉사도 최선을 다해야 한다는 말이 아니다. 교회의 존재 이유는 근본적으로 예배 행위에 놓인다는 뜻이다. 교회는 사회봉사 단체가 아니라 예배 공동체이기 때문이다. 그리고 교회는 예배를 예배답게 드림으로써 교회다워지는 것이지 사회봉사를 잘한다고 해서 교회다워지는 것이 아니기 때문이다. 교회는 사회단체와 이런 일로 경쟁을 벌이지 않는다. 예배를 교회의 존재 근거로 삼는 일에 전문가로 부름을 받은 이들이 바로 목사이니 목사는 예배에 자신의 운명을 걸어야 한다.

앞에서도 한두 번 비유로 설명했지만, 다시 말하고 싶다. 나는 예배가 일종의 오케스트라 연주와 같다고 생각한다. 여기 첼로와

콘트라베이스로 시작하여 슈베르트의 〈미완성 교향곡〉을 연주하는 오케스트라가 있다고 하자. 이 곡은 타악기 없이 제1바이올린, 제2바이올린, 비올라, 첼로, 콘트라베이스 등의 현악기와 목관악기 그리고 금관악기만으로 연주된다. 지휘자는 30분 가까이 악단 전체를 끌어가야 한다. 단원들은 지휘자와 함께 그 곡을 연주함으로써 슈베르트의 음악적 영감을 재현한다. 모든 청중에게도 그런 영감이 전달되어야 한다. 지휘자가 곡을 깊이 있게 해석하고, 연주자들의 실력이 뛰어나며, 청중이 들을 준비가 되었다면 훨씬 더 감동적인 무대가 될 것이다. 슈베르트의 음악 경험이 되살아날 뿐만 아니라 그 경험의 새로운 차원까지 열릴 것이다. 연주가 진행되는 순간 그 공간에서는 슈베르트의 음악 외에는 아무것도 개입되지 않는다. 입장권이 몇 장 팔렸는지, 연주회 후에 누구를 만날 것인지, 무엇을 먹을 것인지 생각하지 않는다. 모두가 그 음악에 몰입함으로써 음악이 제공하는 최대한의 안식을 경험한다. 예배에서도 이런 일들이 발생한다. 그것이 바로 종말론적 안식이다. 나는 목회자로서 다른 것은 부족해도 이런 예배를 바르게 드릴 줄 아는 목사가 되기를 바란다. 그것만으로도 목사의 구원은 이미 성취된 것이나 마찬가지 아니겠는가?

종의 노래

오해가 없었으면 한다. 나는 예배만을 절대화하거나 예배 없는 신앙을 무시하려는 것이 아니다. 여러 가지 이유로 교회에서 예배를 드릴 수 없는 사람들도 있다. 다만 내 말은 내가 목사로 사는 이 삶의 자리에서 구원의 현실인 영혼의 안식이 하나님과의 밀착 정도에 따라서 달라진다고 생각하기 때문에 예배를 예배답게 드리는 것에 목회의 모든 것을 건다는 뜻이다.

여기서 중요한 것은 예배 행위 자체가 아니라 예배에서 일어나야 할 하나님과의 관계다. 예배를 통해 종교적 감수성과 세속적인 욕망만 자극될 뿐 하나님과의 관계가 깊어지지 않는다면, 그런 예배는 드리지 않느니만 못하다. 예배의 매너리즘이 어떤 결과를 가져오는지는 앞에서 이미 말했다. 사람과 하나님 간의 밀착 정도를 수치화할 수는 없다. 그래서 오해도 생긴다. 비유적으로 하나님과의 밀착을 이렇게 말할 수 있다. 여기 커피 마니아가 있다. 그는 커피와 밀착해서 살기 때문에 커피 없이 삶의 의미를 제대로 느끼지 못한다. 다른 사람은 그를 이해하지 못하겠지만, 그는 커피를 통해 삶의 능력을 얻는다. 기호 식품에 불과한 커피도 그것에 밀착된 사람에게 삶의 특별한 경험과 능력을 제공하는데, 절대 생명이신 하나님이야 오죽하겠는가? 하나님과의 밀착을 통해 삶의 능력을 얻은 사람들의 이야기가 바로 성서다. 그 이야기가 예배에서 읽히고 선포된다. 그 이야기를 교회에 모인 이들에게 전하는 일을 전업으로 삼는 목사는 이런 점에서 가장 행복한 사람이다. 일전에 깊은 인상을 받았던 한 구절을 예로 들겠다.

이사야 50:4-9은 '종의 노래'로 불린다. 시인은 모욕과 수치를 당하는 신세였으나 전혀 주눅이 들지 않았다. 그 이유에 대해 그는 8절에서 이렇게 담대하게 외친다. "나를 의롭다 하시는 이가 가까이 계시니 나와 다툴 자가 누구냐? 나와 함께 설지어다. 나의 대적이 누구냐? 내게 가까이 나아올지어다." 세 가지 명제가 이 구절을 구성한다. 1) 하나님은 나를 의롭게 하신다. 2) 그 하나님이 가까이 계신다. 3) 그러므로 나와 다툴 자는 없다. 이것은 목사만이 아니라 하나님을 믿는 모든 사람의 영혼을 지탱해주는 말씀이다. 예배 시간에 이런 말씀이 선포되는 순간을 상상해보라.

1) "하나님은 나를 의롭게 하신다"라는 말은 구약만이 아니라 신약을 포함한 성서 전체의 핵심 주제다. 의롭다는 것은 도덕적이라거나 모범적이라는 뜻이 아니다. 사람은 그렇게 의롭게 되는 방식으로는 죽었다가 깨도 구원받지 못한다. 여기서 말하는 의(義)는 하나님의 생명의 통치에 전적으로 자신의 운명을 맡길 때 발생하는 구원 사건이다. 여기서 다시 기초 교리를 말할 수밖에 없다. 기초 교리를 다루는 근본 신학(fundamental theology)은 설교자의 손에 늘 붙어 있어야 한다. 성서는 인간이 죽음에 이르게 된 이유를 죄로 본다. 인간은 죄로 인해 하나님과의 관계가 파손되었기에 생명과도 단절되었다. 인간은 그 어떤 노력으로도 생명을 얻을 수 없게 되었다. 이것은 인간이 육체적으로 반복해서 무엇이든 먹지 않으면 생명을 유지할 수 없게 된 운명과 비슷하다. 이를 타파할 수 있는 유일한 길은 생명의 창조주이신 하나님과의 관계가 회복되는 것이다. 그 관계 회복의 중심에 의가 자리한다. 의는 하나님으로부터만 주어진다. 의를 통해 하나님과의 관계가 회복되는 것이 바로 생명을 얻는 것이다. 그렇다고 해도 인간이 죽음이라는 실존을 피할 수 있는 것은 아니다. 죽는 것이 분명한데도 의를 통해 생명을

얻는다고 주장하는 것은 모순처럼 들릴 것이다. 이 모순을 돌파할 수 있어야만 성서가 가리키는 생명과 구원의 깊이 안으로 들어갈 수 있다.

여기에는 두 가지 관점이 필요하다. 하나는 생명에 대한 고정된 생각을 극복하는 것이고, 다른 하나는 지금 여기서 하나님을 경험하는 것이다. 이 두 가지 관점은 선후가 있거나 분리된 것이 아니라 서로 긴밀히 변증법적으로 연결되어 있다. 동시적이면서 양면적이다. 생명에 대한 고정된 생각을 넘어서야 하나님 경험이 가능하고, 하나님 경험이 있어야 고정된 생각을 넘어설 수 있다. 지금 우리는 분명히 살아 있다. 숨을 쉬고 영양을 공급받으며, 다른 대상들을 시간과 공간에서 느끼면서 함께 살아간다. 이런 생명 현상이 완료된 것은 아니다. 이것으로 생명이 무엇인지가 다 드러난 것도 아니다. 생명은 미래로 열려 있다. 어떤 미래가 기다리는지에 대해 우리는 아는 것이 없다. 앞으로 호모 사피엔스가 어떻게 진화할지는 아무도 단정적으로 예단할 수 없다. 하나님이 때가 되면 생명을 완성하실 것이다. 이런 생명 완성의 순간을 우리는 종말이라고 말한다. 그것의 신화적 표현이 예수의 재림이다. 설교자인 목사는 종말에 생명이 완성된다는 사실과 그 생명이 예수에게서 선취(先取)되었다는 사실을 실질적으로 인식하고 경험해야 하며, 더 나아가서 회중이 알아들을 수 있도록 설명할 준비를 해야 한다.

하나님만이 생명을 완성하신다는 믿음은 지금 여기서 하나님을 경험하는 데서 현실이 된다. 하나님 경험은 존재의 빛에 사로잡힘으로써 거룩한 두려움에 휩싸이는 것이다. 존재의 빛은 창조의 빛이기도 하고 사랑의 빛이기도 하다. 지구에서 벌어지는 생명 현상과 종의 다양성, 우주의 광대한 크기와 아득한 시간, 영원과 순간의 비밀스러운 결합 등에서 우리는 그런 빛 또는 어둠을 느낀다. 이런 느낌을 아는 사람은 현재 자기의 삶을 초월한다. 이런 초월이 바로 영원한 생명에 이르는 것이다. 요한복음의 표현에 따르면 예수를 믿는 사람은 죽어도 생명을 얻으며, 살아서 믿는 사람은 영생을 얻는다. 이것을 믿지 못하면 목사도 아니고 기독교인도 아니다. 이런 전체 과정에 대한 인식에서 바로 하나님이 "나를 의롭게 하신다"라는 고백이 나온다. 구원이 하나님과의 관계가 회복됨으로써 하나님의 생명에 참여하는 것이기 때문이다. 이 사실을 아는 사람이라면 하나님께 예배드리는 일에 최선을 다하지 않을 수 없다.

2) "나를 의롭게 하시는 이가 가까이 계신다"(사 50:8)라고 고백하는 시인의 마음을 내가 어느 정도로 이해하고 공감하는지를 설명해야겠다. 앞으로 이 땅에서 정신 줄을 놓지 않고 목숨을 유지할 때까지 최선으로 이 명제에 매달릴 각오로 말이다. 목사나 신학자나 영성을 추구하는 자들뿐만 아니라 예수를 믿는 사람 모두에게 자신을 의롭게 하시고 생명을 허락하시는 하나님이 '가까이' 계신다는 사실보다 더 중요한 것이 어디 있겠는가? 이것이야말로 이 땅에서 구원을 경험할 수 있는 유일한 길이다. 목사라고 해서 이를 다 아는 것은 아니다. 아는 사람은 매 순간 구도적인 태도를 보이지만, 모르는 사람은 장사꾼 같은 태도로 목회한다.

하나님은 본래 안 계신 곳이 없으므로 하나님이 가까이 혹은 멀리 계신다고 말할 수는 없다. 공기가 가까이 있거나 멀리 있는 것이 아니지 않은가? 공기가 많다거나 희박하다고 말할 수는 있다. 하나님은 공기가 존재하는 방식과도 다르게 존재하신다. 무소부재(無所不在)가 그의 본질이다. 시인은 그가 "가까이" 계신다고 외친다. 이는 그가 하나님의 존재를 생생하게 느낀다는 뜻이다. 그가 부럽다. 그는 무엇을 근거로 그렇게 말하는가? 예수도 하늘나라가 "가까이" 왔다고 선포했다(마 4:17). 이것은 예언자 이사야의 발언과 비슷하다. 세례 요한도 같은 메시지를 선포했다(마 3:2). 하늘나라 또는 하나님 나라는 우리 눈에 보이지 않는다. 그것이 보이는 것이라면 예수가 당시 종교 전문가들에게 오해받았을 까닭이 없다. 보이지 않는 하나님 나라가 가까이 왔다는 말은 생명의 능력이 가까이 왔다는 뜻이다. 이런 생명의 능력은 예수의 발언이 나온 뒤에 발생한 것이 아니라 원래부터 있었다. 이는 창조의 하나님이 원래부터 존재하셨던 것과 같다. 문제는 사람들이 생명의 능력을 외면하고 거부함으로써 인간과 사회가 왜곡되었다는 데 있다. 하나님 나라가 가까이 왔다는 말은 생명의 능력을 생생하게 느낀다는 뜻이다. 예수는 당시의 온갖 율법주의와 투쟁했다. 율법주의는 반(反)생명적이었기 때문이다.

이사야 50:8을 고백하는 시인은 하나님으로부터 의롭다는 인정을 받는 것이야말로 생명의 능력이라고 생각했다. 이런 경험은 마술처럼 임하는 것이 아니다. 그것은 예언자들의 전통에서 꾸준히 자기를 성찰한 사람에게 주어진다. 예를 들어 오늘날 작은 교회에서 목회하는 목사들은 교회와 세상으로부터 인정받지 못한다. 하지만 목사가 성서와 신학에 근거하여 교회와 하나님 나라에 대한 깊은 인식이 있다면 그는 자신이 하나님으로부터 의롭다고 인정받았다는 사실을 깨닫게 된다. 그런 깨달음이 깊어지면서 하나님이 "가까이" 계신다는 사실을 과감하게 그리고 기쁨으로 찬양할 수 있다. 하나님이 가까이 계시니, 누구를 부러워하고 무엇을 아쉬워하랴?

3) "나와 다툴 자가 누구냐?"라는 시인의 말이 자칫 교만하게 들릴 수도 있겠지만, 이 말은 전혀 그런 뜻이 아니다. 시인은 하나님이 자신을 의롭다고 인정하는 것 외의 다른 방식으로는 자신의 의가 성립되지 않는다는 사실에 대한 확신을 그렇게 표현한 것이다. 더 나아가서 이 말은 목사의 목회적인 업적을 부정하는 발언이다. 목사의 기도와 설교와 봉사 등등도 그 자신의 의를 담보하지는 못한다. 그런 것으로 가능하다고 생각하는 사람은 다른 사람과 계속해서 견주면서 살아갈 것이다. 누가 더 많이 기도했고, 누가 더 많은 사람에게 말씀을 전했는지를 말이다. 이 시인은 그런 비교와 경쟁에서 완전히 벗어난 사람이다. 그는 오직 하나님과의 관계에서만 의를 얻은 사람이라서 "나와 다툴 자가 없다"라고 말할 수 있었다. 오늘의 목사직도 여기서만 정당성이 성립되고 유지된다.

성실한 목사 중에서도 자신의 목회 업적에서 목사로서의 정당성을 찾는 이들이 적지 않다. 한평생 성실하게 목회하여 일정한 업적을 낸 이들에게 일단 박수를 보낸다. 그들의 수고가 귀한 열매로 나타나기를 진심으로 바란다. 기분 나쁘게 듣지 마시라. 하지만 그것으로 목사의 구원이 보장되는 것은 아니다. 하나님과의 관계는 이미 성립되었으니 목회 업적을 쌓는 것이 목사에게 주어진 소명이라는 생각은 완전히 잘못되었다고 말할 수는 없으나 그렇다고 옳은 것도 아니다. 목사뿐만 아니라 하나님을 믿는 사람은 누구나 죽을 때까지 하나님과의 관계에 천착해야 한다. 살아서 숨을 쉬고 있는 한 아무도 하나님과의 관계를 완성한 사람은 없기 때문이다. 이런 말은 성서 곳곳에 나오기에 내가 말해봐야 사족에 불과하다. 그래도 어쩔 수 없다. 지금 다른 이들에게 말한다기보다는 나 자신에게 말하는 중이니 나에게 중요한 것을 반복할 수밖에 없다. 참된 깨우침은 반복 훈련에서 주어지는 것이 아니겠는가? 이것은 테니스 게임에 들어갈 때마다 '볼을 끝까지 봐야지', '힘을 빼야지' 또는 '풀스윙을 해야지'라는 생각을 반복해야 하는 것과 같다. 이런 방식으로 우리는 목사의 구원을 이루어가야 한다. 이를 위해 때로는 지루하고 고단한 과정을 견뎌야 한다. 다른 길은 없다. 자신의 영적 체력에 맞춰서 그 길을 가다 보면 희미한 빛을 느끼게 될 것이다. 그리고 더 진도가 나가면 어느 순간에 바울이 다메섹 도상에서 경험한, 그리고 수많은 신비주의 영성가와 신학자들이 경험한 아주 강렬하고 환한 빛에 휩싸이게 될 것이다. 그 빛은 인간이 생산한 그 어떤 것으로도 보충할 필요가 없는 생명의 충만감이다. 즉 구원의 경험이다.

8. 구원과 죽음

죽음 이후

이제 시나브로 글을 마쳐야겠다. 한 가지 주제가 남았다. 바로 죽음이다. 목사도 곧 죽을 터이니 죽음을 말하지 않고 어찌 구원을 다 말했다고 할 수 있을까? 나는 죽음에 관해 졸저 『목사 공부』에서 어느 정도 할 말을 이미 했다. 그렇지만 이런 주제는 하나님이라는 주제와 마찬가지로 한 번 말한다고 해서 끝나지 않기에 기회가 주어지는 대로 반복해도 된다. 이 책의 마지막 주제가 죽음이지만, 앞으로 내가 또 다른 책을 쓴다면 그때도 죽음을 이야기할 것이다. 어떻게 보면 인생은 살아 있으면서 죽음을 이야기하다가 죽음을 친구처럼 맞이하는 과정이 아닐는지. 더구나 목사는 '죽은 자'로부터의 부활을 선포하는 사람이니 입을 열었다 하면 죽음을 말해야 하지 않겠는가? 죽음에 관한 내 글이 누가 읽더라도 진정으로 높은 경지를 느낄 정도로 심오하지는 않겠지만 말이다.

나는 죽으면 무(無)가 될 것이다. 나에게 남는 건 하나도 없다. 내 몸은 소립자로 완전히 해체될 것이다. 나는 내 몸만 없어지고 영혼은 죽지 않는다고 생각하지 않는다. 몸이 죽으면 영혼도 죽는다. 죽어야 부활 신앙이 성립한다. 나는 죽은 뒤에 혼령으로만 존재하고 싶지 않다. 물론 죽음 이후는 내가 직접 경험한 것이 아니기에 단정적으로 말할 수는 없다. 흔한 말로 모든 것은 죽어봐야 안다는데, 아무도 죽어본 사람이 없으니 어쩌겠나? 시체는 우리가 종종 봤으니, 죽은 사람의 몸이 어떤 처지에 떨어지는지는 안다. 다만 영혼이 어떻게 되는지는 모른다. 영혼이 죽음과 더불어 몸으로부터 분리되는지, 몸과 함께 사라지는지 아무도 모른다. 다만 완전히 모르는 것은 아니고 제한적으로만 안다. 그러니 모른다고 말할 수밖에 없다. 나는 내가 평생 공부한 성서의 가르침과 약간 아는 자연과학과 인문과학, 그리고 지난 세월 인생살이를 거치면서 경험한 것에 근거해서 말할 수 있을 뿐이다. 가장 분명한 것은 죽음으로 인해 아침 햇살에 안개가 사라지듯이 내가 사라진다는 사실이다. 감히 말한다면, 이렇게 사라지는 것이 궁극적인 해방은 아닐는지.

나는 아직 살아 있다. 여전히 숨을 쉬고 먹으며 배설하고 시간과 공간으로 세상을 경험한다. 이런 경험마저 궁극적으로는 죽음에 포함되어 있다. 지금 살아 있다는 사실마저 곧 부정되는 순간이 오기 때문이다. 지난여름 우리 집 마당에 피었던 해바라기꽃은 지금 씨만 남기고 사라졌다. 씨 안에는 해바라기의 화려한 모습이 없다. 지난여름에 해바라기의 미래는 죽음이었다. 나는 해바라기의 운명과 마찬가지로 살아 있는 지금 곧 닥칠 죽음의 순간을 동시적으로 살아간다고 생각한다. 미래는 곧 현재가 되고, 현재는 곧 과거가 된다.

나는 종종 예수 당시의 갈릴리나 예루살렘의 상황을 머릿속에 그린다. 초기 기독교가 뿌리를 내리던 로마 시대도 상상한다. 일종의 시간 여행이다. 2천 년 전 당시의 사람들도 지금의 우리와 마찬가지로 일상을 생생하게 경험하면서 살았다. 숨 쉬고 먹으며 배설하고 가족들을 챙겼다. 어떤 이들은 시를 쓰고, 어떤 이들은 그림을 그리며, 성지 순례도 다녔을 것이다. 그 모든 것은 지나갔다. 오늘 우리가 경험하는 이 현실도 지나간다. 우리가 고대 이스라엘과 로마를 기억으로만 회상하듯이 우리 후손들도 지금 우리를 그렇게 기억할 것이다. 모든 것이 지나간다. 아무 흔적도 없이, 무상하게!

나의 어린 시절과 청년 시절도 기억으로만 남았다. 아름다운 기억도 있고, 쓰디쓴 기억도 있으며, 안타까운 기억도 있다. 조금이라도 더 오래 기억하고 싶은 순간들도 있지만, 지우고 싶은 순간들도 있다. 내가 그것을 어떻게 받아들이든지 분명한 것은 모든 기억마저도 사라진다는 사실이다. 지난 시절만이 아니라 지금의 나도 지나간다. 나는 종종 다음과 같은 착각, 또는 환상에 빠진다. 지금 이 순간이 이미 과거라고 말이다. 예루살렘과 로마가 과거로 경험되듯이 지금 이 순간도 과거의 역사로 경험된다는 것이다. 이런 경험은 인간이 죽는다는 사실 앞에서 나타나는 자연스러운 정신 현상이다.

오래전에 로마에 가본 적이 있다. 여기저기를 둘러보면서 2천 년 전 로마의 역사를 몸으로 느낄 수 있었다. 특히 초기 기독교인들이 로마의 감시를 피해 집회 장소로 사용했던 지하묘지 카타콤에서는 예수 그리스도의 부활 신앙을 통해 죽음마저 극복한 그들의 원초적 믿음을 생생하게 느낄 수 있었다. 그런 느낌으로 나는 지금의 내 삶을 받아들인다. 지금의 내 삶을 영화의 한 장면처럼 대한다는 것이다. 상투적인 표현이지만 내가 다른 별에서 지구라는 별로 놀러 왔다고 생각해보자. 생텍쥐페리의 『어린 왕자』를 염두에 두어도 좋다. 이것은 전혀 다른 세상을 만나는 경험이다. 이런 경험이 확실한 사람은 자기가 원래 살던 곳의 가치체계와 고정 관념에 묶이지 않는다. 연봉을 과민하게 받아들이지 않는다. 집값 상승으로 지나치게 스트레스를 받지 않는다. 연봉과 집이 삶에서 필요하기는 하되 절대적이지 않다는 사실을 알기 때문이다. 오히려 다른 것들이 더 중요하게 다가온다. 이슬방울이 맺힌 거미줄과 1억 원 중에서 선택하라고 하면 당연히 거미줄을 선택한다. 이런 선택은 신앙과 철학에 대한 수준이 대단히 높은 경지에 오른 사람에게만 가능한 것이 아니다. 오늘 밤에 죽는다면 누구나 거미줄을 선택하지 않겠는가?

목사로서의 삶도 마찬가지다. 지금 나는 안디옥, 빌립보, 데살로니가에서 예수의 복음을 전한 바울의 이야기를 사도행전에서 읽듯이 내 목회를 대한다. 바울의 선교 활동이 재미있는 드라마처럼 다가오듯이 나의 목회 활동을 재미있게 여긴다. 기분 좋은 일들도 일어나고 언짢은 일들도 일어나지만 모든 것이 지나갈 터이니 일희일비할 필요가 없다. 내 목회 현장에서 일어나는 일들을 모두 가벼운 마음으로 즐겁게 받아들이되 최선을 다한다. 이럴 때 가치 있는 것이 무엇인지를 알아볼 수 있지 않겠는가? 그리고 자신의 목회 업적에 사로잡히는 것이 아니라 하나님의 뜻을 살피고 거기에 순종할 수 있지 않겠는가? 힘을 빼고 인생을 대하듯이, 힘을 빼고 목회를 감당하려고 한다. 죽음의 순간이 곧 닥친다는 사실이 명료해질수록 무위이무불위(無爲而無不爲)의 영성에 가까이 가게 마련이다.

나는 죽음으로써 무(無)가 된다고 생각하지만, 그렇다고 해서 나의 존재 자체가 말살된다고 생각하지는 않는다. 없어지지만 말살은 아니다. 내가 생각하는 무는 하나님의 통치 방식을 가리킨다. 무는 단순히 없다는 것이 아니라 존재의 이면이다. 그것을 존재 신비라고 해도 된다. 또는 생명의 신비다. 존재 신비에 관해서는 6장 "구원과 예수 신앙"의 앞부분에서 집중적으로 언급했고, 다른 대목에서도 한두 번 다루었다. 지난여름의 그 화려했던 해바라기는 지금 없다. 씨로 남았다. 씨만 보면 해바라기는 무다. 그러나 해바라기는 말살된 것이 아니라 생명의 신비로 들어간 것이다. 씨만 보고 해바라기가 없다고 단정하는 것은 생명을 지나치게 단조롭게 보는 것이다. 오히려 해바라기라는 형체가 없어짐으로써 해바라기의 원초적 능력이 씨의 방식으로 나타나는 것이 아니겠는가? 이런 점에서 나는 하이데거의 "무는 존재의 너울"이라는 경구를 옳다고 생각한다. 내가 무가 되어야 하나님 안에서 진정한 '나'가 되는 것이다.

무가 된다는 것은 지금의 나를 둘러싸고 있는 모든 정체성이 없어진다는 뜻이다. 죽으면 나는 목사도 아니고 남자도 아니고 누구의 남편이나 아버지도 아니다. 아니, 호모 사피엔스라는 종으로서의 인간도 아니다. 아직 살아 있는 지금 나를 둘러싸고 있는 모든 조건은 잠시 입고 지내야 하는 옷과 같다. 사람들은 옷을 보고 나를 안다고 생각한다. 그것은 인간의 인식의 한계이기에 어쩔 수 없다. 옷은 내가 아니다. 옷을 벗은 내가 누군지는 아무도 모른다. 나도 다른 사람을 정확하게 알지 못한다. 다만 옷을 벗는 순간이 곧 온다는 사실은 분명하다. 그 사실을 안다면 아직 이렇게 살아 있는 동안 옷을 입고 살아야 하는 상황이라 하더라도 옷에 대한 의존성은 줄어들 것이다.

나는 죽는다는 사실을 충분히 받아들이면서 살기 위해 나의 인격의 조건에 대한 의존성을 줄이는 중이다. 이는 나의 외형적인 권위와 업적을 축소하는 작업이다. 그래봤자 내세울 것도 없으나 약간의 흔적으로 남아 있는 글쓰기 업적도 기억에서 지우려고 한다. 아직 목사이지만 목사가 아닌 것처럼 살려고 한다. 아직 인간이지만 인간이 아닌 것처럼, 풀이나 사물처럼 살려고 한다. 지금 존재하고 있는 것이 분명하지만 존재하지 않는 것처럼, 또는 존재하지 않게 될 순간을 미리 당겨서 살려고 한다. 내 딸들은 내가 늙어 기운이 없어져도 나를 특별히 챙기지 않아도 된다. 가족 관계도 옷이니 가능하면 줄여나가는 것이 마땅하지 않겠는가? 예수가 그와 복음을 위해 집과 형제와 자매와 어머니와 아버지와 자식과 전토를 버리라고(막 10:29) 말씀한 이유, 그리고 그의 제자가 되려면 자기를 부인하고 자기 십자가를 지라고(마 16:24) 말씀한 이유가 여기에 있는 것이 아닐는지.

나는 죽은 다음에 천국에 가서 그리운 사람을 다시 만나고 복지가 완벽하게 실현된 인생살이를 다시 이어가고 싶은 마음이 없다는 것을 이미 앞에서 말했다. 그러나 나는 부활을 믿는다. 나는 생명을 얻을 것이다. 아니, 나는 하나님의 은총으로 하나님의 궁극적인 생명으로 변화될 것이다. 나는 궁극적인 생명으로의 변화가 무를 통해 하나님의 통치에 참여하는 것이라고 생각한다. 왜냐하면 살아 있는 동안에 주어졌던 삶의 모든 조건이 옷을 벗듯이 없어져야, 이것이 바로 무화(無化)인데, 전혀 새롭고 절대적인 생명의 세계에 들어갈 수 있기 때문이다.

나는 살아 있는 동안에 하나님의 생명의 통치에 참여하는 길은 하나님이 창조하신 것들과 생명의 관계를 맺는 것이라고 생각한다. 실제로 그렇게 믿고, 그렇게 살려고 노력하며, 그것이 이루어지기를 진심으로 바란다. 우리 집 마당에는 다섯 그루의 소나무가 있다. 지인이 묘목에서부터 자식처럼 20년 동안 키워서 선물로 준 나무다. 나는 매일 소나무에게 말을 건다. 소나무와 생명의 관계를 맺는 것이다. 교회에서도 어른들만이 아니라 어린아이들과도 이야기를 나누려고 노력한다. 그들과 생명의 관계를 맺는 것이다. 그 대상은 사람일 수도, 동물이나 식물일 수도, 사물일 수도 있다. 돌이나 연필이나 장갑일 수도 있다. 만물이 그 대상이다. 그들과의 생명의 관계에서 나는 내가 살아 있다는 느낌을 받고 죽음 너머의 영생을 희망한다. 그렇다고 내가 죽음의 공포와 전율을 완전히 떨쳐버렸다는 것은 아니다. 죽음을 기꺼이 기쁨으로 받아들일 수 있게 된 다음에 죽게 해달라고, 즉 구원받은 목사로서 죽으면 좋겠다고 기도드릴 뿐이다. 나의 간절한 기도를 주님은 아신다.

예수와 하나님 신뢰

나는 스스로 고도의 깨우침(頓悟)을 얻어 모든 사사로운 것을 돌파한 도사 부류에 속하는 사람이 아니다. 전반적으로 평균 수준으로 사는 목사다. 죽음과 무의 세계가 무엇인지를 어느 정도 알고 있고 나름대로 그곳으로 갈 준비를 하고 있지만, 당당하게 혼자서 밀고 들어갈 만한 내공도 아직은 부족하다. 대다수의 다른 이들도 나와 별반 다르지 않을 것이다. 온갖 것을 부둥켜안고 힘들어하는 필부필부(匹夫匹婦)만이 아니라 출가 수도승들도 근본에서는 다를 게 없다. 절대적인 사건 앞에서는 모두가 어린아이다. 출가 수도승들은 다만 오랜 수행의 과정을 통해 고독한 삶과 무의 세계에 익숙해졌을 뿐이다. 그러나 익숙해졌다고 해서 결정적인 순간에 그 절대적인 세계로 선뜻 뛰어들지는 못한다. 사람이기에 그렇다. 그래도 다른 길이 눈에 들어오지 않고 그게 최선이라고 생각하는 사람은 그런 길을 가면 된다. 최선에 이르지 못하면 차선을 택할 수밖에 없지 않은가?

 내 운명에서는 예수가 답이다. 어떤 이들은 너무 뻔한 답이라고 실망할지도 모르겠다. 그렇게 생각해도 어쩔 수 없다. 내가 실제로 그렇게 믿고 있으니 말이다. 석가가 답이라고 생각하는 사람을 나는 말리고 싶은 생각이 없다. 휴머니즘이 자기 인생의 답이라고 생각하는 사람도 말리지 않겠다. 인생을 행복하게 즐기거나 경쟁에서 이기는 것으로 만족해하는 사람도 옆에서 지켜볼 뿐이다. 이쪽으로 오라고 선전하거나 강요하고 싶은 생각이 없다. 그렇게 해서 해결되는 문제가 아니기 때문이다. 예수가 답이라고 말하는 근거가 무엇이냐는 질문을 피해갈 수는 없다. 대답은 이미 신약성서에 수두룩하게 나온다. 수많은 신학자가 제시한 대답도 부지기수다. 그것을 내가 다시 여기서 끌어들일 필요는 없다. 앞에서 방향은 어느 정도 제시되었다고 생각한다. 여기서는 개인적이고 실질적인 경험에 한정해서 대답하겠다. 목사의 구원에 대한 기독론적 해명이다.

    예수를 통해 생명의 근원이신 하나님을 신뢰할 수 있게 되었다는 것이 나의 대답이다. 이렇게 대답할 수 있는 근거는 예수의 가르침과 행위와 운명을 통해 하나님을 향한 신뢰가 무엇인지를 배웠다는 데 있다. 한 걸음 더 나아가 예수가 바로 내가 하나님을 신뢰하는 결정적인 근거다. 이것이야말로 내가 예수 옆에 머물러야 하는 이유고, 내가 예수 곁을 떠나면 안 되는 이유다. 나는 지금도 그의 곁에서 그를 통해, 그와 함께, 그 안에서 하나님을 향한 신뢰의 영적 에너지를 공급받는다. 그 영적 에너지는 보혜사 성령이다. 예수가 제자들에게 성령을 약속하셨기에 오늘 우리도 성령의 능력을 경험할 수 있다.

    신뢰는 광신과 다르며, 자기 확신과도 다르다. 하나님을 신뢰하는 사람이라고 해서 현실에서 겪어야 할 실존적인 불안을 손쉽게 초월하지는 못한다. 하나님을 신뢰해도 굶으면 배고프고, 마시지 못하면 목마르다. 자기 파멸에 대한 두려움도 단숨에 없어지지 않는다. 그런데도 하나님이 지키시고, 하나님이 생명의 주인이시며, 하나님이 선하고 전능하신 분이라는 사실에 대한 신뢰를 잃지 않는 것이다. 이것을 다른 말로 하면 하나님에 대한 큰 긍정이다. 이것은 내가 하나님을 크게 긍정하는 것이면서 동시에 하나님이 나를 크게 긍정하시는 것이다. 나를 향한 하나님의 긍정이 우선적이며, 하나님을 향한 나의 큰 긍정이 그 뒤를 따른다. 이런 상호 간의 긍정 관계가 내가 내 삶을 긍정하게 하는 근본 토대다.

하나님을 향한 신뢰와 상호 긍정의 관계에서 발현되는 삶의 능력은 내 주변으로 확장된다. 나는 하나님을 신뢰하기 때문에, 하나님께 신뢰받기 때문에 목사로서 교우들을 신뢰하고 긍정한다. 이것은 당연한 태도다. 교우들을 하나님께서 긍정하시니 내가 어찌 긍정하지 않을 수 있겠는가? 목회 현장에서 모든 것이 잘 될 거라는 낭만적인 생각을 하는 것은 아니다. 시행착오도 일어난다. 그런데도 나는 내 기준으로 교우들을 가르치거나 훈계하거나 계몽하지 않는다. 간혹 그런 태도가 나오기도 하지만 근본적으로는 그럴 생각이 전혀 없다. 교우들이 교회 생활에 충실하든지 않든지 상관없이 있는 그대로 하나님의 신뢰를 받는 사람으로 대하려고 한다. 목사로서의 사명은 교우들이 하나님을 신뢰하며 살아가도록 하나님이 어떤 분인지를 이해시키는 것이지 그들을 변화시키는 것이 아니지 않은가? 이는 율법적으로 살지 못했던 세리와 죄인들을 교정시키려고 하기보다는 있는 그대로 하나님 나라를 향해 살도록 용기를 주셨던 예수를 스승으로 따르는 사람으로서 마땅한 도리다.

내가 예수를 통해 하나님을 신뢰할 수 있게 되었다는 말은 죽을 때 예수가 나와 함께할 것이라는 사실을 믿는다는 뜻이다. 나는 혼자 고독하게 죽는 것이 아니다. 앞에서 고독사에 관해서 한번 짚었다. 내가 고독사를 운운한 것은 예수가 함께한다는 사실을 전제한다. 나는 죽음의 문을 혼자가 아니라 예수와 함께 통과할 것이라고, 아니면 망각의 강인 레테(Lethe)를 혼자가 아니라 예수와 함께 건널 것이라고 믿는다. 마태복음 저자는 부활하신 예수가 제자들에게 마지막으로 주신 말씀을 다음과 같이 전한다. 마태복음 28:20의 후반절이다. "볼지어다! 내가 세상 끝날까지 너희와 항상 함께 있으리라." 마리아의 남편 요셉에게 나타난 천사는 이사야 7:14을 인용하며 마리아가 낳을 아이의 이름이 '임마누엘'이라고 전한다. 그 뜻은 하나님이 우리와 함께 계신다는 것이다. 예수의 운명에 함께하신 하나님은 예수의 운명에 참여한 우리의 운명에도 함께하신다. 하나님이 함께하신다는 말은 우리를 살리신다는 뜻이다. 하나님이 함께하신다면 죽음마저도 생명이 아니겠는가? 나는 세상 끝날까지 항상 함께하겠다는 예수의 약속이 죽음의 순간에도 그가 우리와 함께한다는 의미라고 생각하고, 그렇게 믿으며, 그렇게 되길 희망한다. 더 구체적인 이야기를 나에게 기대하지 않았으면 한다. 더는 나도 말할 게 없다.

비유를 들어야겠다. 여기 쇼팽 피아노 콩쿠르를 준비하는, 피아노를 전공하는 한 학생이 있다고 하자. 그는 일주일에 한 번 스승에게서 레슨을 받는다. 콩쿠르 날짜가 다가오자 좀 더 자주 지도를 받는다. 학생은 스승으로부터 피아노 음악의 깊이를 전달받았고, 그것이 이제 완성 단계에 이르렀다. 학생은 이제 심사위원들 앞에서 쇼팽의 피아노 소나타 3번을 연주해야 한다. 이 학생에게 죽음처럼 앞이 캄캄한 순간이 다가온 것이다. 손가락이 건반에서 미끄러지는 느낌이 든다. 외워둔 악보가 기억에서 사라지는 듯한 기분이다. 마치 나락으로 떨어지는 것 같기도 하다. 그 위기의 순간에 학생은 스승에게 레슨을 받던 장면을 떠올린다. 오직 그 장면에만 매달린다. 그러자 쇼팽의 피아노 소나타 3번이 그의 영혼을 사로잡고, 드디어 만족스럽게 연주를 마친다.

나는 학생이 심사위원들 앞에서 피아노를 연주해야 하듯이 절대적인 생명의 심판자 앞에서 심판받는 사건이 바로 죽음이라고 생각한다. 그 순간을 나의 힘으로 뚫고 나갈 수는 없다. 예수는 생명을 연주해야 할 나의 레슨 선생이다. 예수는 내가 심판받는 자리까지 함께할 것이다. 예수가 말한 '세상 끝날'이 바로 죽음의 순간이 아니겠는가? 그 순간에 예수를 생각할 수 있다면 나는 죽음의 문을 넘어설 수 있다고 믿는다. 문제는 눈앞이 캄캄해지는 그 순간에 내 영혼이 예수를 찾느냐 하는 데 달려 있다. 내가 엉뚱하게 아내나 자식, 또는 교회를 생각하지 않기를 기도한다. 요한계시록 저자는 하늘 보좌를 생각했고, 스데반은 "하나님의 영광과 예수께서 하나님 우편에 서신 것"(행 7:55)을 보았다. 나의 마지막 순간에 그런 궁극적인 것에 대한 상징들이 환하게 보였으면 한다. 제발!

죽음의 순간에 내 영혼이 예수만을 생각하려면 살아 있는 동안에 예수께 가까이 가는 게 최선이다. 아직 손발을 움직일 수 있고 책을 읽을 수 있으며 설교할 수 있을 때 가능한 대로 예수에 관해 좀 더 많이 배우고, 실존적으로 그와 일치하는 길을 가는 것이다. 목사가 자칫하면 교우들에게 예수를 전하는 목회에 치우치는 바람에 정작 자신은 예수께 가까이 가지 못할 수도 있다. 교회에 대한 열정이 과도하면 교회의 머리이신 예수가 눈에 안 보인다. 이런 위험을 알기에 나는 교회 신자들에게 예수를 전하는 일보다 나 자신이 예수께 가까이 가는 것을 더 중요하게 생각한다. 교우들의 구원보다 나의 구원이 우선적이기 때문이다.

예수에게 가까이 가는 것, 그를 좀 더 깊이 아는 것, 그와 생명의 관계를 맺는 것을 요한복음 저자는 요한복음 21:15에서 "예수를 사랑하는 것"이라고 말했다. 부활한 예수는 베드로에게 세 번에 걸쳐 "네가 나를 사랑하느냐?"라고 묻는다. 베드로는 예수에게 그가 이미 알고 있다고 대답한다. 예수는 베드로에게 "내 양을 먹이라"라고 말씀하신다. 예수 사랑이 우선이다. 예수와의 생명의 관계가 성립되지 않으면 "내 양을 먹이라"라는 말씀에 순종하는 목회는 성립되지 않는다. 아무리 목회에 성과를 올려도 생명의 근원인 예수 사랑이 없으면 삯꾼 목회자가 된다. 엄청나게 큰 불법을 자행해야 삯꾼 목회자가 되는 것이 아니다. 목사가 예수를 사랑하지 않으면, 즉 예수와의 생명의 관계가 성립되지 않으면 삯꾼이다. 그는 죽는 순간에 예수가 아니라 자신이 건축한 교회당과 그곳에 모인 교인들이 생각날 것이다.

젊은 시절의 사랑과 중년의 사랑과 노년의 사랑이 달라지는 것처럼, 또는 연륜에 따라 삶에 대한 인식과 태도가 달라지는 것처럼 예수를 향한 사랑도 고정된 실체는 아니다. 나이와 더불어서 성숙해진다. 내가 젊은 시절 예수를 알고 사랑한 것과 지금은 크게 다르다. 일반적으로 젊은 시절의 사랑이 격렬하기에 제법 화려하게 보이지만 실제로는 나이가 들어야 사랑이 눈에 들어온다. 나는 나이가 들면서 예수에 관한 관심이 줄어들지 않고 오히려 점점 더 커지는 것을 다행으로 생각한다. 아니 은총이라고 생각한다. 지금보다 나이가 더 들면 예수께 더 가까이 가게 될 것이다. 그래서 나이 먹는 게 기대가 된다. 예수의 가르침이 더 실질적인 것으로 다가오고, 예수의 고독이 더 무게감 있게 받아들여지고, 예수의 십자가와 부활이 단순히 교리가 아니라 역사와 우주 전체의 깊이와 넓이로 느껴질 것이다. 결국 나는 없어지고 예수와 그의 운명이 나의 모든 것이 되지 않겠는가? 이런 영적 경험이야말로 이 땅에서 내가 살아 있는 동안 다다를 수 있는 구원의 가장 깊은 현실(reality)이다. 이런 진술이 단순히 말로 끝나지 않고 내 삶의 능력으로 자리를 잡았는지는(고전 4:20) 내가 판단하기 어렵다. "좌우에 날선 검을 가지신 이"(계 2:12)의 판단을 조용히 기다린다.

키리에 엘레이손

나는 구원받았을까? 이 질문은 앞에서 여러 번 나왔다. 아무도 여기에 관해 결정적인 대답을 할 수 없다. 구원은 내가 다룰 수 있는 문제가 아니라 하나님의 배타적 행위이기 때문이다. 게다가 하나님이 누구신지, 생명이 무엇인지, 역사가 무엇이며 시간과 공간이 무엇인지, 존재가 무엇인지에 대해서도 아직 완전하게 아는 것이 아니기에, 나는 구원에 관해 무엇인가를 느끼고 경험한 것을 말하려다가도 멈칫하게 된다. 앞에서 목사의 구원과 연관해서 쏟아낸 나의 발언은 모두 잠정적이니 취소되어도 그만이다. 다만 다음의 두 문장만은 남기고 싶다. 이것이 내가 세상에서 마지막 숨을 거두는 순간에 드리고 싶은 기도다. '키리에 엘레이손'과 '리베라 메'다. 이 두 문장은 사실 같은 의미다.

'키리에 엘레이손'(Kyrie eleison)은 "주여, 자비를 베푸소서"라는 뜻의 라틴어 문장이다. 이것은 "주여, 불쌍히 여기소서"라는 뜻도 된다. 이 말은 중세기 미사곡에 자주 나온다. 진혼곡인 〈레퀴엠〉 합창곡에는 반드시 나온다. 이것은 하나님 앞에 설 때 우리의 입에서는 이 기도 외에는 나올 게 없다는 뜻이다. 나도 동의한다. 하나님의 자비만이 우리가 생명을 얻는 유일한 길이기 때문이다. 지난날 살아온 과정에서 하나님의 칭찬을 받을 만한 일보다는 책망받을 만한 일이 훨씬 많다. 일일이 열거하기도 벅차다. 기억에서 사라진 잘못도 이루 헤아릴 수 없다. 알면서 지은 잘못만이 아니라 몰라서 지은 잘못도 크다. 키리에 엘레이손!

내 손에 죽은 벌레들이 많다. 거처를 시골로 옮긴 다음부터 그런 일들이 더 많이 벌어졌다. 집안에 들어온 벌레를 가능하면 살짝 붙들어 밖으로 내보내려고 하지만 그게 잘 안 되는 경우가 많았다. 그 벌레들도 다 하나님이 만드신 생명체 아닌가? 돼지와 소는 내가 직접 죽이지는 않았으나 종종 배불리 먹은 것은 분명하다. 평생 먹은 생선의 양은 또 얼마나 많겠는가? 내가 살기 위해 또는 입맛을 즐기기 위해 다른 생명체를 먹는다는 것이 지구 생태 메커니즘에서 어쩔 수 없는 일이라고 하더라도 별로 자랑스러운 일이 아닌 것은 분명하다. 키리에 엘레이손!

사람들과의 관계에서도 책망 받을 일이 많았다. 도움이 필요한 사람들에게 필요 적절한 도움을 주지 못한 적이 많다. 최선을 다하지 못하고 적당한 선에서 처리했다. 인색하게 산 것이다. 넘어지기 직전의 사람들에게는 약간의 도움도 큰 도움이 되는데 말이다. 가족에게도 마찬가지다. 내가 일일이 기억하지 못하지만, 인간관계에서 용서받아야 할 일들도 산더미 같다. 키리에 엘레이손!

가장 크게 책망 받을 일은 목회자로서, 특히 설교자로서 살아가면서 발생했을 것 같다. 예수가 책망한 서기관들의 행태와 나의 행태가 다를 게 없었다. 너무 자주 모르면서 아는 것처럼 설교했다. 그냥 하는 말이 아니다. 실제로 모르는 게 너무 많았다. 설교가 얼마나 허술했을지는 두말할 필요가 없다. 어쩌다가 괜찮은 설교를 했다고 해도 그것을 듣는 사람들의 입장을 충분히 배려하지 못한 잘못도 크다. 그것은 내가 아무리 노력해도 불가항력이긴 했다. 내 설교에 위로를 받은 사람도 있었겠지만, 오히려 마음이 상한 사람들도 적지 않았을 것이다. 나의 이기심과 교만만이 아니라 선의에 의해서도 교회 생활을 접을 수밖에 없는 신자들이 있었다. 주님의 자비가 아니면 내 설교와 목회는 심판받아 마땅하다. 키리에 엘레이손!

내가 죽을 때 '키리에 엘레이손'을 기도하겠다는 말은 나 자신의 삶에 대한 반성이자 탄원일 뿐만 아니라 하나님이 창조하시고 통치하시는 생명의 비밀에 대한 기쁨의 찬양이기도 하다. 내가 직면한 모든 것은 원초적 생명에 연결되어 있으니 어찌 찬양하지 않을 수 있겠는가? 사람도 그렇고 사물도 그렇다. 예를 들어 교회에서 만나는 교우 한 사람 한 사람이 걸어온 삶의 궤적에는 무한한 심연이라고 표현할 수밖에 없는 사연들로 가득하다. 김 집사, 박 집사, 최 집사, 정 장로, 오 권사 등과 어린아이들까지 모든 사람이 아득하다고 말할 수밖에 없는 인생을 살아왔고 지금도 그렇게 살아가는 중이다. 그런 교우들의 집합인 교회 공동체는 우주적인 차원의 거룩한 사건이다. 그 모든 삶을 선물로 받았으니 우리는 키리에 엘레이손의 찬양을 바칠 수밖에 없다.

목사는 자신의 능력으로 교회 공동체를 책임질 수도 감당할 수도 없다. 교회는 하나님이 책임지신다. 다만 우리는 "기다리는 동시에 서두르면서 주님의 미래를 향해서 나아가고"(칼 바르트, 『교의학 개요』, 236) 있을 뿐이다. 교회는 목사인 내가 주도하는 게 아니라 성령이 주도하는 공동체다. 목사의 처지에서 이게 얼마나 다행인가? 동시에 얼마나 두려운 일인가? 교회 공동체를 명목상 책임을 지는 목사로서 나는 한편으로 두렵기도 하고, 다른 한편으로 편안하다. 이 두 가지 심정으로 나는 키리에 엘레이손이라는 찬양을 드린다.

키리에 엘레이손은 죽는 순간에만 드리는 게 아니라 아직 목사로 활동하는 지금 여기서 드려야 할 기도이자 찬양이다. 목회는 부단히 하나님의 자비와 용서를 구하는 과정이기 때문이다. 매 주일 설교를 준비하거나 설교를 실행하는 현장에서도 나는 하나님의 자비를 구한다. 교우들과 교회 문제로 회의를 진행할 때도 기본적으로는 하나님의 자비를 구한다. 원만한 결과가 나오거나 아니면 예상하지 못한 방향으로 결과가 나와도 하나님의 자비는 나와 교우들에게 필요하다. 나는 교회가 제대로 성장하더라도 하나님의 자비를 구한다. 교만하지 말아야 하기 때문이다. 교회가 활력을 잃어도 여전히 하나님의 자비를 구한다. 낙심하지 말아야 하기 때문이다. 교회의 목회 활동 전반이 그렇다. 한편으로는 불안한 마음으로, 다른 한편으로는 기쁜 마음으로 나는 하나님의 자비에 전적으로 의지하는 중이다. 지난날과 오늘, 그리고 죽는 순간까지!

리베라 메

'리베라 메'(*Libera me*)는 "나를 해방시켜주소서" 또는 "나를 구원하소서"라는 뜻의 라틴어다. 나는 2000년도에 베를린 필하모니 연주장에서 베르디의 〈레퀴엠〉을 들었다. 이 경험이 워낙 강렬해서 기회가 있을 때마다 그 경험을 말하기도 했고 글로 쓰기도 했다. 마지막 곡 '리베라 메'가 울려 퍼지는 순간 왜 이런 기도를 드려야 하는지를 절감했다. 죽는 순간에 구원해달라고 기도하는 이유는 나의 힘으로는 내가 구원받을 수 없다는 사실을 알고 있기 때문이다. 죽음 앞에서 나는 마치 블랙홀로 빨려 들어가는 것과 같은 운명이다. 이는 고공 낙하하는 사람의 처지, 또는 태양계에 속하지 않은 행성에 첫발을 딛는 우주인의 심정일 수도 있다. 그는 그다음에 무슨 일이 일어날지를 전혀 예측하지 못한다. 완전한 무지, 절대 흑암 앞에 서는 것이다. 리베라 메!

해방과 구원을 구하는 기도는 죽는 순간에만 드리는 기도가 아니라 오히려 살아 있을 때 필요한 기도다. 지금 우리는 겉으로 여러 가지 해방과 자유를 얻은 것처럼 살아가지만 실제로는 많은 것에 철저하게 묶인 채 산다. 궁극적인 안식이 없는 삶이다. 자기 성찰을 전혀 하지 않고 세속 원리와 생존 본능에만 충실한 사람은 제쳐놓고, 나름으로 정신적인 삶을 추구하는 사람들도 예외 없이 해방이 필요하다. 나도 똑같다. 많은 것에서 부자유를 느낀다. 참된 안식을 누리지 못한다. 아주 사소한 말 한마디에도 기분이 오르락내리락하니 영혼의 해방과 안식은 고사하고 일상의 해방도 누리지 못하는 신세다. 살아 있는 한 궁극적인 안식은 불가능하다는 사실을 나이 먹을수록 더 절감한다. 그러니 지금 살아 있는 동안에도 끊임없이 '리베라 메!'라고 기도드리지 않을 수 없다.

궁극적인 의미에서 죽음은 영원한 안식의 유일한 길이다. 우리가 피하고 싶어 하는 죽음이 오히려 안식의 길이라는 이 어처구니없는 역설! 나에게 죽음이 예정되어 있으니 내가 구하기 전에 이미 하나님은 해방과 안식을 준비하신 것이나 다름 없다. 그런데도 내가 기도하는 이유는 이를 통해 해방과 안식을 실질적으로 누릴 수 있기 때문이다. 이는 마치 단전 호흡을 하는 사람이 숨을 쉴 수 있는 공기가 이미 있지만, 숨쉬기 훈련을 통해 호흡의 신비 안으로 한 걸음 더 깊이 들어가는 것과 같다. 리베라 메!

목사로서 나는 목회를 구원에 이르는 과정이라고 생각한다. 설교를 통해 나는 구원받으려고, 구원을 경험하려고 노력한다. "항상 복종하여 두렵고 떨림으로 너희 구원을 이루라"(빌 2:12b). 교우들과 교회를 세워가는 과정에서도 오직 하나의 목표가 있다면 바로 이것이다. 교회의 목회 활동 전반이 그렇다. 한편으로는 구원의 능력에 사로잡히지 못하기에 불안한 마음으로, 다른 한편으로 구원은 내가 성취하는 것이 아니라 하나님이 은총으로 주시는 선물이기에 설레는 마음으로 나는 목회 과정에서 하나님의 구원에 전적으로 매달린다. 그럴 때만 내가 세상을 떠나는 순간에 죄와 죽음으로부터의 해방이 실제로 발생하지 않겠는가? 리베라 메!

◇
에필로그

김 목사(이후 김): 어떻게 된 게 자네와 나는 어려서부터 같은 교회에서 신앙생활을 함께하다가 똑같이 평생 목사로 살았는데, 이제 비슷한 나이에 죽어서 최후 심판 자리에도 함께 왔네그려.

박 목사(이후 박): 그러게 말이네. 자네와 함께 오니 왠지 마음이 든든하네.

김: 자네는 지금 막 도착해서 잘 모르겠지만, 나는 여기 곳곳을 이미 둘러봤네. 우리가 심판장이신 예수님 앞에 서기까지는 약간의 시간이 있으니 이 거룩한 법정을 둘러보세. 내가 자네를 안내하겠네.

박: 그럴까?

김: 한국에서 온 목사들만 따로 심판받는 법정이 있는데, 그곳으로 가세나. 저길 보게. 검사의 구형이 끝나 선고를 앞둔 목사들도 있고, 이미 선고받은 이들도 있네. 잘 보면 자네도 알 만한 목사

들이 있을 걸세.

박: 저들에게 어떤 선고가 떨어졌을지, 몹시 궁금하군.

김: 우선 염소상이 놓인 왼편 방을 보시게나.

박: 아니, 이럴 수가 있나. 믿을 수가 없네. 아, 저기! 하나님의 큰 종으로 인정받던 목사들이 제법 많군. 화가 잔뜩 난 표정이야. 박사학위 후드를 걸치고 예배를 인도하던 목사, 회중을 웃기고 울리면서 신바람 내며 설교하던 목사, 해외 선교사를 가장 많이 파송했다고 자랑하던 목사, 총회장과 감독 선거에서 교회 헌금을 헤프게 쓴 목사, 동성애자들을 저주하던 목사, 툭하면 종북 좌파라고 몰아붙이던 목사들도 저기 쭈그리고 앉아 있군.

김: 지금은 풀이 죽어 있지만, 심판 과정에서 저들이 올린 핏대가 하늘 재판정을 가득 채울 정도였다네. 왜 자신들이 염소 취급을 받아야 하는지 따지던 장면을 자네가 봤어야 했네. 장관이었지. 예수님을 가르치려는 기세더군.

박: 그들의 반론을 듣고 예수님이 뭐라고 하시던가? 나도 이해하기가 좀 어렵네. 저분들이 영적으로 출중한 분들이라고 할 수는 없어도 저주를 받아 "마귀와 그 사자들을 위하여 예비된 영원한 불에 들어갈"(마 25:41) 분들이라고는 생각하지 않네. 그런 기준이라면 우리도 그렇게 떳떳할 수는 없지 않은가?

김: 하긴 그렇지. 내가 어디 예수님 생각을 다 알 수 있나. 예수님이 그들에게 말씀하실 때 내가 들은 이야기만 그대로 전하겠네. "당신들은 살았을 때 큰 교회에서 좋은 것을 많이 받았고 가난한 교회 목사들은 큰 고난을 겪었으니 이제 여기서 당신들

은 괴로움을 받고 가난한 교회 목사들은 위로를 받는 게 마땅하다"(눅 16:25).

박: 말이 안 돼. 정말 말이 안 돼. 예수님의 판단이 정말 옳다고 생각하나?

김: 이건 옳고 그름의 문제가 아니네. 우리는 궁극적인 것에 관해서 옳고 그름을 판단할 수 없네. 우린 피조물이니 예수님의 판단에 순종하는 길밖에 없지.

박: 기가 막히는군. 여기 재판에서는 피고인들이 변호사의 도움도 받지 못하나?

김: 받을 수 있지. 염소상이 놓인 방에 들어간 목사들을 위해서 열정적으로 변호해준 천사들이 있었네. 실력이 좀 달리는 천사들이라는 소문이 있더군. 나는 방어 능력이 좋은 변호 천사를 만났으면 하네.

박: 변호 천사들이 뭐라고 변호를 했는데?

김: 우리가 목회 현장에서 있을 때 다 듣던 이야기지. 저 피고 목사들이 예수님의 말씀을 얼마나 많은 사람에게 전했는지 아느냐고, 얼마나 헌신적으로 교회를 섬기고 얼마나 희생적으로 교회당을 건축했는지 아느냐고, 얼마나 많은 사람에게 세례를 주었는지 아느냐고 말했네. 한마디로 예수님을 위해서 한평생 눈물과 땀을 흘리던 '주의 큰 종들'이니 황금 면류관을 받아야 한다는 주장이었지. 나도 가슴이 뭉클할 정도로 감동적이었네. 예수님은 변호 천사들의 변론과 피고 목사들의 최후 진술이 끝난 뒤에 이렇게 단호하게 말씀하셨네. "당신들의 그 열정으로 인해

오히려 나의 몸인 교회의 근본이 훼손되었다. 최소한 신앙 양심이 살아 있으면 이미 그때 당신들은 무엇이 문제인지를 알았을 것이다. 몰랐다면 이제라도 깨달으라."

박: 와, 기가 막혀 말이 안 나오는군.

김: 목사들에 대한 최후 심판 과정에서 아주 특이한 장면이 있었다네. 검사 천사는 그 목사가 시무하던 교회의 교인 명부를 목사에게 들이밀고 실제로 알고 있는 신자들, 그러니까 이름과 얼굴을 함께 알고 가족 관계를 아는 신자들이 얼마나 되는지를 확인한다네. 자네도 이름을 들으면 알 만한 어느 목사는 신자 중에서 5퍼센트도 제대로 모르는 거야. 신자들이 1만 명이 넘었으니 5퍼센트만 해도 대단한 숫자 아니겠나? 30퍼센트 이하는 낙제고, 50퍼센트는 D학점, 60퍼센트는 C학점, 80퍼센트는 B학점, 90퍼센트는 A학점이고, 100%를 아는 목사는 A+를 받았다네.

박: 점입가경이군. 어중간하게 목회하고 어중간한 목회 성과를 올린 우리는 어떤 심판을 받을 것 같은가?

김: 그걸 어떻게 예단할 수 있단 말인가? 최후 심판이 집행되는 이곳을 내가 다 확인하지 못했기 때문에 뭐라 말하기는 어렵지만, 우리가 일반적으로 예상하는 기준과는 다른 기준으로 심판받는다는 사실만은 분명하네. 그래서 여기서는 구원받는 목사나 제외되는 목사나 모두 놀라기만 한다네. 참으로 두렵고 떨리는 이야기 아닌가?

박: 이제 생각났네. 우리가 중견 목회자로 제법 잘 나가고 있을 때 자네가 나에게 구원받았다는 확신이 안 들어서 고민이 된다고

말했네. 그때는 '저 친구가 뜬금없이 왜 저래!' 하고 지나갔었지. 자네는 이미 이런 문제를 진지하게 생각한 거로군. 그때 자네 말을 좀 더 귀담아들어야 했는데, 후회막급이네.

김: 그렇게 자책할 것은 없네. 나도 그때 뭔가 절대적인 생명의 세계를 어렴풋이 느꼈을 뿐이지 정면으로 돌파할 만한 결기는 많이 부족했었네. 다행인지 불행인지 나도 자네처럼 그럭저럭 목사 정년을 마치고 원로로 대우받았지. 아, 저기 우리를 담당하는 천사가 다급하게 날아오고 있군. 마음을 비우고, 일단 가세.

인자가 자기 영광으로 모든 천사와 함께 올 때에 자기 영광의 보좌에 앉으리니 모든 민족을 그 앞에 모으고 각각 구분하기를 목자가 양과 염소를 구분하는 것 같이 하여 양은 그 오른편에 염소는 왼편에 두리라(마 25:31-33).

후기

나는 '목사 구원'이라는 주제로 2018년 일 년 동안 일기처럼 조금씩 글을 써나갔다. 그 글이 내 영혼에서 다시 발효되기를 바라면서 묵혀두었다가 올해 초에 다시 꺼내 읽으면서 정리했다. 처음 글을 쓸 때 느꼈던 내 나름의 작은 감흥이 새롭게 전달되었다. 졸작이기는 하나 이 책을 읽는 분들에게 그런 감흥이 전달되었으면 한다. 우리를 영적으로 소통하게 하시는 성령의 역사를 기다린다.

『목사 구원』은 2017년 새물결플러스에서 나온 졸저 『목사 공부』와 한 쌍을 이룬다. 『목사 공부』의 마지막 단락은 "목사의 구원"이었다. 그 단락에서 미처 말하지 못한 이야기를 이번에 담고 싶었다. 목사 공부와 목사 구원은 사실 같은 이야기다. 목사에게 공부가 단지 정보의 확장이 아니라 기독교 진리의 깊이로 들어가는 과정인 것처럼 구원 역시 소유가 아니라 생명의 깊이를 탐색하는 과정에서 경험되는 것이기 때문이다. 목사로서 나는 구도적인 태도로 공부해야 나의 구원이 깊어지고, 구원이 깊어져야 공부도 더 치열해진다고 생각한다.

사실 목사 '구원'은 내가 감당하기 벅찬 주제다. 한 번도 직접 본 적이 없는, 꿈결에 흘깃 본 코끼리를 코끼리 털 한 가닥만 손에 들고 설명하는 심정이다. 우주물리학이나 양자역학처럼 아득한 작업이지만, 평생 교회에서 구원을 선포한 목사로서 내 말과 행위에 책임져야 한다는 생각으로 용기를 냈다. 글을 마친 지금 한편으로 횡설수설한 거 같다는 부끄러움과 다른 한편으로 이 글이 누군가의 영혼을 조용하게나마 흔들어 위로할지도 모른다는 기대감이 교차한다. 이를 계기로 인생의 후반부를 지나는 나의 영적 발걸음이 좀 더 가벼워졌으면 한다.

거룩한 열정을 연료 삼아 "푯대를 향하여"(빌 3:14) 달려가면서 한국 기독교 출판계에 새로운 지평을 열어가는 새물결플러스의 대표 김요한 목사님과 모든 편집부 직원들, 특히 거칠었던 내 글을 맛깔나게 다듬어준 정혜인 편집자께 진심으로 감사의 인사를 드린다.

2020년 5월 송홧가루 날리는 날
경북 영천에서
정용섭 목사

목사 구원
구원의 과정으로서의 목회

Copyright ⓒ 정용섭 2020

1쇄 발행 2020년 5월 19일
2쇄 발행 2020년 6월 19일

지은이 정용섭
펴낸이 김요한
펴낸곳 새물결플러스

편 집 왕희광 정인철 노재현 한바울 정혜인
　　　　이형일 서종원 나유영 노동래 최호연
디자인 윤민주 황진주 박인미 이지윤
마케팅 박성민 이원혁
총 무 김명화 이성순
영 상 최정호 조용석 곽상원
아카데미 차상희

홈페이지 www.holywaveplus.com
이메일 hwpbooks@hwpbooks.com
출판등록 2008년 8월 21일 제2008-24호
주 소 (우) 04118 서울시 마포구 마포대로19길 33
전 화 02) 2652-3161
팩 스 02) 2652-3191

ISBN 979-11-6129-154-3　03230

책값은 뒤표지에 있습니다.

이 도서의 국립중앙도서관 출판예정도서목록(CIP)은 서지정보유통지원시스템
홈페이지(seoji.nl.go.kr)와 국가자료공동목록시스템(nl.go.kr/kolisnet)에서
이용하실 수 있습니다. CIP2020018565